DUMONT
TASCHENBÜCHER

Karlheinz Schüssler, geboren 1940 in Halle an der Saale, studierte 1963–1969 Theologie, Ägyptologie und Semitische Philologie an der Universität Münster. Promotion 1970 zum Dr. phil. Danach Anstellung in der Industrie sowie Lehraufträge für Ägyptologie und Koptologie an den Universitäten Würzburg, Bochum und jetzt an der Geisteswissenschaftlichen Fakultät der Universität Salzburg, wo er das Forschungsinstitut für Koptologie und Ägyptenkunde ins Leben gerufen hat. Zahlreiche Aufsätze über das Alte Ägypten. Neben mehreren weiteren Publikationen sind von ihm bei DuMont erschienen: »Die ägyptischen Pyramiden. Erforschung, Baugeschichte und Bedeutung« (TB 135) und »Kleine Geschichte der ägyptischen Kunst« (TB 214).

Moschee des Abu'l-Haggag im Luxor-Tempel

DUMONT

VON THEBEN BIS LUXOR

Karlheinz Schüssler

Außereuropäische Kunst und Kultur

Umschlag *Vorderseite*: Der Luxor-Tempel. Luftaufnahme
Umschlag *Rückseite*: Ländliche Szene am Nil

Deutsche Bibliothek – CIP-Einheitsaufnahme

Schüssler, Karlheinz:

Von Theben bis Luxor / Karlheinz Schüssler. – Köln : DuMont,
1995

  (DuMont–Taschenbücher ; 307 : Außereuropäische Kunst und Kultur)
  ISBN 3–7701–2414–6
NE: GT

Erstveröffentlichung
©1995 DUMONT Buchverlag, Köln
Druck und buchbinderische Verarbeitung: Boss-Druck, Kleve

Printed in Germany   ISBN 3-7701-2414-6

Inhalt

Einleitung

Wer hat nicht schon vom ›Hunderttorigen Theben‹ gehört, von jenem Theben im Alten Ägypten, von dem Homer im 9. Gesang der *Ilias* berichtet:

»οσα Θηβαζ Αιγυπτιαζ, οθι πλειστα δομοιζ εν κτηματα κειται, αι θ′ εκατομπυλοι εισι, διηκοσιοι δ′ αν′ εκασταζ ανερεζ εξοιχνευσι συν ιπποισιν και οχεσφιν«

»was Theben hegt, Ägyptens Stadt, wo die Häuser mit Schätzen gefüllt sind; einhundert Tore besitzt sie; durch jedes einzelne ziehen zweimal hundert Männer mitsamt den Pferden und Wagen.«

Wer Theben mit eigenen Augen gesehen und selbst erlebt hat, der wird sicher ebenso begeistert sein wie etwa Hermann Fürst von Pückler-Muskau, als er um die Mitte des vorigen Jahrhunderts diese Stätte aufsuchte:

»Vor Luxor und Karnak muß der stolzeste Geist sich beugen. Man glaubt, Werke von Halbgöttern zu erblicken, denn die jetzigen Menschen sind ihrer nicht mehr fähig. Wenn bei den übrigen Schöpfungen der Bewohner dieser Erde die Einbildungskraft immer noch höher fliegen will, so kann sie hier kaum der Wirklichkeit mehr folgen. Man fühlt sich in demselben Augenblick zugleich entzückt und gedemütigt von einer Erhabenheit und Größe, deren Möglichkeit man nie geahnet, von einer Vollendung, die, mit dem Ungeheuersten der Massen spielend, zugleich das Edelste und Schönste in Kunst und Idee wie die staunenswerteste Technik in der Ausführung damit zu verbinden gewußt hat. Schon der Palast von Luxor findet seinesgleichen nicht mehr in der übrigen Welt, und doch ist er nur klein noch gegen die Riesenwerke von Karnak!«

Die Geschichte der Entdeckung Thebens

Die Alten Ägypter selbst überliefern recht wenig über ihre Stadt Theben. An schriftlichen Berichten haben sie uns aus den Anfängen so gut wie nichts hinterlassen; wahrscheinlich haben sie Theben auch nie ausführlich beschrieben. So sind wir bei all unseren Nachforschungen über die Stadt und ihre Umgebung auf archäologische Funde, Überreste von Bauten und Denkmäler jeglicher Art, Malereien und Reliefs angewiesen. In Stein gemeißelte Inschriften oder andere schriftliche Hinterlassenschaften, etwa auf Papyrus, Holz oder Tonscherben, vermitteln uns Kenntnisse über die historische Entwicklung und über Ereignisse in jener Region. Und schließlich geben uns Mumien und Grabausstattungen zuweilen eindrucksvolle Hinweise auf die Namen der Verstorbenen, auf Bestattungsriten, soziale Verhältnisse und zur Chronologie.

Während sich die Ägypter selbst also mit Informationen sehr zurückgehalten haben, erfahren wir doch von Reisenden aus dem Ausland – wenn auch erst seit der Endphase des Pharaonenreiches – oftmals bemerkenswerte Einzelheiten. In späteren Jahrhunderten kamen dann Berichte von Abenteurern und Ausgräbern hinzu.

Einer der ersten Reisenden war Herodot. Er besuchte das Land am Nil allerdings zu einer Zeit, als der Glanz der Pharaonen längst verblaßt war und das einst mächtigste Imperium auf Erden mit schnellen Schritten seinem Ende zuging. Um das

Jahr 484 v. Chr. – man zählte die 27. Dynastie im Pharaonenreich – wurde Herodot in einer kleinen Stadt namens Halikarnaß im Südwesten Kleinasiens geboren. Noch in jungen Jahren verließ er aufgrund politischer Unruhen seine Heimat und flüchtete auf die Insel Samos. Etwa 14 Jahre lang hielt er sich hier auf, bis er wieder in seinen Heimatort zurückkehrte. Nach etwa vierjährigem Aufenthalt zog er nach Athen und von dort, um das Jahr 444 v. Chr., in die zwei Jahre zuvor von Perikles neugegründete Kolonie Thurioi in Unteritalien. Vermutlich 424 v. Chr. starb Herodot hier.

Auf ausgedehnten Studienreisen gelangte Herodot bis in die entlegensten Winkel der damals bekannten Welt, holte dort Erkundigungen ein, stellte Nachforschungen an und verarbeitete die Ergebnisse in seinen *Historien*, einem großartigen, neun Bücher umfassenden Geschichtswerk. In der Zeit zwischen 450 und 440 v. Chr., genauer wohl in den Jahren zwischen 447 und 445 v. Chr., bereiste er das Land am Nil.

Sehr wahrscheinlich besuchte er das »Geliebte Land«, wie die Ägypter selbst ihre Heimat nannten, während der drei Monate dauernden Überschwemmungszeit, d. h. in der Zeit zwischen Mitte Juli und Mitte Oktober; dies ist zugleich die heißeste Jahreszeit. In diesen Jahren stand Ägypten unter persischer Herrschaft und wurde von Artaxerxes I. regiert. Diesen erkannten die Ägypter als einen der Pharaonen der 27. Dynastie an. Auf seiner Reise gelangte Herodot in die Städte Sais und Bubastis im Nildelta, er besichtigte die Flußoase Fayyum und erreichte schließlich, über das Hunderttorige Theben hinaus, als südlichsten Ort Elephantine am 1. Nilkatarakt.

Im zweiten Buch seiner *Historien* schilderte er seine Beobachtungen, Eindrücke, Erfahrungen, gab die Berichte der Priester wieder und skizzierte seine Forschungsergebnisse, die für uns von einzigartigem kulturgeschichtlichem und ethnographischem Wert sind. Ausführlich beschrieb er die Geographie des Landes, die Sitten und Gebräuche der Ägypter, die hochentwickelte Heilkunst und die Mumifizierung der Verstorbenen. Er berichtete vom Bau der großen Pyramiden von Gizeh, vom geradezu ungeheuerlichen Labyrinth am Moiris-See und schließlich von den südlichen Landesteilen. Wegen seines Wissens schätzten ihn schon im Altertum so berühmte Historiker und Philosophen wie Aristoteles, Diodor, Strabo, Josephus und Eusebius; Cicero nannte Herodot gar den Vater der Geschichte.

Über das Gebiet von Theben berichtete Herodot, daß nur dieses vor Zeiten den Namen Ägypten getragen und einen Umfang von 6120 Stadien gehabt habe, das sind knapp 33 km. Einzelheiten über die Stadt und ihre Bauten überlieferte er nicht. Über die Gewohnheiten der Thebaner schrieb er, daß sie kein Hammelfleisch essen und als Opfer im Tempel Ziegen darbringen. Nur an einem Tage im Jahr, beim Fest des Gottes Amun, werde ein Widder geschlachtet, abgehäutet und das Fell dem Bild des Gottes Amun umgehängt. Danach stimmten alle Angehörigen des Tempels die Totenklage um den Widder an, dann wurde der Widder in einem Sarg beigesetzt. Wenn Herodot über den Gott Amun spricht, nennt er ihn Zeus, denn die beiden waren nach griechischer Auffassung identisch.

Auch von Orakeln in Theben berichtete Herodot. Ferner wurde in Theben das Krokodil als heiliges Tier gehalten und mit besonderer Kost gefüttert. Mit Ohrgehängen aus Gold und Glas wurde es geschmückt, und die Vorderläufe verzierte man mit Armbändern. Wenn es starb, balsamierte und bestattete man es in einem Sarg. Auch heilige Schlangen gab es in Theben. Klein waren sie, und niemandem taten sie etwas zuleide. Zwei Hörner trugen sie angeblich auf dem Kopf, und wenn sie starben, bestattete man sie im Tempel des Amun, denn ihm waren sie heilig. Bemerkenswert fand Herodot auch, daß jeder Oberpriester im Tempel noch zu Lebzeiten sein eigenes Standbild aufstellen ließ, und immer folgte der Sohn auf den Vater.

Über ein Ereignis besonderer Art berichtet Herodot im 3. Buch seiner *Historien*, nämlich daß unter der Herrschaft des Psammetich ein paar Tropfen Regen in Theben gefallen seien, während es ja sonst überhaupt keinen Regen in Oberägypten gab; dies freilich war ein großes Wunder. Soweit Herodots Ausführungen über Theben.

Diodor von Sizilien lebte im 1. Jh. v. Chr. Er wurde in Agyrion auf Sizilien geboren, verbrachte jedoch viele Jahre seines

Lebens in Alexandria und Rom. Sein Aufenthalt in Alexandria dürfte in den Jahren zwischen 60 und 56 v. Chr. gelegen haben. Mit seiner *Bibliothek*, einem Geschichtswerk in 40 Büchern, machte er sich einen Namen als Historiker. Diese *Bibliothek*, für die er aus den verschiedensten Quellen schöpfte, enthielt die Geschichte aller Völker der antiken Welt bis zum Jahr 36 v. Chr. Allerdings sind nicht alle Bücher Diodors erhalten; heute kennen wir nur noch die Bände 1–5 und 11–20 sowie einige Fragmente der übrigen Werke.

Das 1. Buch ist nicht nur das vielleicht interessanteste des gesamten Werks, es ist für uns zugleich das wertvollste, berichtet es doch ausführlich über die Altertümer Ägyptens. Neben den Berichten von Herodot über Ägypten und den Monographien von Plutarch über Isis und Osiris ist ja ansonsten nichts Nennenswertes an literarischen Berichten über jenes Land auf uns gekommen. Gerade aber die Beschreibung Diodors, seine Beobachtungen zu Religion und Götterwelt, zu Recht, sozialer Struktur und Geographie sowie zu den Bauten jener Zeit sind für uns von unschätzbarem Wert.

Der älteste Teil Ägyptens sei die Thebais, und ein König namens Busiris soll hier eine große Stadt gegründet haben. Ihr Umfang betrage rund 28 km, und mit großartigen, hohen Gebäuden, wunderbaren Tempeln und anderen Prachtbauten sei sie ausgestattet. Auch Häuser für Privatleute finde man hier, einige mit vier, andere mit fünf Stockwerken. Schöner als jede andere Stadt in Ägypten oder sonstwo auf Erden habe Amasis dieses Theben gemacht, und sein Ruhm, seine Macht und Stärke seien in aller Munde. Wenn die Stadt vielleicht auch nicht hundert Tore hatte, so doch eine große Zahl an Pylonen, die ihr zu der Bezeichnung »das Hunderttorige Theben« verholfen haben. Keine andere Stadt unter der Sonne sei mit so viel Silber, Gold und Elfenbein geschmückt wie diese, mit kolossalen Statuen, mit Obelisken, die aus einem einzigen Steinblock gehauen sind. Des weiteren berichtete Diodor, daß vier Tempel in dieser Stadt standen, deren ältester der Karnak-Tempel war. In Theben gebe es auch einige prächtige, doch leider ausgeraubte Königsgräber – 47 kenne man inzwischen, während zur Zeit des Ptolemaios I. (367/66–283 v. Chr.), der Ägypten nach dem Tod Alexanders des Großen als Satrapie übernommen hatte, nur 17 bekannt waren. Etwa 2 km von diesen Gräbern entfernt erhebe sich das Monument des Königs Osymandias. Im folgenden beschreibt Diodor jenen Totentempel, den Ramses II. errichten ließ und der unter dem Namen Ramesseum bekannt ist. Seine Beschreibung fußte allerdings auf einem Bericht des Hekataios von Abdera, den dieser zwei Jahrhunderte zuvor in seinen *Aigyptiaca* angefertigt hatte, die Diodor noch kannte, die jedoch heute verloren sind. Mit Staunen zitierte Diodor Hekataios, und ausführlich beschrieb er die Reliefs, die das gewaltige Heer des Pharaos Ramses II. in der Schlacht gegen die Hethiter bei Kadesch am Orontes zeigen. Und schließlich berichtete er über die größte Sitzfigur Ägyptens; allein deren Fuß sei 3,5 m lang! Schon die Tatsache, daß Diodor für seine Beschreibung die Vorlage des Hekataios übernimmt, läßt darauf schließen, daß er selbst das alte Theben nicht besucht hat.

Auch ein anderer Zeitgenosse berichtete über Theben, nämlich der griechische Geschichtsschreiber und Geograph Strabo aus Amaseia in Pontos. Er lebte zwischen 64/63 v. Chr. und ca. 21 n. Chr. Sein Name bedeutet übrigens »Schieler«. Zwischen 25 und 19 v. Chr. besuchte er Ägypten und sammelte Material für seine *Geographie*, in deren 17. Kapitel er ausführlich über das Land berichtete. In Theben erwähnt er 40 Gräber im Tal der Könige, er beschrieb die beiden Obelisken vor dem Luxor-Tempel, von denen heute nur noch der linke steht, ferner die Obelisken im Tempel des Amun. Den Gesang des Memnon schließlich, der täglich von einem der beiden Memnonskolosse auf dem Westufer des Nils jeweils frühmorgens zu hören war, tat er als List und Betrug der Priester ab. Das Phänomen des tönenden Memnonskolosses beschäftigte fast alle nachfolgenden Reisenden, u. a. auch Pococke, Bruce und Belzoni.

Von nun an wurde es für viele Jahrhunderte still um Theben. Einige wenige Wagemutige traten die mühselige Reise nach Ägypten an, durchstreiften das Land von Nord nach Süd entlang den Ufern des Nils, erwähnten seine Besonderheiten, nannten uns ihre Aufenthaltsorte und beschrieben sie. Dabei

Die Memnonskolosse

tauchte der Name Theben gar nicht mehr auf. Längst war er in Vergessenheit geraten; schon unter der römischen Herrschaft war das alte Theben, dessen Einwohner sich dem hohen Steuerdruck widersetzt hatten, völlig zerstört worden und zerfiel in unbedeutende Dörfer. Dies geschah unter Gaius Cornelius Gallus, der 30 v. Chr. von Augustus zum Statthalter Ägyptens ernannt worden war. Zu beiden Seiten des Tempels von Luxor errichteten die Römer je ein Lager, die später von den Arabern el-Uqsur genannt wurden, das heute bekannte Luxor; etwa 3 km nördlich davon ließen sich arme Ägypter im Bezirk des großen Amun-Heiligtums nieder, den die Araber Karnak nannten. So wird verständlich, daß sich der Geograph und Reisende Leo Africanus, auch unter seinem maurischen Namen el-Hassan ibn Mohammed el-Wassan bekannt, um 1490 in Granada geboren und in Tunis nach 1550 gestorben, nach Ägypten aufmachte, durch das Niltal gen Süden bis nach Aswan reiste und derweil Theben gar nicht mehr erwähnte.

Zu dieser Zeit ›entdeckten‹ die Gelehrten der Renaissance die antiken Historiker Herodot und Plutarch. Herodots *Historien* wurden im Jahr 1474 in lateinischer Sprache veröffentlicht, und wenige Jahrzehnte später folgten Übersetzungen ins Englische, Deutsche, Französische und Italienische. Plutarchs *Moralia* mit der Isis- und Osiris-Legende wurde 1509 vollständig publiziert. Mit Isis und Osiris beschäftigte sich besonders Graf Michael Maier, der Hausarzt von Kaiser Rudolf II. In seinem *Opus Arcana Arcanissima* geht es hauptsächlich um Esoterik und Alchimie.

14

Mit dem 15. Jh. begann in Ägypten eine Phase der Rückbesinnung. Äußeres Zeichen hierfür war vielleicht schon, daß sich die jetzt von Kairo aus über Ägypten herrschenden Mamluken (1250–1517) für ihre Bestattung ganz nach dem Vorbild der führenden Beamtenschaft am Pharaonenhof bungalowartige Flachdachhäuser aus Stein am nordwestlichen Stadtrand von Kairo errichten ließen, während die Anhänger des islamischen Glaubens überall sonst im Land und in der Welt mit einem einfachen Erdgrab Vorlieb nahmen. Zeichen der Rückbesinnung war auch, daß die Christen sich auf ihre heiligen Stätten besannen und die Ägypter die auf sie gekommenen Kostbarkeiten und Bauten wieder schätzten und damit zugleich Neugierige und Besucher anzogen.

Häufig waren es Christen, die auf ihrem Weg in das Gelobte Land auch die Stätten aufsuchen wollten, an denen Moses aufgewachsen, Joseph zu Ruhm gelangt und zu denen die Heilige Familie geflüchtet war. Dabei machten sie gewöhnlich an der ägyptischen Küste fest und wagten den nicht immer ungefährlichen Abstecher ins Landesinnere zu dem einstigen Aufenthaltsort der Heiligen Familie, u. a. zur Krypta der Abu-Serge-Kirche von Babylon (Alt-Kairo); und es galt, die Kornkammern Josephs zu bewundern, wie man die Pyramiden gelegentlich nannte. Andere Besucher zog es zu den Mumien in den Gräbern von Saqqara, denn längst glaubte man zu wissen, daß jene als wundertätige Heilmittel verwendet werden konnten, das die Araber mit dem Begriff *Mumija* bezeichneten. So gehörte es schon fast zum guten Ton, daß man von einem Besuch eine Mumie mit nach Hause brachte. Von dem englischen Philosophen Thomas Browne (1605–82) erfahren wir, daß die Mumien zu seiner Zeit Handelsware waren, und die Pharaonen verkaufte man zu Salbe verarbeitet.

Eine zum Verkauf stehende Mumie

15

All jene Reisenden kamen südlich kaum über Gizeh und Saqqara hinaus; nach Luxor, weit im Süden des Lands, stieß von ihnen bis zum Beginn des 18. Jh. nur selten jemand vor. Und wenn er dann die Trümmer von Karnak und Luxor vor sich sah, war ihm noch längst nicht bewußt, daß er in Homers Hunderttorigem Theben stand. Erst dem französischen Gottesmann Claude Sicard (1677–1726), Jesuitenpater und Missionar, gelang es auf seiner Missionsreise zu den koptischen Kirchen und Klöstern, das vergessene Theben zu identifizieren, nachdem er im Jahr 1707 in Kairo angekommen und zu einer Reise gen Süden aufgebrochen war. Als erster Europäer seit dem Altertum soll er bis nach Aswan vorgedrungen sein.

Das 18. Jh. war stark geprägt von den zahlreichen wissenschaftlichen Unternehmungen der großen europäischen Herrscherhäuser. Hinzu kam der gesteigerte Wissensdrang v. a. der Europäer, die im Zeichen der Aufklärung die Welt geradezu erobern wollten. Auch verstand es sich allmählich von selbst, daß die in Kairo oder Alexandria akkreditierten Diplomaten in oft dreister Weise dem ägyptischen Boden die wertvollsten Kunstschätze entrissen und in ihre Heimat beförderten. Während Benoit de Maillet, zu Beginn dieses Jahrhunderts als französischer Konsul in Kairo ansässig, noch systematisch vorging und eine wohlüberlegt geordnete Sammlung hervorragender Antiquitäten anlegte, haben seine Nachfolger oft sinnlos das Land nach Eindruck schindenden Stücken abgesucht.

Der Engländer Richard Pococke (1704–65), ein junger, wohlhabender und gebildeter Mann, machte sich 1737 zu einer großen Orientreise auf und blieb für fünf Monate in Ägypten. Sein Hauptinteresse galt den Altertümern Ägyptens. Hier reiste er kreuz und quer, von Nord nach Süd. Schließlich gelangte er auch in das Dorf Luxor, das ja erst wenige Jahre zuvor als das antike Theben identifiziert worden war, setzte auf das thebanische Ufer im Westen über und wagte sich bis ins Tal der Könige vor.

Dies war sehr mutig, denn die ganze Gegend wurde von gesetzlosen Einheimischen beherrscht. Pococke verdanken wir die Kunde über 14 Grabstätten im Tal der Könige – Diodor hatte noch 47 gekannt. Sie seien, so schrieb er, zum Teil völlig unzugänglich, in einige könne man aber – wenn auch mit Mühe – hineingelangen.

All seine Reiseerlebnisse faßte Pococke unter dem Titel *A Description of the East and Some Other Countries* zusammen; sie erschienen in den Jahren 1743–45 in zwei Bänden und sollten schon bald für die abenteuerlustige Welt jener Zeit zu einem Standardwerk werden. Sein Stil war einfach, fast primitiv, doch die Fülle an Strichzeichnungen, Skizzen und Stichen begeisterten jeden, der die Bände in die Hände bekam.

Blick auf das Tal der Könige

Von König Christian VI. von Dänemark erfahren wir, daß er eine Expedition zur Erforschung Ägyptens ausrüstete; befehligt wurde diese vom Schiffsbaumeister und Künstler Frederik Ludwig Norden (1708–42). Dessen Plan war, mit der Flotte nilaufwärts bis zum 2. Katarakt vorzustoßen. Diesem Ziel kam er im Winter des Jahrs 1737 recht nahe, doch kurz vorher mußte er bei dem Ort Derr südlich von Aswan die Reise abbrechen und umkehren. Mit großer Präzision beschrieb er die Altertümer, und er fertigte eine Fülle von beeindruckenden Skizzen, Plänen und Zeichnungen von ihnen an. Nach seiner Rückkehr berichtete er der Royal Society in London von den phantastischen Altertümern, so daß er zu einem der ersten Mitglieder dieser Gesellschaft ernannt wurde. Es war ihm jedoch nicht mehr vergönnt, sein Werk *Reisen in Ägypten und Nubien* der Öffentlichkeit vorzustellen: Erst 13 Jahre nach seinem Tod brachte es ein englischer Verleger heraus. Darin erfahren wir, daß er sich u. a. mehrere Tage in Luxor aufgehalten hat. Er beschrieb ausführlich die mit Darstellungen der Kadesch-Schlacht Ramses' II. verzierten Pylontürme des Luxor-Tempels und berichtete über jene grandiose, 8 t schwere Büste des Herrschers in dessen Totentempel, die Belzoni rund 80 Jahre später ins British Museum schaffen ließ. Norden erklärte, sie liege mit dem Gesicht im Sand, während Belzoni sie später mit dem Gesicht nach oben vorfand. Auch über die wunderbaren Malereien in den Gräbern auf dem westlichen Nilufer berichtete Norden. Seine Schilderungen waren so beeindruckend, daß sie eine Welle der Begeisterung für die ägyptische Kunst auslösten. Zugleich regten sie aber auch zu der Frage an, ob diese Kunst älter sei als die griechische und die römische. In diesen Jahren hatten gerade erst die Ausgrabungen in Herculancum begonnen (1738), und die Akropolis von Athen war kurz zuvor vermessen worden. Da lag es nahe, Datierungskriterien aufzustellen und die Charakteristika der unterschiedlichen Kunstwerke herauszuarbeiten.

Einige Jahre später unternahm James Bruce (1730–94) eine Expedition ins Innere des afrikanischen Kontinents, um die Quellen des Nils zu entdecken. Er war ein geistreicher, intelligenter junger Mann, der auf das reiche Erbe seiner schottischen Ländereien wartete. Der arabischen Sprache war er mächtig und kannte sich in der Astronomie bestens aus. Im Jahr 1768 kam er nach Kairo, nahm von hier aus ein Segelschiff und reiste mit einer kleinen Handbibliothek und seinem Gerät stromauf. In Luxor verweilte er nur kurz, besuchte das Westufer mit den beiden Memnonskolossen Schama und Tama, wie die Ägypter sie nannten, und sogleich machte er Bekanntschaft mit den recht wilden Einheimischen. Dennoch ge-

Harfenspieler, Umzeichnung

18

lang es ihm, einige Gräber im Tal der Könige zu besuchen. Seine besondere Aufmerksamkeit galt dabei drei gemalten Harfenspielern in dem von ihm freigelegten Grab Ramses' III. (Grab Nr. 11), von denen er und sein Gehilfe je einen zeichneten.

Wir finden sie abgebildet in seinem Werk *Travels to Discover the Source of the Nile, in the Years 1768, 1769, 1770, 1771, 1772, and 1773, by James Bruce of Kinnaird Esq., F. R. S.*, das 1790 erschien und dessen deutsche Fassung vom damals bekannten Professor Blumenbach in Göttingen herausgegeben wurde. Das Grab wird daher gelegentlich auch als »Bruces Grab« bezeichnet. Es sei hier nur am Rande erwähnt, daß niemand die haarsträubenden Geschichten über seine Erlebnisse in Abessinien, am Tana-See, in Sennar, Schendi und Berber glaubte. Erst Johann Ludwig Burckhardt (1784–1817), anerkannter Ägyptenkenner, konnte später den Wahrheitsgehalt der Schilderungen von Bruce bestätigen.

Mit 328 Schiffen, 1026 Kanonen, einem Expeditionsheer von 36 000 Soldaten, unter ihnen 25 000 Mann Infanterie und 3000 Kavalleristen, brach Napoleon Bonaparte am 19. Mai des Jahrs 1798 von Toulon nach Ägypten auf, um die Vormachtstellung der Engländer im Mittelmeerraum zu brechen und damit zugleich Indien zu bedrohen. Ägypten selbst stand zu diesem Zeitpunkt bereits seit rund 280 Jahren unter türkischer Herrschaft. Im Gefolge der napoleonischen Armee befanden sich auch 151 Experten der verschiedensten Fachrichtungen, u. a. Archäologen, Astronomen, Chemiker, Chirurgen, Geographen, Geologen, Ingenieure, Konstrukteure, Mathematiker und Zoologen. Am 1. Juli legte die Flotte in Abukir an, und am 21. Juli kam es am Fuß der Pyramiden von Gizeh zu der berühmten Schlacht gegen die Mamluken. Napoleon feuerte seine Soldaten mit jenem Satz an, der in die Geschichte eingegangen ist: »Soldaten, denkt daran, daß 40 Jahrhunderte von diesen Bauten auf Euch herunterblicken!« Und noch am selben Tag schlug er mit seiner überlegenen Streitmacht die aufopfernd kämpfenden Feinde vernichtend. Einen Tag später marschierte Napoleon in Kairo ein und begann mit dem Aufbau eines französischen

Verwaltungssystems, um das Land mit seinen damals etwa 2,4 Mio. Einwohnern möglichst rasch zu befrieden.

Im Heer der Gelehrten fand sich auch Dominique Vivant Denon (1747–1825). Als Mitglied der Académie Française genoß er hohes Ansehen, er war ein exzellenter Zeichner und Maler und verantwortlich für alle Expeditionsmitglieder, die mit Bleistift und Papier umzugehen hatten. Als wagemutiger Reiter galoppierte er den Soldaten auf seinem Pferd voran, und selbst mitten im feindlichen Kugelhagel hielt er die Kampfszenen mit dem Zeichenstift fest. Wir können uns glücklich schätzen, daß er ein ausgezeichneter Kunstsachverständiger war und von den ägyptischen Altertümern geradezu hingerissen. So zählt sein Bericht zu den lebendigsten und interessantesten Expeditionsberichten überhaupt. Als das französische Heer im August des Jahrs 1798 die Mamluken nach der siegreichen Schlacht an den Pyramiden in Richtung Süden verfolgte, war auch Denon dabei. Während die französische Flotte zu dieser Zeit (am 1. August) in der Bucht von Abukir bereits von den Engländern unter Admiral Nelson weitgehend vernichtet worden war, sollte sich die Schlacht auf Oberägypten konzentrieren. Nach Gewaltmärschen von 40–45 km pro Tag erreichte man am 26. Januar 1799 schließlich Karnak und Luxor.

»Der Anblick ihrer weit und breit zerstreuten Ruinen überraschte die Armee so, daß sie von selbst stehenblieb, als wäre die Eroberung der Trümmer dieser ehemaligen Hauptstadt das Ziel ihrer rühmlichen Unternehmen, die vollendete Eroberung Ägyptens.«

Luxor selbst beschrieb Denon allerdings als ein elendes Dorf mit etwa 2000–3000 Einwohnern.

»In der Nachmittagsstunde gegen ein Uhr kamen wir in eine Wüste, ehemals das Tal der Toten [gemeint ist das Tal der Könige]. Der Felsen, einer senkrechten Fläche nach behauen, bildete auf drei Seiten eines Vierecks regelmäßige Eingänge, hinter welchen doppelte und dreifache Kammern zur Ruhestätte der Verstorbenen dienten. Ich ritt mit Desaix hinein, im festen Vertrauen auf den Frieden, der diese Wohnungen der Ruhe und das heilige Schweigen umschwebt. Bald aber wurden wir aus den finsteren Teilen der Galerie mit Steinwürfen und Wurfspießen von unsichtbaren Feinden empfangen, welche unsere weiteren Entdeckungen beendeten. In der Folge erfuhren wir, daß ein beträchtlicher Völkerstamm diese finsteren Schlupfwinkel bewohne und zu Räuberhöhlen entweihe; dieses Volk sei in beständigem Aufruhr und der Schrecken der umliegenden Gegend.«

Denon entfloh dieser unwirtlichen Gegend, suchte den Totentempel Ramses' II., das sogenannte Ramesseum, auf und beschrieb die gewaltige Kolossalstatue dieses Pharaos. Noch am selben Nachmittag wandte sich Denon von hier aus den Memnonskolossen zu, die ihn in ihren Bann zogen. Zwischen ihnen soll einst »die berühmte Statue des Ossimand, der größte Koloß, gestanden haben«. Während die Statue jenes Königs verschwunden sei, finde man zu beiden Seiten noch »die der Mutter und des Sohnes«. Von hier aus ritt Denon hinüber zum wuchtigen Tempelkomplex von Medinet Habu, und am nächsten Tag war er bereits auf dem Weitermarsch in Richtung ägyptisch-nubische Grenze. Schon nach wenigen Tagen kehrte er zwar nach Luxor zurück, durcheilte es aber, ohne hier Muße für eine längere Rast zu finden, um den Osman Bei an der Nilschleife von Qena zu stellen. Nach dessen Ermordung durch den unerschrockenen Brigadechef Duplessis kehrte der Trupp schließlich nach Luxor zurück, und Denon konnte sich jetzt zum dritten Mal an diesem ehrwürdigen Ort aufhalten. Und nun nutzte er die Zeit für weitere Erkundungen. Frühmorgens suchte er Karnak auf:

»Der Anblick dieser Ruine wirkte allmächtig auf die Seele. Es war mir unmöglich, einen Grundriß davon aufzunehmen, und ich begnügte mich, ein Bild zu entwerfen, um mich dereinst zu vergewissern, daß, was ich

Der Luxor-Tempel, Radierung von D. V. Denon

gesehen, keine Sinnestäuschung war, sondern wirklich existiert.«

In der Mittagsglut dieses Tages wandte er sich dem Ort Luxor zu mit seinem Tempel und den »zwei schönsten und größten Obelisken, die man kennt und die am besten erhalten sind. Die Franzosen haben einen Versuch gemacht, sie zu entführen.«

Schon am darauffolgenden Tag marschierte das Heer mit Denon im Gefolge in Richtung Rotes Meer weiter. Doch es sollte Denon vergönnt sein, weitere Male nach Luxor zurückzukehren – wenn auch immer nur für wenige Stunden. Jetzt konnte er das Tal der Könige aufsuchen und gelangte von hier aus zu den Beamtengräbern von Scheich Abd el-Qurna. Für die Anfertigung seiner Zeichnungen standen ihm hier alles in allem gerade drei Stunden zur Verfügung! Und wieder brach das Heer zu neuen Eroberungstaten auf. Schließlich gelangte Denon ein siebtes Mal nach Luxor, jetzt für mehrere Tage. Er besuchte erneut Medinet Habu und die beiden Memnonskolosse, doch die Grabanlagen auf dem westlichen Ufer des Nils reizten ihn besonders.

»Eingewickelte Körper lagen ohne Sarg auf dem Boden, und es lagen ihrer so viele da, als der Raum fassen konnte. Hier sah ich, warum man so oft kleine Figuren von glasierter Erde fand, die in der einen Hand eine Geißel und in der anderen einen Haken hielten. Der religiöse Enthusiasmus ging so weit, daß sie die Mumien auf Betten legten, die von diesen kleinen Gottheiten gebildet wurden. Ich sammelte sie händevoll und füllte meine Taschen damit an. Eine Menge Körper, die gar nicht eingewickelt waren, ließen uns sehen, daß die Beschneidung bekannt und allgemein und daß der Haarputz der Frauen nicht so im Gebrauch war wie jetzt, da ihre Haare lang und glatt sind und der Charakter der Köpfe größtenteils von edler Form ist. Ich nahm einen Kopf einer alten Frau mit, so schön wie jene der Sibyllen von Michelangelo, denen er auch glich.«

Weniger romantisch beschrieb ein weiteres Expeditionsmitglied, Edmé François Jomard (1777–1862), die Ausgrabungstätigkeit. Dabei mußte man über aufgetürmte Mumien klettern, und deren Knochen krachten schauerlich unter dem Gewicht der Entdecker. Man konnte gar mit dem Fuß in einer Mumie steckenbleiben und hatte Mühe, ihn aus dem Gewirr von Binden und Knochen zu befreien.

Am 17. August des Jahrs 1799 ließ Napoleon seine erschöpften Truppen im Stich, setzte sich nach Frankreich ab, und auf den Tag genau zwei Monate später entstieg er auf der Reede von St. Raphael der Fregatte *Le Muiron*. Seine Armee fiel 1801 in die Hände der Engländer. Etliche Soldaten blieben im Land und traten später in die Dienste von Mohammed Ali (1769–1849). Dieser war seiner Herkunft nach Albaner, verwaist, des Schreibens unkundig und Berufssoldat im albanischen Heer. 1800 kämpfte er in Ägypten gegen die Franzosen, wurde zum General befördert, erhielt 1805 die Würde eines Paschas und wurde als Khedive – so nannte sich der von Istanbul abhängige Herrscher am Nil – türkischer Statthalter in Ägypten. Im Jahr 1807 gelang ihm mit Hilfe der Mamluken die Vertreibung der Engländer aus Ägypten. Am 1. März 1811 lud er 480 Mamlukenbeys, seine letzten Widersacher, zu einem großen Fest auf die Zitadelle von Kairo und ließ sie kurzerhand von seinen albanischen Soldaten ermorden. Sein Ziel war die Unabhängigkeit Ägyptens von der Pforte. Er gilt als der Wegbereiter für die kulturelle und wirtschaftliche Anbindung an den Westen in der zweiten Hälfte des 19. Jh. Nach europäischem Muster strebte er eine Modernisierung des Lands an. Zu seinen großen Verdiensten gehört die Dauerbewässerung des Nildeltas durch den Bau der berühmten Barrage du Nil im Jahr 1836, die Ansiedlung industrieller Unternehmen und der Anbau von Baumwolle, die er 1821 aus Indien einführen ließ. Er starb am 2. August 1849 in geistiger Umnachtung. Sein Nachfolger Ibrahim (1848) und sein Enkel Abbas I. (1848–54), dem alles Fremde verhaßt war, waren unfähig, den begonnenen Aufbau des Lands weiterzuführen. Erst Said (1854–63) und dann v. a. Ismail (1863–79) setzten das Modernisierungswerk fort.

Wenn auch die napoleonische Expedition nur wenig Neues an wissenschaftlichen Erkenntnissen heimbrachte, so war diese Unternehmung doch von ungeheurem Wert: Sie übertraf alle bisher geleisteten Arbeiten und Berichte an Exaktheit, Informationsgehalt, Umfang und Qualität. Davon zeugt allein die meisterhafte, 24 Bände umfassende *Description de l'Egypte*, die nach ihrer Herausgabe durch Jomard in den Jahren 1809–13 eine beinahe hektische Ausgrabungstätigkeit und wilde Sammelleidenschaft für Altertümer auf ägyptischem Boden hervorrief. Darüber hinaus verdanken wir der Expedition die Entzifferung der ägyptischen Hieroglyphenschrift durch Jean François Champollion anhand des berühmten Dreisprachensteins von Rosette. Französische Soldaten unter Leitung des Offiziers P. Bouchard hatten ihn zu Beginn des Feldzugs 1799 bei Schanzarbeiten am Fort Julien nahe des Dorfs Rosette ausgegraben.

Im Jahr 1809 erschien auch das Werk *Aegyptiaca* von William Richard Hamilton (1777–1859). Dieser stand im diplomatischen Dienst der englischen Krone; 1801, als nach der Kapitulation von General Menou und dem Sieg der Engländer die letzten Franzosen des napoleonischen Heers das Land auf englischen Schiffen in Richtung Heimat verließen, kam er nach Ägypten. Als er erfuhr, daß die Franzosen den berühmten Stein von Rosette heimlich an Bord genommen hatten, jagte er ihnen ihre Beute wieder ab und vermachte sie dem British Museum in London, wo der Stein bereits im Verlauf des darauffolgenden Jahrs (1802) ausgestellt wurde. In seinen recht langatmigen *Aegyptiaca* beschrieb Hamilton übrigens auch den Kolossalkopf Ramses' II. in Theben als »sicherlich das schönste und vollkommenste Stück ägyptischer Skulptur, das im ganzen Land zu finden ist«.

Giovanni Battista Belzoni (1778–1823) war Zirkusakrobat und Gewichtheber, leidenschaftlicher Ausgräber und Wasserraderfinder. Wir dürfen ihn wohl als eines der sonderbarsten Originale bezeichnen, die die Ägyptenforschung je hervorgebracht hat. Über Belzonis Leben wissen wir, daß er eigentlich Mönch werden wollte, wenngleich sein Vater ihn lieber als Barbier gesehen hätte. Doch es kam alles ganz anders: Nach dem überraschenden Einfall der französischen Armee in Rom, wo er den größten Teil seiner Jugend verbracht hatte, ging er auf Wanderschaft. Besser gesagt, er floh gen Norden, um dadurch der zwangsweisen Einberufung zu entgehen. 1803 gelangte er nach London, und hier kam er dem Varietépublikum offenbar wie gerufen. Man sehnte sich nach Abwechslung, und Belzoni kam als ›französischer Herkules‹ mit seinen ungeheuren Körperkräften und seiner hünenhaften Erscheinung gerade recht. Seine Glanznummer war eine menschliche Pyramide mit zwölf Artisten auf seinen Schultern.

Nach neunjährigem Aufenthalt in England machte er sich auf die Reise ins Ausland. Er kam nach Portugal, Spanien und Sizilien, und auf dem Weg nach Konstantinopel, damals die kulturelle Metropole des Orients, gelangte er nach Malta. Der fast sechs Monate dauernde Aufenthalt in Maltas Hauptstadt La Valletta sollte sein Leben gründlich verändern: Hier lernte er einen Gesandten des ägyptischen Herrschers Mohammed Ali kennen, und diesem stellte er ein völlig neuartiges Bewässerungssystem vor. Mohammed Ali war allen technischen

Giovanni Battista Belzoni

25

Neuerungen gegenüber sehr aufgeschlossen, besonders, wenn es um Verbesserungen in Landwirtschaft und Industrie ging, hoffte er doch, das Land von seiner mittelalterlichen Wirtschaftsform in eine moderne überführen zu können und damit Anschluß an europäische Verhältnisse zu finden. Und hier konnte Belzoni vielleicht Hilfe leisten. Denn viele Jahre hatte er sich mit der Hydrauliktechnik beschäftigt und sich allein schon während seiner Zirkusauftritte intensiv mit der Wirkung von Rollen und Hebeln auseinandergesetzt. So schlug er dem Abgesandten sein neues System vor, und jener finanzierte nicht nur Belzoni, sondern auch seiner Frau Sarah und seinem Diener James Curtin die Reise nach Ägypten. Am 19. Mai 1815 verließen sie Malta und erreichten nach dreiwöchiger Seereise die ägyptische Hafenstadt Alexandria, die gerade von der Pest heimgesucht wurde. Es sollte schließlich noch bis zur Mitte des nächsten Jahrs dauern, bis Belzoni seine Pumpe fertiggestellt hatte und sie dem Pascha vorführen konnte. Der erste Probelauf war ein riesiger Erfolg, doch beim zweiten Versuch wäre sein Diener fast ums Leben gekommen. Damit war Belzonis Traum, als Wasserraderfinder in die Geschichte einzugehen, jäh beendet. Jetzt machte er sich daran, die Altertümer Ägyptens zu entdecken.

Dabei kam ihm die Bekanntschaft mit dem britischen Generalkonsul Henry Salt sehr gelegen; dieser war als Nachfolger für den erkrankten Konsul Missett gerade in Kairo eingetroffen und wollte Altertümer für das British Museum erwerben; wie schon die akkreditierten Diplomaten vor ihm war auch er darauf bedacht, sehenswerte Stücke zu sammeln und in die Heimat zu befördern. V. a. ging es ihm um die Kolossalbüste von Ramses II. im Ramesseum zu Theben. Um deren Bergung hatten sich schon die Franzosen bemüht, waren aber an technischen Problemen gescheitert.

Zur gleichen Zeit weilte auch Johann Ludwig Burckhardt in Kairo. Er stammte aus vornehmem Hause, war 1784 in Lausanne zur Welt gekommen, wollte aber mit dem gutbürgerlichen Leben nichts zu tun haben. So hatte er mit 25 Jahren Europa den Rücken gekehrt und reiste von nun an unter dem Namen

Scheich Ibrahim zunächst nach Syrien und Palästina. Wie kein zweiter beherrschte er die arabische Sprache, und auf die Eigenarten der islamischen Welt hatte er sich gründlich vorbereitet: Mit dem Koran war er so gut vertraut, daß ihn Gelehrte in der arabischen Welt als Autorität anerkannten.

Johann L. Burckhardt

Als erster Europäer entdeckte er die in Vergessenheit geratene Nabatäerstadt Petra in Jordanien. Von Kairo aus fuhr er in einem Boot nilaufwärts, machte für ein paar Tage in Theben halt, beschrieb dort den gewaltigen Granitkopf Ramses' II., segelte weiter in Richtung Süden und entdeckte dabei die Felstempel Ramses' II. von Abu Simbel wieder, und schließlich gelangte er bis nach Dongola am 3. Nilkatarakt. Er durchquerte Nubien bis zum Roten Meer und kam als Pilger nach Mekka, wo er den Titel eines Hadschi erhielt. 1815 kehrte er, von der langen Reise völlig entkräftet, nach Kairo zurück. Dank der Fürsorge von Dr. Meryon, der auch den Konsul Missett betreute, kam er wieder auf die Beine, wenn auch nicht mehr voll zu Kräften. Zunächst ordnete Burckhardt seine Aufzeichnungen und bearbeitete seine 350 arabischen Manuskripten, heute im Besitz der Universität Cambridge. Noch immer war er voller Tatendrang: Er plante eine Forschungsreise in das Innere Afrikas, und während die Karawane auf sich warten ließ, bereitete er mit dem englischen Konsul Henry Salt die Bergung des gewaltigen Granitkopfs von Ramses II. aus seinem Totentempel in Theben vor, dessen Abtransport Belzoni vorbehalten bleiben sollte. Wenige Minuten vor seinem Tod am 15. Oktober 1817 diktierte Burckhardt Henry Salt seinen letzten Willen.

Belzoni hatte Burckhardt und Salt in Kairo kennengelernt, und letzterer nahm ihn sogleich in seine Dienste. Im Sommer des Jahrs 1816 reiste Belzoni also zusammen mit seiner Frau und einem koptischen Dolmetscher nilaufwärts, und mit dem *Firman* vom Pascha, einem Empfehlungsschreiben, auf das kein Reisender verzichten durfte, segelte er nach Theben

»zwecks Aufrichtung des Kopfes der Statue des jungen Memnon und dessen Abtransports nilabwärts«, wie es in dem von Salt unterzeichneten Brief vom 28. Juni 1816 heißt. In dem Brief wird dieser Kopf genau beschrieben, damit nicht versehentlich ein anderer, nur wenige Meter daneben liegender geborgen wird:

> »Er liegt an der Südseite eines zerstörten Tempels, der von den Einheimischen Kossar el-Dekaki genannt wird [das bedeutet im Arabischen soviel wie Steinmetzburg, eine Umschreibung für Steinbruch]. Der Kopf ist noch mit einem Teil der Schulterpartie verbunden und weist folgende Merkmale auf:
> 1. Er liegt auf dem Boden; das Antlitz ist himmelwärts gerichtet.
> 2. Die Gesichtszüge sind vollkommen und sehr schön.
> 3. In einer der Schultern befindet sich ein Loch, das die Franzosen hineingebohrt haben sollen, um den Kopf vom Rumpf zu trennen.
> 4. Der Kopf ist aus rot-schwarzem Granit, und die Schulterpartie ist mit Hieroglyphen bedeckt. Er darf keinesfalls mit einem anderen verwechselt werden, der in der Nähe liegt und stark verstümmelt ist.«

Mit dem stark verstümmelten Exemplar ist der heute noch an Ort und Stelle liegende Kopf einer weiteren Kolossalstatue Ramses' II. aus schwarzem Granit im zweiten Hof des Totentempels gemeint.

Diese Kolossalstatue hat einst rechts (nördlich) des Aufgangs zum Tempelinnern gestanden, während

Kopf einer Kolossalstatue Ramses' II. aus schwarzem Granit, heute im British Museum, London

28

das obengenannte Kopfteil des »jungen Memnon« zu einer links des Eingangs plazierten Statue gehörte.

Unterwegs traf Belzoni auf Bernardino Drovetti (1776–1852); dieser war gebürtiger Italiener und naturalisierter Franzose. Er war der erste Generalkonsul, den Frankreich nach dem unrühmlichen Ende des napoleonischen Feldzugs nach Ägypten entsandte. Hier war er zunächst bis zum Jahr 1814, danach noch einmal 1820–29 im Dienst. Während seines langen Aufenthalts hatte er eine Fülle von Altertümern erworben, und jetzt kehrte er gerade nach Kairo zurück, das Gepäck voll beladen mit Kunstschätzen aus Theben, und Ibrahim, der Sohn Mohammed Alis, Pascha von Oberägypten, begleitete ihn. Drovetti berichtete, daß die Arbeiter von Theben widerborstig und nicht in der Lage gewesen seien, den prachtvollen Granitdeckel eines Sarkophags, den er gern mitgenommen hätte, abzutransportieren. Wenn Belzoni diesen Sargdeckel haben wolle, könne er ihn als Geschenk behalten.

Am 22. Juli 1816 legte Belzoni in Luxor an. In seinen *Entdeckungsreisen* schrieb er,

»daß selbst die Berichte der gewandtesten und aufmerksamsten Reisenden nur eine unvollkommene Darstellung der weitläufigen Ruinenfelder von Theben zu liefern imstande sind. Es ist absolut unmöglich, sich die Szenerie vorzustellen, ohne sie direkt vor Augen gehabt zu haben. Selbst die erhabensten Ideen, die wir den herrlichsten Exemplaren unserer gegenwärtigen Architektur verdanken, lassen nur ein sehr diffuses Bild von diesen Ruinen entstehen; der Unterschied, nicht nur in den gewaltigen Ausmaßen, sondern auch in Form, Proportion und Bauweise ist so groß, daß selbst eine korrekte Skizze oder Zeichnung nicht mehr als eine schwache Andeutung der Wirklichkeit wiederzugeben vermag. Mir schien, als ob ich eine Stadt der Giganten beträte, die nach langen Kämpfen alle vernichtet worden waren und die die Überreste ihrer verschiedenen Tempel als einzigen Beweis ihrer vormaligen Existenz zurückgelassen hatten. Der Tempel von Luxor präsentiert sich dem Reisenden sofort als eine der prachtvollsten Gruppierungen ägyptischer Größe. Die weitläufige Säulenhalle mit zwei Obelisken und Kolossalstatuen auf der Vorderseite, die Reihen gewaltiger Säulen, die wunderbaren Ornamente, die jede Wand und jede Säule schmücken, die Darstellungen der Schlachten, wie sie Mr. Hamilton beschrieben hat – diese Dinge lassen den entzückten Reisenden alles vergessen, was er bisher gesehen haben mag. Wird seine Aufmerksamkeit von den im Norden Thebens befindlichen, gen Himmel strebenden Ruinen gefesselt, die über Palmenhaine weit hinausragen, begibt er sich in einen Wald von Tempelruinen, Säulen, Obelisken, Kolossen, Sphingen, Portalen und eine endlos scheinende Fülle von erstaunlichen Objekten, die ihn von der Unmöglichkeit überzeugen, dies alles korrekt wiederzugeben. Noch auf der Westseite des Nils wandert der Reisende zwischen Wunderwerken umher. Die Tempel von Kurna, Medinet Habu und das Memnonium sind Beweise für die Ausdehnung der ehemals großen Stadt. Die unvergleichlichen Kolossalstatuen in der thebanischen Ebene, die zahlreichen, in die Felsen gehauenen Grabanlagen, besonders im Tal der Könige, mit ihren Malereien, Skulpturen, Mumien, Sarkophagen, Figuren etc. sind Gegenstände der uneingeschränkten Bewunderung eines jeden Reisenden. Und er mag sich mit dem Gedanken beschäftigen, wie es möglich war, daß eine Nation, die einst diese herrlichen Bauten hervorgebracht hat, soweit in Vergessenheit geraten ist, daß uns ihre Sprache und Schrift vollkommen unbekannt sind.«

Belzonis Gedanken kreisten einzig um den Abtransport der gewaltigen Büste der Sitzfigur im Ramesseum. Die Figur wurde auf Geheiß Ramses' II. um 1270 v. Chr. aus einem einzigen Granitblock gefertigt und war nur wenig kleiner als jene gewaltige Sitzfigur, die heute zerborsten auf der Rückseite des ersten

Abtransport des kolossalen
Kopfes durch Belzoni

Hofes liegt; deren Höhe erreichte einst 17,5 m. Allein der von
Belzoni fortgeschaffte Kopf mit dem Brustansatz hat eine Höhe
von 2,67 m.

Der Abtransport gestaltete sich als äußerst schwierig und
zeitraubend. Nicht nur, daß Belzoni kaum über geeignetes
Gerät verfügte, auch die Unlust der Arbeiter und die unglaubliche Bestechlichkeit der Verantwortlichen ließen die Bergung
immer wieder ins Stocken geraten.

Schließlich, nach fast vier Monaten, am 17. November 1816,
konnte die Büste auf ein Schiff verladen werden; am 21. dieses
Monats legte das Boot mit Belzoni an Bord von Luxor ab, und
man erreichte Kairo am 15. Dezember. Von hier aus verlud
man die Büste nach Raschid, das heißt Rosette, um sie an Bord
eines Frachters nach England zu befördern. Im Lauf des Jahrs
1817 gelangte sie schließlich ins British Museum. Sie gilt als
ein Meisterwerk aus der Zeit Ramses' II. Schon die Wahl des
Materials zeugt vom hohen Sachverstand der Handwerker:
Nicht von ungefähr geht der graue Granit vom Hals ab in ein
gelbliches Braun über, so daß der Kopf wie von der Sonne be-
strahlt erscheint, eine sichtbare Manifestation des lebendigen
Sonnengotts. Der weiche Gesichtsaudruck mit den vollen,
lächelnden Lippen und den Falten am Hals überstrahlt die for-
male Strenge der Büste und erinnert ein wenig an die nur wenige Jahrzehnte zurückliegende Amarnazeit.

Schon bald startete Belzoni zu einer zweiten Reise nach
Oberägypten. Wieder erreichte er Luxor, ließ dort und im Tem-
pelbezirk von Karnak graben, legte hier im 1. Hof vor dem 2.
Pylon eine große Sitzfigur frei, ferner eine Sphingenreihe von

etwa 20 Exemplaren, von denen fünf noch recht gut erhalten waren. Dort entdeckt er auch

> »die sitzende Gestalt eines jungen Mannes; sie hatte nahezu Lebensgröße und war aus grauem Granit. Obwohl das Antlitz, die Hände und Arme nahezu unversehrt waren, waren Brust, Rumpf und Sockelende stark verfallen. Die Büste war vom Rest der Statue abgetrennt. An derselben Stelle stieß ich auf zwei kleine sitzende Figuren aus Rosengranit, nahezu zwei Fuß hoch.«

Darüber hinaus fand man ein Relief, eine Grabstele, eine eiserne Sichel unter einem Sphinx, einen gewaltigen Steinkopf, größer noch als jenen aus dem Ramesseum, dazu den passenden Arm, »zudem noch den berühmten Altar mit dem Hochrelief der sechs Gottheiten …, das vollkommenste Kunstwerk, das ich in Ägypten gesehen habe«.

Es wäre müßig, hier all die Fundstücke aus Luxor, Karnak und von den Grabungen auf dem Westufer aufzulisten: Die Aufzählung würde zahllose Bücher füllen. Immerhin waren die Funde so umfangreich, daß Belzoni sie am Ufer des Nils in Luxor zusammentragen, von einem Erdwall als Sichtschutz umgeben und mit einigen Wachposten umstellen ließ, bis sie endlich auf ein Transportschiff geladen und fortgeschafft werden konnten.

Derweil hatte sich Belzoni zusammmen mit Mr. Beechey im Tempel von Luxor häuslich niedergelassen und das Allerheiligste mit Hilfe von Strohmatten als Wohnstätte hergerichtet, denn der weitere Aufenthalt an Bord des Schiffs war infolge der Rattenplage unerträglich geworden.

Zwischendurch fuhr er immer wieder auf das Westufer, um in Scheich Abd el-Qurna weiterzugraben und nach Mumien zu suchen, auch wenn die äußeren Umstände ihn dazu nicht ermuntern sollten:

> »Von allen Seiten umgeben von Leichen, Bergen von Mumien, ein Anblick, der mich, bevor ich mich daran

gewöhnte, mit Schrecken erfüllte. Die Schwärze der Wände, der mangels Luftzufuhr nur schwache Schein der Kerzen oder Fackeln, die verschiedenen, mich umgebenden Gegenstände, die miteinander zu flüstern schienen; die Araber, nackt und vollkommen mit Staub bedeckt, die sich, Kerzen oder Fackeln tragend, wie zum Leben erweckte Mumien ausnahmen: eine Szene, die kaum zu beschreiben ist … Einmal geschah es, daß ich von einer solchen Örtlichkeit zu einer ähnlichen geführt wurde, durch einen Gang, der etwa zwanzig Fuß lang war und in der Breite gerade einen Körper in drangvoller Beengung durchließ. Die Passage war mit Mumien angefüllt, und ich konnte nicht weiterkommen, ohne mein Gesicht mit dem irgendeines verfallenen Ägypters in Berührung zu bringen. Als der Durchgang zum Ende hin schräg nach unten abfiel, half mir das Gewicht meines Körpers weiter; jedoch konnte ich nicht verhindern, mit Knochen, Armen, Beinen und Schädeln, die von der Schräge herunterrollten, bedeckt zu werden. Derart gelangte ich von einer Höhle zur anderen. Alle waren mit Mumien gefüllt, die aufeinandergestapelt waren oder an den Wänden lehnten, auf dem Boden lagen, ja sogar auf dem Kopf standen. Der Zweck meiner Forschungstätigkeit bestand darin, die Ägypter ihrer Papyri zu berauben. Unter zahllosen Lagen von Tuch, in die die Mumien eingewickelt sind, fand ich einige derselben: an verborgenen Stellen wie der Brust, unter den Achselhöhlen, in der Wölbung des Knies oder an den Beinen.«

Die Suche gestaltete sich aufgrund seiner großen Erfolge zunehmend als schwierig, denn seine Gegenspieler – Anhänger des Konsuls Drovetti – beneideten ihn außerordentlich. Sie erreichten schließlich sogar beim Bey, daß Belzoni keine Arbeiter einstellen und beschäftigen und auch keine Antiquitäten erwerben durfte. Aus Verdruß machte Belzoni sich von Luxor auf nach Abu Simbel. Dort ließ er den Eingang des Felsentempels von Ramses II. freilegen und schlüpfte am 1. August des Jahrs 1817 in das Innere. Auf der Rückreise sicherte er sich einen Obelisken auf der Insel Philae bei Aswan am 1. Nilkatarakt (später wurde dieser auf Wunsch des Herzogs von Wellington im Park des Kingston Lacy House in Dorset, England, aufgestellt) und kehrte dann nach Luxor zurück. Dieses Mal beschloß er, seine Aufmerksamkeit dem Tal der Könige zu widmen und hier zu graben. Im Jahr zuvor hatte Belzoni hier ja bereits das Grab des Königs Eje gefunden, und er war der festen Überzeugung, weitere Königsgräber aufspüren zu können. 18 Gräber, so munkelte man, gäbe es bestimmt, vielleicht könnten es sogar an die 40 sein – seit dem Ende des Napoleonischen Feldzugs sprach man allerdings erst von zwölf, wenngleich der englische Diplomat Hamilton zu Beginn des 19. Jh. nur zehn zugängliche Gräber verzeichnet hatte. Mit knapp zwei Dutzend Arbeitern begann Belzoni die Grabungsarbeiten im westlichen Teil des Talkessels, etwa 100 m vom Grab des Eje entfernt. Nach wenigen Tagen entdeckte er hier unter den Steinmassen einen Treppenschacht. Belzoni berichtet:

»Am unteren Treppenabsatz lagen vier Mumien in ihren Behältern flach auf dem Erdboden. Ihre Köpfe waren zur Außenseite hin gerichtet. Ein Stück weiter befanden sich noch einmal vier Mumien, ebenfalls in eine Richtung blickend. Die Särge waren alle bemalt; einer wurde von einer Umhüllung bedeckt.«

So sehr Belzoni auch über diesen Fund beglückt war, er befriedigte ihn nicht. Sein Ziel war es, ein unberührtes Königsgrab mit Grabbeigaben und Schmuckstücken zu finden. In den ersten Oktobertagen des Jahrs 1817 entdeckten seine Arbeiter die unvollendete Grabanlage des Prinzen Monthuherchopschef, Sohn eines der letzten Ramessiden der 20. Dynastie, ferner die Grabstätte eines Unbekannten sowie die von Ramses I. Die erhofften Schätze lieferten sie alle nicht, auch nicht jene Anlage, auf die Belzoni sich nun konzentrierte. Doch das Grab, das er jetzt untersuchte, war für ihn der überwältigendste Fund, den er sich überhaupt vorstellen konnte. Am 16. Oktober – dieser Tag sei einer der schönsten in seinem Leben gewesen, erklärte er später – setzte er den Spaten an einer Stelle an, die ihm schon bald den Zugang zu dem herrlichsten Grab im Tal der Könige öffnen sollte, nämlich zur Anlage von Sethos I. Noch heute nennt man dieses Grab nach seinem Entdecker »Belzonis Grab«. Sein Bericht über die Öffnung des Grabs ist atemberaubend. Hier entdeckte man ein Kunstwerk,

>»dessen hinreißende Perfektion alles bisher Bekannte übertrifft, sowohl von der Ausführung als auch von dem Grad der Erhaltung her. Es schien, als sei die Vollendung just am Tage unseres Fundes erfolgt, und die Gegenstände selbst zeugen von ihrer einzigartigen Bedeutung.«

Wie ein Lauffeuer verbreitete sich die Nachricht von der Entdeckung dieses Grabs in den Gassen von Luxor. Wundervolles vermutete man darin. Von einem goldenen Hahn war die Rede, angefüllt mit Edelsteinen, Diamanten, Perlen. Neugierige Araber strömten herbei, um den Schatz zu sehen. Hamed Aga von Qena, der zu dieser Zeit über den Ostteil von Theben herrschte, eilte mit einer um sich schießenden Reiterschar herbei, um jenen vermeintlichen Goldschatz abzuholen. Die nächsten zwölf Monate verbrachte Belzoni damit, zusammen mit Mr. Ricci geduldig Zeichnungen von allen Figuren, Hieroglyphen und Darstellungen anzufertigen. Diese Arbeiten sollten schon sehr bald für die Wissenschaft bedeutsam werden; sie halfen u. a. dem jungen« Thomas Young bei seinem Bemühen um die Entzifferung der damals noch nicht entschlüsselten Hieroglyphenschrift.

In der Folgezeit war das Glück Belzoni nur noch selten hold: Wieder nach Kairo zurückgekehrt, gelang ihm zwar am 2. März 1818 die Öffnung der Chephren-Pyramide, derweil hatte er sich jedoch mit Henry Salt überworfen, und die europäische Presse schrieb seine Entdeckungen anderen zu. Im September desselben Jahrs brach er mit einer Expedition zum Roten Meer

Egyptian Hall mit
dem Grab von Pharao
Sethos I., Radierung

auf, und hier gelang ihm die letzte spektakuläre Entdeckung:
Die Hafenstadt Berenike, eine Gründung Ptolemaios' II. aus
dem Jahr 275 v. Chr., bestimmt für den Ausbau der Handelsbe-
ziehungen Ägyptens mit Arabien und Indien.

Im darauffolgenden Jahr verließ Belzoni aus Verdruß über
das beleidigende Verhalten einiger Europäer Ägypten für immer und kehrte nach London zurück. Hier publizierte er 1820
seine *Narrative of the Operations and Recent Discoveries ...*
und eröffnete im darauffolgenden Jahr eine Ausstellung in der
Egyptian Hall am Picadilly Circus mit nachgebildeten Kammern aus dem Grab von Sethos I. Diese Ausstellung wurde ein
ungeheurer Erfolg.

Zu seiner letzten Reise rüstete sich Belzoni im Frühjahr
1823, um die Quelle des Niger zu finden. Von dieser Expedition kehrte er nicht zurück: Auf dem Rückweg nach Timbuktu
starb er am 3. Dezember 1823 in Gwato, Benin, an der Ruhr.

Inzwischen hatte man die Ausstellung in der Egyptian Hall in
London aufgelöst und die Exponate an verschiedene reiche
Engländer verkauft. Deren Sammelleidenschaft war damit aber
nicht gestillt worden – ganz im Gegenteil: Jetzt kam man erst
recht auf den Geschmack an ägyptischen Antiquitäten. Ein
wahrer Ausgräberstrom setzte ein, und jeder durchstöberte das
Land nach Schätzen. Wer heute die Gräber im Tal der Könige
besucht und die Innenwände betrachtet, wer das Innere der
Gräber von Beni Hassan oder Elkab bestaunt oder die einge-
ritzten und eingemeißelten Namen im Ramesseum liest, stellt

mit Befremden fest, mit welcher Zügellosigkeit sich die Reisenden der damaligen Zeit in den Wandmalereien oder Reliefs verewigten. Dieselben waren es wohl auch, die Statuen köpften, Reliefs und Inschriften aus den Wänden herausbrachen und alles, was sich irgendwie transportieren ließ, mit nach Hause schleppten. Sogar ganze Tempel wurden ins Ausland verfrachtet. Zwielichtige Gestalten glaubten, mit dem Antiquitätenhandel ein schnelles Geschäft machen zu können. Der bankrotte Pferdehändler Passalacqua aus Triest karrte beispielsweise eine gewaltige Ladung von Mumien und Altertümern aus der Gegend von Theben nach Paris und bot sie 1826 zum Verkauf an. Inzwischen war aber soviel ägyptische Ware auf den Markt gekommen, daß er seine Schätze schließlich für ein Viertel des erhofften Preises nach Berlin an Friedrich Wilhelm IV. verkaufte. Die Herren im diplomatischen Dienst erwiesen sich als die eifrigsten Sammler. So schrieb Henry Salt einem Freund, daß er seine Dienstzeit mit »dem Plündern von Gräbern und dem Studium alter Inschriften« verbringe.

Für uns ist es heute unvorstellbar, daß in jener Situation die Machthaber Ägyptens diesen Plünderern und ›Forschern‹ keinen Einhalt geboten, die selbst den Einsatz von Pulver für das Normalste von der Welt hielten, um Antiquitäten für den Abtransport freizusprengen. Ein Grund liegt darin, daß die türkischen Herrscher über Ägypten an der Gegenwart des Lands interessiert waren, nicht aber an dessen Vergangenheit; und Mohammed Ali interessierte sich einfach nicht für die Altertümer.

Mohammed Ali

Auch hätte er nicht gewußt, wo er die Fundstücke unterbringen sollte, denn ein entsprechendes Museum gab es noch nicht. Es wurde erst 1857 in Kairo von dem französischen Ägyptologen François Auguste Ferdinand Mariette (1821–81) eingerichtet. Indessen war mit den Schätzen von Belzoni die ägyptische Abteilung im British Museum von London entstanden. Drovetti hatte seine drei großen Sammlungen an verschiedene Interessenten verkauft: Die erste erstand 1824 der König von Sardinien, nachdem Frankreich den Ankauf abgelehnt hatte; die Ablehnung hatte offenbar der französische Klerus bewirkt, denn man fürchtete, daß das Datum für die Schöpfung der Welt im Jahr 3761 v. Chr., wie sie sich nach jüdischer Tradition aus dem Alten Testament errechnete, durch die ägyptischen Funde in Frage gestellt werden könnte. So bildete diese Kollektion den Grundstock für die große ägyptische Sammlung in Turin. Die zweite erwarb Karl X. von Frankreich für die ägyptische Abteilung des Louvre; die dritte schließlich übernahm der deutsche Ägyptologe Karl Richard Lepsius (1810–84) im Jahr 1836 für das Ägyptische Museum von Berlin.

Glücklicherweise gab es einige Gelehrte, die immer wieder an Mohammed Ali appellierten, er möge der Ausplünderung des Lands Einhalt gebieten. Zu ihnen zählte auch Jean François Champollion (1790–1832). Man nennt ihn auch den ›Jüngeren‹, um ihn von seinem Bruder Jacques Joseph (1778–1867) zu unterscheiden.

Jean François Champollion

Schon als Elfjähriger arbeitete er sich in die orientalischen Sprachen ein, und im Alter von 20 Jahren war er bereits Professor der Geschichte an der Universität von Grenoble. Zu höchstem Ansehen jedoch gelangte er durch die Entzifferung der Hieroglyphenschrift, die er am 27. Dezember 1822 in seinem berühmten Brief an Baron Dacier, Mitglied der Académie Française, darlegte: *Lettre à M. Da-*

cier, secrétaire perpétuel de l'Académie Royale des Inscriptions et Belles-Lettres relative à l'alphabet des hiéroglyphes phonétiques employés par les Egyptiens pour inscrire sur leurs monuments les titres, les noms et les surnoms des souverains grecs et romains. Hierin erklärte er, daß die Schrift aus Laut-, Bild- und Deutzeichen besteht. Zwar arbeitete zur selben Zeit auch der Engländer Thomas Young an der Entzifferung der Hieroglyphenschrift, dieser ließ sich aber selbst nach der gelungenen Entzifferung durch Champollion nicht davon abbringen, daß es sich um symbolische und bildliche Darstellungen handle.

Um eben diese Zeit bereiste der junge John Gardner Wilkinson (1797–1875) bereits seit einem Jahr das Land am Nil. Im Alter von 23 Jahren war er hierher gekommen und führte in den Jahren 1824 sowie 1827–28 zahllose Grabungen im Gebiet von Theben durch. Die Gräber im Tal der Könige versah er zur einfacheren Orientierung an den Eingängen mit Zahlen, und diese von ihm eingeführte Numerierung gilt noch heute. Ihm verdanken wir den ersten vollständigen Plan von Theben. Seine Arbeitsweise war sehr methodisch und gewissenhaft, seine Sorgfalt bemerkenswert. Noch vor Champollion und Lepsius identifizierte er Amarna, Beni Hassan und das Labyrinth von Hawara, und als erster entzifferte er einige Pharaonennamen. Besondere Aufmerksamkeit schenkte er den unzähligen Papyri, die er in den meisten Fällen freilich den Binden der Mumien entnommen hatte. Er gilt heute als Begründer der Ägyptologie in England.

Doch zurück zu Champollion: Kurz nach seiner offiziell vorgestellten Entzifferung der Hieroglyphenschrift wurde er zum Konservator der ägyptischen Abteilung des Louvre ernannt. Mit Recht betrachtet man ihn heute als Begründer und ›Vater‹ der Ägyptologie. Ihm verdanken wir die erste systematische Aufnahme der Altertümer und ihre chronologische Zuordnung. In den Jahren 1828/29 konnte er endlich mit einem kleinen Team von Zeichnern, Assistenten und seinem Schüler Rosellini das Land seiner Sehnsucht mit eigenen Augen sehen. Auf seiner 17 Monate dauernden Expedition gelangte er bis nach Nu-

bien; für seinen Aufenthalt in Luxor wählte er als Unterkunft das Grab Ramses' IX. im Tal der Könige (damals hielt man dieses Grab noch für das von Ramses V.).

Die Ergebnisse seiner wissenschaftlichen Forschungen stellte Champollion in vier Foliobänden unter dem Titel *Monuments de l'Egypte et de la Nubie d'après les dessins exécutés sur les lieux, sous la direction de Champollion le jeune ...* zusammen. Sie erschienen erst nach seinem Tod in den Jahren 1835–47; bei den Vorbereitungen zu dieser Publikation erlitt Champollion im Alter von 42 Jahren einen Schlaganfall, dem er am 4. März 1832 in Paris erlag.

Bei der ägyptischen Regierung hatte er immer wieder über die zum Teil mutwillige Zerstörung unersetzlicher Schätze und die Plünderung des Landes geklagt. Die Begegnungen mit Mohammed Ali führten schließlich, wenn auch erst nach Champollions Tod, dazu, daß der Herrscher am 15. August 1835 ein – allerdings kaum durchführbares – Dekret erließ, wonach die Ausfuhr von Altertümern und die Zerstörung von Denkmälern verboten waren. Unerklärlich bleibt aber bis heute, warum Champollion trotzdem den Vorschlag machte, Mohammed Ali möge den westlichen Obelisken vor dem Luxor-Tempel in Anerkennung der Leistung, die die napoleonische Expedition für die Wissenschaft erbracht hatte, an Frankreich verschenken – am 25. Oktober 1836 fand dieser eine neue Heimat auf der Place de la Concorde in Paris, nachdem man ihn bereits im Jahr 1830 in Luxor auf die lange Reise geschickt hatte. Damit war der Grundstein gelegt für eine engere Zusammenarbeit mit

Frankreich, die Mohammed Ali anstrebte.

Der Tod Champollions kam völlig überraschend, und der Gelehrte hinterließ keinen Schüler, der seine Arbeit hätte fortführen können. V. a. mußte das hieroglyphische Schriftsystem weiter erforscht werden, denn es gab noch viele Unklarheiten.

In Berlin arbeitete zu dieser Zeit Karl Richard Lepsius (1810–84). Er studierte Archäologie und erlernte die Sprachen des Alten Orients. Unter dem Einfluß von Chri-

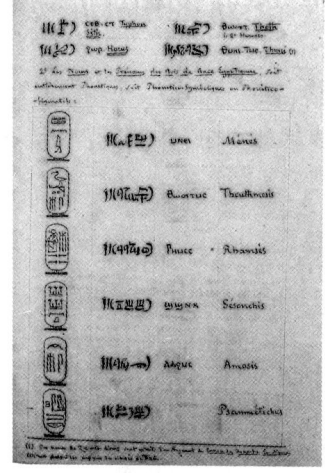

Seite aus Champollions
Grammaire

stian Karl Josias Baron von Bunsen und Alexander von Humboldt widmete er sich der Ägyptologie und beschäftigte sich nach dem Erscheinen der grundlegenden *Grammaire Egyptienne* von Champollion intensiv mit dessen Entschlüsselung des hieroglyphischen Schriftsystems. Die wichtigsten Schriftzeichen hatte jener erkannt, doch bei weitem nicht alle. Erst Lepsius gelang es, die Entzifferung der Hieroglyphen abzuschließen.

Als Friedrich Wilhelm IV. im Jahr 1840 König von Preußen geworden war, rüstete er auf Anregung von Bunsen und Humboldt zu einer wissenschaftlichen Expedition nach Ägypten. Die Leitung dieses Unternehmens übertrug man Lepsius, der inzwischen außerordentlicher Professor an der Universität Berlin geworden war. Als die kleine Expedition am 1. Juni 1842 aufbrach, war sie die am besten ausgestattete, die je nach Ägypten zog. Lepsius hatte seine kleine Mitarbeiterschar sorgfältig ausgewählt. Sie waren hervorragend geschult, jeweils Könner auf ihrem Gebiet, und sie hatten die Aufgabe, die Monumente aufzunehmen und wertvolle Altertümer mit in die Heimat zurückzubringen. Am 18. September 1842 erreichte die

Mannschaft die Hafenstadt Alexandria, und nach der Erledigung umfangreicher organisatorischer Vorarbeiten gelangte sie gerade noch rechtzeitig nach Gizeh, um dort am 15. Oktober den Geburtstag von Friedrich Wilhelm IV. auf der Spitze der Cheops-Pyramide zu feiern und dann mit der eigentlichen Expedition zu beginnen. Mohammed Ali war dem preußischen König wohlgesonnen, hatte jener doch ein freundliches Empfehlungsschreiben an ihn gerichtet und etliche Porzellanvasen als Gastgeschenk überreichen lassen. So sammelte Lepsius weitgehend unbehelligt die wertvollsten Fundstücke ein und unternahm Ausgrabungen und Aufnahmen in Gizeh und Saqqara. Allein 30 Pyramiden entdeckte er in kurzer Zeit. Schließlich gelangte die Expedition nach Luxor. Man ließ sich im Tempel von Karnak nieder und richtete sich mit Schlafgemach und Küche in der Festhalle häuslich ein, die einst Thutmosis III. östlich der ursprünglichen Tempelanlage hatte erbauen lassen. In den nächsten Tagen vermaß man den Karnak-Tempel auf das Sorgfältigste, zeichnete Inschriften, Dekorationen und Architekturteile und wechselte dann hinüber auf das westliche Nilufer, um auf dem Hügel von Scheich Abd el-Qurna Quartier zu beziehen. Umfangreiche Grabungen erfolgten nun im Ramesseum; die Totentempel des Mentuhotep und der Hatschepsut, die von Ramses III. errichtete Anlage von Medinet Habu sowie der Befund im Tal der Könige wurden genau untersucht, beschrieben, gezeichnet und Papierabdrücke von den Inschriften angefertigt. Die Mühe, der man sich auf dem Westufer unterzog, war unbeschreiblich. In dem Bericht, den Lepsius hinterlassen hat, erwähnt er diese kaum, lediglich schlichte Zahlenangaben vermitteln einen Eindruck von dieser Arbeit. In nur vier Monaten haben die Mitglieder der Expedition ein Viertel der heute bekannten etwa 450 Gräber von Privatleuten aufgenommen. Das ist eine ganz unglaubliche Leistung, wenn man bedenkt, daß zahlreiche Gräber erst von den davor oder darin angesammelten Schuttmassen befreit werden mußten.

Wie die Ausgräber zu jener Zeit den ägyptischen Boden umpflügten, berichtet uns Hermann Fürst von Pückler-Muskau, Charmeur, Exzentriker, Gourmet, Mann von Welt und außerordentlich belesen, der soeben das Land am Nil bereist hatte. Ausführlich beschrieb er die Sehenswürdigkeiten des Lands, aber auch die Lebensumstände der Bevölkerung und die Zustände, die sich seinem Auge dartaten. So erfahren wir, daß immer wieder Grabräuber den Nekropolenbezirk auf dem Westufer von Theben durchwühlten:

> »Noch grandiosere Grabpaläste wie auch die Spuren eines andern großen Tempels bietet das angrenzende Tal von Asasif, in dem zerbrochene Mumiendeckel, Knochen, vertrocknete Körperteile, Binden und Stöcke der feinen mit Harz getränkten ägyptischen Leinwand wie auf einem Schlachtfelde umhergeworfen sind.«

Einige Wandmalereien, die von der Lepsius-Expedition damals aufgenommen wurden, sind in der Zwischenzeit längst zerstört, etwa jene im Grab des Vizekönigs Hui im Nekropolenbezirk von Qurnet Murai. So verdanken wir den einmaligen, kolorierten Bleistiftzeichnungen von Ernst Weidenbach aus diesem Grab, der als Zeichner an der Expedition teilnahm, die aufschlußreichsten Zeugnisse über die Einsetzung eines Vizekönigs und dessen Pflichten, etwa die Darstellung des Vizekönigs vor Tutanchamun.

Am 16. Mai 1845 verließ die Expedition das ›göttliche Theben‹ und kehrte nach dreijährigem Aufenthalt mit unermeßlichen Schätzen in die Heimat zurück, mit Gipsabdrücken,

Ablieferung von Tribut, Darstellung im Grab des Hui, Nachzeichnung

Abklatschen, Zeichnungen, Schmuck, Papyrusrollen, Säulen aus Philae, Stelen, einem Obelisken, drei kompletten Grabkammern aus Saqqara, alles in allem etwa 16 000 Einzelstücke. Die Aufarbeitung des Materials brauchte Jahre. Zwischen 1849 und 1859 erschien dann das mit zwölf monumentalen Tafelbänden wohl umfassendste ägyptologische Werk, das je publiziert wurde. Der König hatte dieses Opus finanziert: *Denkmäler aus Ägypten und Äthiopien. Nach den Zeichnungen der von Friedrich Wilhelm IV. nach diesen Ländern gesandten und in den Jahren 1842–45 ausgeführten wissenschaftlichen Expedition.* Erstmals wurden hier die Denkmäler in eine chronologische Reihenfolge gebracht. Zusammen mit seiner *Chronologie der Ägypter* (1849) sowie dem neun Jahre später erschienenen *Königsbuch der alten Ägypter* hatte Lepsius die Ägyptologie endlich auf ein festes wissenschaftliches Fundament gestellt. Er selbst erhielt als ordentlicher Professor den ersten Lehrstuhl für Ägyptologie in Berlin und wurde Direktor des Ägyptischen Museums und der Staatsbibliothek.

Mit dem Franzosen François Auguste Ferdinand Mariette (1821–81) lernen wir einen der bedeutendsten Ausgräber kennen, dem das Glück – zumindest in den ersten Jahren seiner Tätigkeit – mehrfach hold war. 1850 betrat er zum ersten Mal ägyptischen Boden. Er konnte noch nicht ahnen, daß ihn dieses Land bis an sein Lebensende nicht mehr loslassen würde. Mariette war beauftragt, in den koptischen Klöstern koptische, syrische und äthiopische Handschriften aufzukaufen. Doch statt

Der Luxor-Tempel,
Zeichnung von
David Roberts

dessen – der Patriarch von Kairo setzte ihm erheblichen Widerstand entgegen – machte er sich kurzerhand daran, das Serapeum von Memphis auszugraben, allerdings ohne amtlichen Segen des machtlosen Paschas Abbas I., der seit 1848 über das Land am Nil herrschte. Bereits im Winter 1850/51 konnte Mariette seinen wohl größten Erfolg verzeichnen: Er hatte die von Strabo beschriebene, aber inzwischen längst verschollene Allee von Widdersphingen unter bis zu 12 m mächtigem Wüstensand wiederentdeckt, die bis zum Eingang des Serapeums führte. Auch das Serapeum selbst legte er frei und fand in ihm die Sarkophage mit den Apisstieren. Weitere großartige Funde machte Mariette im Gebiet von Saqqara, und nicht nur dort. Gleichzeitig ließ er an den verschiedensten Stellen in Ägypten graben, dabei beschäftigte er insgesamt mehr als 2780 Arbeiter an bis zu 35 verschiedenen Ausgrabungsstätten. In Theben entdeckte er ein Gräberfeld aus der 11. und 17. Dynastie, den Totentempel der Pharaonin Hatschepsut in Deir el-Bahari ließ er freilegen und die Tempel von Luxor und Karnak von meterhohen Schutt- und Sandmassen befreien. Mariettes Befunde sind unter anderem in dem zweibändigen Werk *Karnak. Etude topographique et archéologique* aus dem Jahr 1875 verzeichnet.

Leider wurde nur ein Teil seiner überwältigenden Ausgrabungsergebnisse veröffentlicht, und über der Publikation der Arbeiten im Serapeum schwebte von Anfang an ein schlechter Stern. Die Berichte erschienen nicht oder nur teilweise, weil die für die Veröffentlichung vorgesehenen Zeitschriften vorzeitig eingestellt wurden; so liegen Mariettes umfasssende Aufzeichnungen heute, in mehrere Bände zusammengeheftet, im Louvre.

Mariette ist zu verdanken, daß er mit Unterstützung des Khediven Said (er folgte 1854 Abbas I. auf den Thron) die Altertümerverwaltung in Ägypten gründete und damit ein Organ schuf, mit dessen Hilfe die Kunstschätze und Baudenkmäler Ägyptens geschützt werden konnten. Sein Einsatz für die Rettung der Altertümer war bewundernswert. Man denke nur daran, wie und unter welchen Umständen er den Goldschmuck der Königin Ahhotep rettete. Brian M. Fagan berichtete hierüber:

»Zu Beginn des Jahres 1859 erfuhr Mariette in Kairo, daß man den goldverzierten Sarkophag der Königin Ahhotep, Mutter des Pharaos Ahmose, unversehrt in Theben gefunden habe. Außerdem hieß es, der dortige Gouverneur habe den Sarg beschlagnahmt, den Schmuck herausgenommen und als Geschenk per Schiff an den Pascha gesandt. Mariette kochte vor Zorn und bestieg sofort einen Dampfer, der nilaufwärts fuhr. Er war im Besitz einer amtlichen Anordnung, die ihm gestattete, alle Schiffe auf dem Nil anzuhalten, wenn der Verdacht bestand, daß sie illegal Altertümer transportierten. Als sich die beiden Dampfer begegneten, machte sich auf beiden Seiten die Wut in einem heftigen Ausbruch Luft. Eine halbe Stunde lang stritt man erbittert um das Gold. Dann verschaffte Mariette dem Gesetz mit seinen Fäusten Geltung. Ein Mann wurde um ein Haar über Bord geworfen, einen anderen bedrohte man so lange mit dem Gewehr, bis der Schmuck ausgehändigt wurde. Mariette eilte zum Pascha, überreichte ihm den Goldschmuck zusammen mit einem Skarabäus und einem Halsband für eine seiner Frauen und verhütete auf diese Weise politische Spannungen. Der Pascha war über die Funde – und vermutlich auch über den Ärger seines Gouverneurs – so entzückt, daß er die Errichtung eines neuen Museums in Bulak bei Kairo für den Schatz der Königin Ahhotep befahl.«

Am Rande sei noch erwähnt, daß Mariette u. a. dafür sorgte, daß die bei offiziellen Grabungen gemachten Funde zur Hälfte an das Ägyptische Museum abgeführt wurden.

So sehr man Mariette auch als Archäologen schätzen mag, so muß man doch anmerken, daß seine Ausgrabungsmethoden unorthodox oder, genauer gesagt, einfach unwissenschaftlich waren. Ausgraben hieß für ihn, eine Schar von Arbeitern an einen Ort zu karren, das Erdreich wegzuschaufeln und nach Antiken zu suchen. Die Leute wurden von ihm nicht nach Arbeitsstunden bezahlt, sondern nach der Anzahl der Fundstücke; dabei achtete man nicht auf die Beschaffenheit des Erdreichs, kümmerte sich nicht darum, wie etwa ein Gebäude errichtet worden war und welche Teile noch in welcher Verfassung erhalten waren. Reste von Gefäßen, Knochen, alles, was nicht vollkommen erhalten war, wurde achtlos beiseite geworfen. Andere Funde hingegen haben die Ausgräber heimlich beiseite geschafft und an Antikenhändler verkauft, um auf diese Weise ihr Einkommen aufzubessern.

Zur Aufbewahrung der Fundstücke richtete Mariette also jenes vom Pascha Said finanzierte Museum in einem alten Haus in Kairo ein. Vielleicht, so wird berichtet, hat der Pascha das Museum auch nur einrichten lassen, um einem ganz anderen Mann damit einen Gefallen zu erweisen, nämlich dem französischen Diplomaten und Ingenieur Ferdinand Marie Vicomte de Lesseps (1805–94).

Dieser hatte ihn von der Notwendigkeit überzeugt, einen Kanal zu bauen, der das Rote Meer mit dem Mittelmeer verbinden sollte. Ein Schiff müsse dann für den Weg von Europa zum Persischen Golf nicht mehr 10 700 Meilen um das Südkap Afrikas zurücklegen, sondern nur noch etwa 4500 Meilen auf dem Weg durch den Kanal. Die Idee, einen Kanal zu graben, der das Rote Meer mit dem Mittelmeer verbindet, war eigentlich nicht neu: Bereits die Pharaonen des Mittleren Reichs hatten vor rund 4000 Jahren ein solches Projekt in Angriff genommen, allerdings zwischen Nil und Rotem Meer; vom Nil aus konnte man dann in das Mittelmeer gelangen. Pharao Necho ließ um 600 v. Chr. ein Teilstück von Timsah zum Roten Meer bauen, doch ein Orakel setzte den Arbeiten, bei denen 120 000 Mann beschäftigt waren, ein Ende. Darius I. schließlich stellte den Kanal fertig. Trajan ließ ihn vertiefen, doch wurde er durch den angetriebenen Wüstensand schon bald wieder unpassierbar. Dieser Kanal verlief durch das Wadi Tumilat, und noch Amr Ibn el-As, der mit seinen arabischen Truppen kurz nach dem Tod des Propheten Mohammed Ägypten eroberte (641 n. Chr.), transportierte auf ihm Getreide von Kairo nach Medina. Später wurde er aus strategischen Gründen zugeschüttet, und erst Napoleons Truppen entdeckten 1798 sein altes Bett wieder.

Eröffnung des Suez-Kanals
mit der Verdi-Oper *Rigoletto*

Der neu geplante Kanal hatte gegenüber dem alten erhebliche Vorteile, und Pascha Said ließ sich zu diesem Jahrhundertbauwerk überreden. Den ersten Spatenstich tat Lesseps am 25. April 1859 bei Pelusium, wo einst Kambyses II. mit seiner Schlacht die Perserherrschaft im Land am Nil begründet hatte (525 v. Chr.).

Inzwischen war Ismail (1863–79) neuer ägyptischer Khedive. Er war darauf bedacht, sein Prestige zu stärken und nutzte dazu jede Gelegenheit. Als Napoleon III. für das Jahr 1867 eine grandiose Weltausstellung in Paris vorbereitete, ließ sich der Pascha von Lesseps überreden, dort nicht nur seinen Palast nachzubauen, sondern gleich daneben noch eine Moschee zu errichten; und Mariette erhielt den Auftrag, die wundervollsten Antiquitäten, u. a. den Goldschmuck der Königin Ahhotep, für eine Show zusammenzustellen. Darüber hinaus beauftragte der Pascha Mariette, für die bevorstehenden Feierlichkeiten zur Eröffnung des Suezkanals zusammen mit seinem Landsmann C. du Locle ein Libretto für eine in Ägypten spielende Oper zu schreiben und für die Inszenierung zu sorgen; das musikalische Arrangement übernahm der Italiener Giuseppe Verdi. So entstand die Oper *Aida*, die das Italienische Theater in Kairo aufführen sollte.

Am 17. November 1869 eröffnete Kaiserin Eugénie den 173 km langen Suezkanal, doch bei der Feier kam ›nur‹ Verdis Oper *Rigoletto* zur Aufführung, denn *Aida* war nicht rechtzeitig fertig geworden – erst zwei Jahre später, an Heiligabend 1871, erfolgte die Uraufführung in dem neugebauten Opernhaus, das genau 100 Jahre später einem Brand zum Opfer fiel.

Mariette starb am 19. Januar 1881 in Bulak. Seine sterblichen Überreste legte man in einen Sarkophag, der später neben eine Bronzestatue von Xavier Barthe in den Vorhof des Ägyptischen Museums gestellt wurde; am 17. März 1904 wurde das Denkmal enthüllt.

Knapp acht Jahre nach der Lepsius-Expedition startete auf Befehl des Königs Friedrich Wilhelm IV. von Preußen erneut eine Expedition zu einer wissenschaftlichen Reise in das Land der Pharaonen. Sie stand dieses Mal unter der Leitung von Heinrich Ferdinand Karl Brugsch (1827–94) und sollte rund 16 Monate währen. Wir dürfen Brugsch einen der genialsten Ägyptologen seiner Zeit nennen. Bereits mit 16 Jahren schrieb er eine demotische Grammatik in lateinischer Sprache.

Am 4. Januar 1853 verließ er bei strahlendem Sonnenschein Berlin und ging am Morgen des 10. Januar in Triest an Bord des Lloyd-Dampfschiffs *Calcutta*. Alexandria erreichte er, als gerade die Fundamente der berühmten Bibliothek freigelegt wurden. Zwei Wochen zuvor hatten Araber in der Nähe der Pompejus-Säule und im Westen der Mareotis-Katakomben entdeckt und flugs in Kuhställe umgewandelt. Die Reise gen Süden führte Brugsch über das Wadi Natrun, wo er das Kloster Deir es-Surian besucht, zunächst weiter nach Kairo. Einige Zeit später suchte er Mariette in seinem Haus nahe des Dorfs Abusir auf. Mit ihm freundete er sich schnell an, und gemeinsam besuchten sie die Pyramiden von Gizeh, inspizierten die Grabanlagen in Saqqara und gruben dort aus. Monatelang hielt sich Brugsch bei Mariette in Memphis auf; aber sein Ziel hieß Theben. Am 13. September 1853 bestieg er eine Barke und machte sich auf gen Oberägypten. Vier Wochen später, nach teilweise abenteuerlicher Fahrt mit dem gelegentlich leck geschlagenen Boot, gelangte er nach Theben.

»Vor mir lag in einer großen, weiten und rings von Bergen umschlossenen Ebene eine mächtige Wasserfläche, welche sich an der Westseite dicht bis an die Bergkette auszudehnen schien. Kein Lüftchen wehte, keine Welle kräuselte den ruhigen, blinkenden Wasserspiegel. Auf dem Westufer, wo hoch in den Bergen die Schlucht zu den Königsgräbern vor allen sichtbar war, breitete sich eine Reihe kolossaler Tempel aus, deren stattliche Säulenreihen noch wohlerhalten sind. Ich konnte deutlich die Tempelgruppen von Qurneh und Medinet-Abu und dazwischen das grosse Memnonium Ramses' II. [Ramesseum] unterscheiden. Etwas östlich von dem letztern ragten die beiden Amenhotep-Memnon-Kolosse wie versteinerte Riesen aus dem Wasser empor und warfen einen matten Schatten über die spiegelnde Fläche: das waren die alten Wächter der hochberühmten thebanischen Nekropolis.

Der Anblick auf dem Ostufer, über Inseln hinweg, war nicht weniger überraschend. Hinter Palmengruppen und üppigen Maisfeldern blickten die Spitzen hoher Pylonen und langer Säulenreihen hervor; einen Obelisk konnte mein Auge deutlich von der übrigen Tempelumgebung unterscheiden. Das sind die Ueberreste der Tempel in Karnak und Luqsor, das die Stelle, wo die hundertthorige Thebe jahrtausendelang geblüht, ein Wunder der Alten Welt, das von Weisen und Dichtern in Lehre und Lied gepriesen ward. Ich war in sinnendes Staunen bei dem langersehnten Anblick so grossartiger Ruinen versunken; – war doch mein schönster Jugendtraum erfüllt! – Ich liess die Geschichte der alten Königsgeschlechter vor meinem Geiste vorüberziehen, ich sah siegreiche Pharaonen mit ihren Kriegern, mit Rossen und Streitwagen auf der Ebene tummeln, ich sah Priester und Volk in langen Reihen durch die Säulenhallen zu den Göttern wallen; ich sah einen Todtenzug in Pracht und Herrlichkeit zu den Königsgräbern einherziehen – da hörte ich – ›Bakschisch, Bakschisch ya hawage!‹ mir von allen Seiten entgegenschreien, und wurde so plötzlich recht prosaisch an die ekele Wirklichkeit erinnert. Ich war am Fusse des Dorfes Luqsor angelangt, dessen düstere, schmutzige Hütten, dessen zahlreiche Taubenhäuser sich wie Schwalbennester an alle Seiten des herrlichen

Amontempels Amenhoteps III. angeklebt haben. Eine Schar halbnackter Kinder und schmutziger Weiber, ein klägliches Bild alles menschlichen Jammers und Elends, hatte sich vor meiner Barke versammelt, um ein kleines Geschenk an Geld zu erwarten.«

Sein Quartier nahm Brugsch anfangs nicht in Luxor, sondern innerhalb des Tempelbezirks von Karnak in dem kleineren an der Westseite des Chonstempels gelegenen Heiligtum von Euergetes II., das bis dahin als Eselsstall gedient hatte, »da sämtliche Häuser und Hütten hierselbst vom Skorpion und Tausendfüssler (abu arba arbein, den Vater der 44, nennen ihn die Araber) mitbewohnt werden«. Der Weg von Luxor dorthin

»dauerte eine gute halbe Stunde und führte durch güne Maisgefilde, welche der Ernte entgegenreiften. Zur linken Hand liess ich die steile, gelb und röthlich schimmernde Bergkette von Qurna, jenseits des ›Meeres‹, wie die Araber den Nil bezeichnen, liegen; zur rechten hatte ich eine schöne, weite Aussicht über die bläulich strahlenden arabischen Berge, welche in einem weiten Bogen den östlichen Theil der grossen thebanischen Ebene begrenzen, wobei die Wüste von den Bergen herab ein gutes Stück in die Fläche hinabsteigt. Schon aus der Ferne konnte ich bald hinter Palmengruppen die mächtigen Propylone, Obelisken und die Zinnen der Monumente von Karnak erblicken, welche ihre gewaltige Steinmasse in den reinen blauen Aether emporstrecken.«

Von seiner Unterkunft aus erforschte Brugsch mehr als 45 Tage lang den Karnak-Tempel, bis er sich entschloß, den Süden des Lands aufzusuchen. Er gelangte bis nach Aswan, kehrte aber schon bald nach Luxor zurück. Bei seinem diesmaligen Aufenthalt bezog er »das hübsch eingerichtete Haus eines verstorbenen Griechen, Wardi, welches auf der Höhe des Hügels Scheich Abd el-Qurna liegt, dicht unter der ehemaligen, jetzt ziemlich verfallenen Wohnung des Professor Lepsius«. Von hier aus besuchte er den Tempel Sethos' I., beschrieb ihn ausführlich und erkannte, daß dieser Tempel erst vom Sohn jenes Pharaos, Ramses II., fertiggestellt worden ist, wie sich aus einer Inschrift ergibt: »Unvollendet waren alle Bauten daran in Bezug auf Inschriften und Sculptur, deswegen siehe! hat befohlen sein Sohn, der Herr beider Welten, Ramses, zu vollenden die Bauten an seinem Tempel für Millionen von Jahren«.

Es folgt eine Bestandsaufnahme im Ramesseum, danach die Beschreibung der Memnonskolosse. Die Araber nannten diese Figurengruppe Salamat, die beiden Kolosse bezeicheten sie als Schama und Tama. Diese »bedeuten nach der Glaubenslehre der Muslimen eine Art höllischen Feuers, welches am jüngsten Tag brennen wird«. Brugsch wandte sich nun dem Komplex von Medinet Habu zu, nicht ohne zuvor ausführlich die östlich vorgelagerte Tempelanlage von Thutmosis III. zu untersuchen. Im Tempelbezirk von Medinet Habu beschrieb er den Palast Ramses' III. sowie den von diesem errichteten Totentempel, dessen hinterer Teil allerdings noch völlig unter dem Schutt der Jahrtausende verborgen lag. Über Deir el-Medine mit seinem schmucken Tempel aus der Ptolemäer-Zeit gelangte er in das Tal der Königinnen und beschrieb dort alle 20 zu jener Zeit bekannten Gräber.

»Eine solche Aufzählung von Gräbern, mag sie nun mit oder ohne Interesse gelesen werden, sieht leichter aus, als sie in der That herzustellen ist. Bei einer brennenden Hitze in dem öden, aller Vegetation beraubten Felsenthale, musste ich in die oft gänzlich verschütteten Eingänge auf dem Bauche liegend hineinkriechen und im Innern auf einem von spitzigen Steinen erfüllten Boden forttappen, in der einen Hand ein Licht, in der andern mein Copienbuch, im Munde den Bleistift. In einer stickigen, von Mumienduft erfüllten Atmosphäre war ich stets von einer zahllosen Schar aus den Mumienbrunnen verscheuchter, vom Lichte geblendeter Fledermäuse umgeben, die jeden Augenblick durch ihren Flügelschlag das Licht zu verlöschen drohten. Für einen blossen Besucher mögen solche Scenen interessant, romantisch sein; sie dauern für ihn ja nur wenige Minuten, aber Stunden lang in solchen wahrhaft höllischen Räumen zu weilen – nur mit Entsetzen denke ich an das Grab der Tiuut-tapet –, abwechselnd mit Lesen und Copieren und Abwehren der Fledermäuse beschäftigt, das mag nur die Liebe zur Wissenschaft möglich machen.«

Die letzten Tage seines Aufenthalts in Theben widmete Brugsch der Tempelanlage der Hatschepsut in Deir el-Bahari, den Gräbern in der thebanischen Nekropole sowie jenen im Tal der Könige. In das Königsgräbertal führten damals wie heute zwei Wege: der eine von Deir el-Bahari aus über den Höhenzug direkt in das Tal, der andere durch ein Tal, das beim Tempel Sethos' I. seinen Anfang nimmt.

»Man mag den einen oder den andern Weg wählen, beide lassen einen schaurigen Eindruck von der königlichen Todtenregion zurück. Braune, wie von der Sonne verbrannte Felsmassen, mit deutlichen Spuren alter Wasserrinnen und mit losgebröckeltem Geröll bedeckt, bilden in den seltsamsten Formen das Thal der Königsgräber, wo kein Hälmchen grünt, kein Thier weilt und uns höchstens das Schreien des in den Lüften sich wiegenden Aares aus unsern Träumen aufweckt. Hier erstirbt Alles, und Tod ist das Losungswort in diesem stillen Thale, wo eine gigantische Natur ihr Schöpfungswerk in wildem Spiel der Elemente betrieben hat. Einen düstereren Platz als diesen konnten nimmer die Könige zu einer ewigen Ruhestätte sich aussehen, hier scheint es wirklich, als ob die Thore der Unterwelt sich öffnen und das Reich der Amente ihr Gebiet beginnt.«

Ende Januar 1854 trat Brugsch die Heimreise an, besichtigte nach seiner Ankunft in Kairo noch den soeben vom Sand befreiten Taltempel des Chephren neben dem bereits 1817 freigelegten Sphinx von Gizeh, hielt sich kurz in Saqqara auf und verließ schließlich am 16. April 1854 Alexandria in Richtung Europa. Bald wurde er Professor an der Göttinger Universität, übernahm die Leitung der Hochschule für Ägyptologie in Kairo und erhielt vom Khediven Ismail den Paschatitel.

Brugschs Beitrag zur Ägyptologie ist enorm. Ihm verdanken wir nicht nur die Gründung der ersten ägyptologischen Fachzeitschrift (die übrigens als einzige alte bis heute erscheint: *Zeitschrift für Ägyptische Sprache und Altertumskunde*, kurz ZÄS), sondern v. a. eine unbeschreibliche Fülle wissenschaftlicher Beiträge, von denen stellvertretend nur die Werke *Dictionnaire hiéroglyphique et démotique* (1867–82), *Thesaurus Inscriptionum Aegypticarum. Altaegyptische Inschriften* (1883–91) und *Dictionnaire géographique de l'ancienne Egypte* (1879) genannt werden sollen.

Bereits Mariette hatte im Tempel von Karnak geforscht, aber eine systematische Untersuchung des Komplexes führte erst der französische Ägyptologe Georges Legrain (1865–1917) durch. Dieser wuchs in Paris auf, studierte Architektur und Kunst sowie ägyptische Archäologie und Philologie. Mit 22 Jahren veröffentlichte er seinen ersten Aufsatz. Bald darauf reiste er in das Land der Pharaonen, zunächst in die Umgebung von Aswan und Kom Ombo, später an alle nur denkbaren Orte des Lands, an denen er archäologisch Interessantes zu finden hoffte. Im Jahr 1895 beauftragte die Altertümerverwaltung Legrain, den Karnak-Tempel systematisch zu untersuchen und zu restaurieren. Diese Aufgabe packte ihn so stark, daß sie ihn bis zu seinem Tode nicht mehr losließ.

Der Karnak-Tempel, Zeichnung von David Roberts

Unter größten Mühen und Gefahren entfernte er den Schutt aus der gewaltigen Säulenhalle und restaurierte und rekonstruierte eine große Zahl von Denkmälern im umliegenden Bereich. Als er im Winter des Jahrs 1901/02 gerade den Hof vor dem 7. Pylon räumte – hier hatten 3400 Jahre zuvor die Pharaonin Hatschepsut und später Thutmosis III. damit begonnen, das Heiligtum der Göttin Mut südlich von Karnak mit dem großen Amuntempel durch Errichten eines Pylons (des 7.) architektonisch zu verbinden –, stieß er unter dem alten Pflaster auf die Pfeiler eines kleinen Tempels aus der Zeit Sesostris' I.; auch die Reste eines steinernen Tors von einem Tempel Amenophis' I. kamen zutage. Diese Tempel waren offenbar im Weg, als Thutmosis III. seinen 7. Pylon errichten ließ, und so hatte er sie kurzerhand abbrechen lassen.

Die Entdeckung dieser Baureste ereignete sich zu einer Zeit, als Gaston Camille Maspero Direktor der Altertümerverwaltung geworden war; er beauftragt Legrain, in dem Areal vor dem 7. Pylon so tief wie möglich nachzugraben. Der Erfolg war unbeschreiblich. Schon nach kürzester Zeit kamen herrlich reliefierte Blöcke, die zu einer Kapelle von Amenophis I. gehörten, sowie eine 2 m hohe Alabasterstele von Sethos I. ans Tageslicht. Darunter fand man eine riesige Zahl von Statuen, bis das Grundwasser den Arbeiten zunächst ein Ende bereitete. Der Fund war einmalig in der Geschichte der Archäologie. Insgesamt fand Legrain bis zum Jahr 1909 in diesem Hof 17 000 bronzene Figuren und 779 aus Stein; sie sind heute ein kostbarer Schatz des Ägyptischen Museums in Kairo.

Schaduf

»Die Arbeit, die Legrain in diesen Jahren zu leisten hatte, war enorm. Sie wurde besonders durch die Grundwasserverhältnisse erschwert. Anfangs schöpfte man das Wasser mit Eimern heraus. Bald baute man zwei, später vier Schadufs (Schwengelschöpfe) ein, dann versuchte man es mit Feuerwehrpumpen. Schließlich setzte man eine von 12 bis 18 Mann zu bedienende Pumpe ein. Dennoch blieb die Arbeit mühselig. Mit Sonnenaufgang begannen die Arbeiter, das während der Nacht zugelaufene Wasser herauszupumpen. Das dauerte bis zum Mittag oder gar bis zwei Uhr nachmittags. Dann erst konnte man die am Vorabend abgebrochene Arbeit wieder aufnehmen und bis Sonnenuntergang zwischen 6 und 7 Uhr abends fortsetzen. Kaum waren die Bildwerke der Grube entstiegen, begann ein zäher Kampf gegen den Diebstahl, zumal auch viele leicht zu verbergende Bronzestatuetten dabei waren. Die Diebe scheuten sich nicht einmal, nachts eine Mauer des Hauses, in dem die Funde eine vorläufige Bleibe gefunden hatten, aufzubrechen und drei steinerne Statuen mit Hilfe der eingesetzten Wächter zu entführen. Sie wurden durch die Polizei in einem Gehöft bei Luxor wieder aufgespürt.«

Sämtliche Statuen sind wohl vor etwa 2000 Jahren im Tempelbezirk von Karnak im Rahmen einer gewaltigen Aufräumaktion vergraben worden. Es fanden sich Statuen nicht nur aus pharaonischer, sondern auch aus ptolemäischer Zeit, so daß man vermuten kann, daß die große Kampagne unter der Herrschaft der Ptolemäer, vielleicht auch erst in römischer Zeit durchgeführt wurde.

In den Folgejahren hielt sich Legrain immer wieder im Karnak-Bezirk auf, wenngleich er seine Arbeiten gelegentlich unterbrach, um in dem Gebiet zwischen Kairo und Suez prähistorische Fundplätze zu erforschen. Er wurde Chef-Inspektor der Altertümerverwaltung von Luxor. Im Tempel von Luxor führte er in diesem Jahren intensive Arbeiten durch, während in Europa der Erste Weltkrieg tobte.

Gaston Camille Maspero (1846–1916) war schon lange vor Legrain nach Ägypten gekommen: Ende 1880 kam er zum ersten Mal in das Pharaonenland, wenige Tage vor dem Tod Mariettes. In Paris hatte es Maspero zuvor zu hohem Ansehen gebracht: Er erhielt 1874 die Professur für ägyptische Philologie und Archäologie am Collège de France, nachdem sie Mariette wegen seiner angegriffenen Gesundheit nicht übernehmen wollte. Das erste Treffen von Mariette und Maspero hatte bereits sieben Jahre zuvor in Paris stattgefunden. Damals gab Mariette Maspero zwei jüngst entdeckte Hieroglyphentexte. Er entzifferte und übersetzte sie innerhalb von zwei Wochen und veröffentlichte sie dann. Maspero war mit dem Auftrag nach Kairo gekommen, die Mission archéologique française aufzubauen; aus dieser ging später das Institut français d'Archéologie orientale hervor. Unmittelbar nach dem Tod von Mariette übernahm Maspero die Leitung des Museums in Bulak und das Amt des Direktors der Altertümerverwaltung. Er ordnete und katalogisierte die Schätze im Kairoer Museum, betreute alle Ausgrabungsaktivitäten in Ägypten, initiierte die systematische Reinigung und Erhaltung des Karnak-Tempels und baute mit Unterstützung des einflußreichen englischen Diplomaten Sir Baring die noch in den Anfängen steckende Altertümerverwaltung aus. Sie wurde in fünf Inspektorate gegliedert, von denen jedes für ein bestimmtes Gebiet zuständig war. Mit dieser Organisation hoffte Maspero, dem Diebstahl von Altertümern und Antiquitäten effektiver Einhalt gebieten zu können.

Gleich im ersten Jahr seines Aufenthalts wurde er mit einem Problem konfrontiert, das bereits zehn Jahre zuvor seinen Anfang genommen hatte. Walther Wolf faßte die Ereignisse zusammen:

»Im Sommer 1871 entdeckte ein Araber südlich des Tales von Der el-Bahari auf der Suche nach Antiken ein Grab voller aufeinander gestapelter Särge, denen er sogleich ansah, daß sie königlichen Ursprungs waren. Die z. T. sehr schweren Kästen herauszuholen, hätte soviel Menschen und Material erfordert, daß an eine Geheimhaltung nicht zu denken gewesen wäre. So beschränkte er sich darauf, zwei seiner Brüder und einen seiner Söhne einzuweihen, mit ihrer Hilfe einige Mumien auszuwickeln und eine Anzahl Totenfiguren, Skarabäen, Osirisstatuetten aus bemaltem Holz und ein halbes Dutzend

Papyri fortzunehmen. Während des Winters verkauften sie dann hier und da etwas an Touristen. So kamen einige Stücke nach Europa und tauchten seit 1874 im Pariser Kunsthandel und in englischem Besitz auf. Maspero entnahm aus alledem, daß Araber ein oder mehrere Königsgräber aufgespürt haben mußten. Er reiste 1881 – inzwischen Generaldirektor der Altertümerverwaltung geworden – nach Oberägypten mit dem Ziele, ihnen ihr Geheimnis mit List oder Gewalt zu entreißen. Als Hauptakteure hatte er einen gewissen Abd er-Rasul Ahmed und seinen Bruder Mohammed Abd er-Rasul ermittelt. Er ließ den ersteren festnehmen und vernahm ihn an Bord seines Schiffes. Abd er-Rasul leugnete alles, auch eine Durchsuchung seines Hauses ergab nichts. So blieb Maspero nichts anderes übrig, als ihn zur weiteren Verhandlung dem zuständigen Mudir der Provinz Kena zu überstellen, doch hatten die Verhöre und die Untersuchungshaft lediglich zur Folge, daß die Notabeln von Kurna unter Eid bezeugten, daß Abd er-Rasul ein redlicher Mann sei, völlig unfähig, den geringsten Gegenstand von Altertumswert beiseite zu schaffen. Aber es sollte sich herausstellen, daß die mehrmonatige Haft und die unsanften Verhöre nachträglich ihre Wirkung taten. Streit unter den Brüdern kam hinzu, und so beschloß der Älteste von ihnen, Mohammed Abd er-Rasul, der einen Verrat der Seinigen kommen sah, heimlich nach Kena zu gehen und dem Mudir das Geheimnis preiszugeben. 11 Tage darauf führte Mohammed Abd er-Rasul die vom Khediven ernannte Kommission – darunter Emil Brugsch, der jüngere Bruder des berühmten Ägyptologen Heinrich Brugsch – an die Fundstelle.

Ein senkrechter Schacht führte in 12 m Tiefe in einen etwa 70 m langen Gang, der in einer Kammer endete. Schon der Gang war mit Gegenständen vollgepfropft. Beim Schein der Kerzen erkannte Brugsch Särge – darunter den Sethos' I. – Kästen mit Totenfiguren und Ein-

Mumie des Pharaos Sethos I.

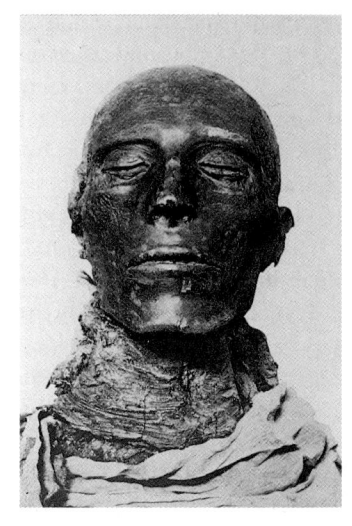

geweidekrügen und Libationsgefäße. Ein achtlos in eine Ecke geworfener Haufen zusammengerollten Leders erwies sich als das Totenzelt einer Königin der 21. Dynastie. Kriechend vordringend, erkannte Brugsch zu seinem Erstaunen auf den Särgen die Namen der größten Pharaonen wie Ta'a II. des Tapferen, Ahmose I., Amenophis I., Thutmosis II. und III., Ramses II. und III. Auch die Mumien der Prinzessin Nes-chons, Tochter des Hohenpriesters Smendes, und ihres Gemahls, des Hohenpriesters Pinudem II., fanden sich darunter.

Die Nachricht von dem Fund verbreitete sich wie ein Lauffeuer und entzündete die Phantasie der Fellachen derart, daß in Kürze von Kisten voll Gold und Edelsteinen gesprochen wurde. Es mußte also schnell gehandelt werden. 200 Araber wurden zusammengezogen, um die Gegenstände ans Tageslicht zu schaffen. Innerhalb von 48 Stunden war alles draußen. Dann galt es, Stück für Stück unter strengster Aufsicht durch die Julihitze und den Staub der thebanischen Ebene nach Luxor zu bringen und von dort auf einem Dampfer nach Kairo zu schicken. Zuverlässig wird uns berichtet, daß überall die Männer aus den Ortschaften herbeieilten, sobald sie des Dampfers ansichtig wurden, und ihre Flinten abfeuerten, während die Frauen sich die Haare rauften und jene schrillen Schreie ausstießen, die von alters her die Totenklage begleiteten.«

Man könnte auch vermuten, daß die Trauer eher denen gegolten hat, die nun keinen Profit mehr aus dem Fund ziehen konnten. Die wertvolle Fracht gelangte nach Kairo. Dem Zollbeamten im Nilhafen bereitete die Ladung Kopfzerbrechen, bis man sich auf ›Trockenfisch‹ einigen und sie zollfrei an Land bringen konnte. Heute liegen die Mumien in einem klimatisierten Raum im ersten Obergeschoß des Ägyptischen Museums.

Die Nachricht über den sensationellen Fund machte aber nicht nur in Ägypten die Runde, sondern gelangte in Windeseile auch nach Europa. Erneut brach überall das Ägyptenfieber aus; man wollte irgendetwas von diesem Fund abbekommen und auch eine Mumie haben. Selbst in dem entlegenen westfälischen Städtchen Hamm wurde ein ›Mumienrat‹ gegründet, aus dem alsbald ein ›Mumienverein‹ entstand, der gegen Ausgabe einer prachtvollen Aktie im Nennwert von 20 Mark den Kaufpreis von 600 Mark für eine ägyptische Mumie zusammenbringen sollte. Schnell war das Geld beisammen, und über Bremerhaven erreichte im Jahre 1886 eine mumifizierte vornehme Dame ihre neue Bleibe, wo sie auf der Weihnachtskirmes desselben Jahrs für beträchtliches Aufsehen sorgte. Im Zweiten Weltkrieg wurde sie leider das Opfer eines Bombentreffers.

Im selben Jahr (1886) beendete Maspero seinen Ägyptenaufenthalt und kehrte für 13 Jahre nach Frankreich zurück. So war er nicht zugegen, als Mohammed Abd er-Rasul im Jahr 1891 die Altertümerverwaltung erneut auf ein Versteck aufmerksam machte. Es lag etwas nördlich des Tempels der Hatschepsut in Deir el-Bahari. Sogleich eilte der französische Ägyptologe Georges Emile Jules Daressy (1864–1938) in seiner Eigenschaft als neuer Generaldirektor der Altertümerverwaltung nach Theben. In der bezeichneten Gruft fand man 153 Särge mit Priesterinnnen und Priestern aus der 21. Dynastie. Dieses Grab war ursprünglich für den Hohenpriester Mencheperre und seine Familie angelegt worden, die in der innersten Kammer beigesetzt war. Jetzt aber lagen hier inmitten vertrockneter Blumengirlanden neben- und übereinander die Leichen von Dienern des Amunkults, und man brauchte über zwei Monate, bis man alle Mumien aus dem Grab herausgeschafft hatte. Hilflos angesichts der Menge der Funde verschenkte die ägyptische Regierung etwa 100 Mumien an verschiedene Museen.

Sieben Jahre später gelang noch einmal ein spektakulärer Mumienfund, dieses Mal im Tal der Könige. Der Franzose Victor Loret (1859–1946), ebenfalls Ägyptologe und inzwischen auch Generaldirektor der Altertümerverwaltung, entdeckte bei seinen systematischen Arbeiten im Tal das Grab Amenophis' II. In der großen Grabkammer stand noch unversehrt der steinerne Sarkophag; darin fand sich in einem Holzsarg die mit Blumen geschmückte Mumie des Pharaos. In einer angrenzenden, vermauerten Kammer entdeckte Loret neun Holzsärge. Fünf von ihnen hatten noch ihren Deckel, während die übrigen fehlten. Darüber hinaus fand Loret die Mumien der Pharaonen, die in der Cachette von Deir el-Bahari gefehlt hatten: Thuthmosis IV., Merenptah, Siptah,

Der Sarkophag Amenophis' II.

Sethos II., Sethnacht, Ramses IV., Ramses V., Ramses VI. und Amenophis III.; dieser lag im Sarg von Ramses III., dessen Mumie man bereits in der Cachette geborgen hatte. Vier Jahre später überführte man diese Verstorbenen ebenfalls nach Kairo, ließ jedoch die Mumie von Amenophis II. zurück, um sie den Besuchern im Grab zeigen zu können.

Der Tourismus hatte seit einiger Zeit beachtlich zugenommen, nicht zuletzt durch den unternehmerischen Samuel Shepheard und den wagemutigen Thomas Cook. Shepheard durfte in Kairo mit der Zustimmung des Vizekönigs Abbas I. einen alten Palast in das legendäre Shepheard's umbauen. Schon

Der Luxor-Tempel, fotografiert von Maxime du Camp

1869 führte Cook eine bildungshungrige Gruppe von 32 Damen und Herren aus vornehmer Gesellschaft durch Ägypten; es war seine erste Gruppenreise in das Pharaonenland. Bis dahin war man entweder allein gereist oder in einer kleinen Privatgruppe, wie etwa Miss Florence Nightingale 1849–50 zusammen mit ihren Freunden Charles und Selina Bracebridge. Von Theben West berichtete sie entsetzt, dies sei das Tor zum Tod, die ganze Region sei der wahre Hades, und aus dem Dunkel eines jeden Grabs in Scheich Abd el-Qurna lugten wild funkelnde arabische Augen hervor. Selbst wer Belzoni gelesen habe, könne sich von alledem kein Bild machen. Zur gleichen Zeit reiste auch der Dichter Gustave Flaubert (1821–80) mit seinem Freund, dem Schriftsteller Maxime du Camp (1822–94), durch das Land und gelangte bis zum 2. Nilkatarakt. Sein *Reisetagebuch aus Ägypten* besticht durch eine ungeheure Fülle von Eindrücken, die er in komprimierter, sachlicher und unpersönlicher, wenngleich beeindruckender Art darzustellen vermag. Am 30. April 1850 gingen die beiden in Luxor an Land.

»Das Dorf besteht aus zwei Teilen, die durch die beiden Pylonen geschieden sind: der moderne Teil, links, enthält nichts Altes, während rechts die Häuser auf, in und zwischen den Ruinen stehen. Die Häuser sitzen zwischen den Kapitälen der Säulen; Hühner und Tauben kauern und nisten in dicken Lotosblättern; Mauern aus ungebrannten Ziegeln oder aus Lehm trennen ein Haus von dem andern; Hunde laufen bellend über die Mauern. So pulsiert ein kleines Leben in den Ruinen eines großen.«

Sie übernachteten unter anderem im Französischen Haus über den Ruinen des Luxortempels:

»Vom Treppenflur schaut man auf ein Viertel, das ganz in Trümmern liegt; an seinem Ende liegen die Häuser der Dirnen. Wir haben zwei Zimmer. In dem ersten ist ein Kamin, Josef richtet sich dort ein. – Abdulmineh [der Wächter des Hauses] und die Matrosen auf einer Matte. – Das kleine Zimmer für photographische Arbeiten ist rechts; unser Zimmer mit Diwan links, mit Balkon, der auf den Nil geht.«

Nördlich dieses Hauses lag die Moschee, die sich direkt an den Pylonturm anlehnte. »Die Pylontreppe geht bis ins Innere der Moschee hinab.« Während Flaubert das Gesehene beobachtete und notierte, gab sich sein Freund du Camp der gerade erst entdeckten Kunst des Fotografierens hin, einer »stumpfsinnigen Arbeit«, wie Flaubert bemerkte. 1837 hatte der französische Maler Daguerre (1787–1851) das neue Verfahren entwickelt, und du Camp zählt zu den ersten Amateurfotografen, dessen Aufnahmen aus Ägypten von unschätzbarem Wert sind.

Die Ägyptenbegeisterung nahm von nun an stetig zu – dafür sorgten nicht zuletzt die Veröffentlichungen von Flaubert und anderen Zeitgenossen –, und auch die Zahl der organisierten Gruppenreisen wuchs beständig. Die neue Eisenbahnverbindung von Alexandria über Kairo nach Suez, für die Abbas I. dem Engländer James Stevenson 1851 die Konzession erteilt hatte, förderte diese Entwicklung. In den Jahren 1870–75 entstand die Eisenbahnverbindung von Kairo nach Luxor; die Bahnlinie von Luxor nach Aswan kam allerdings erst 1910 hinzu. Vor dem Hintergrund der unzähligen Mumienfunde und der Begeisterung vieler Europäer für die vertrockneten Leichname schrieb Mark Twain (1835–1910) zynisch, daß der Brennstoff für die ägyptischen Lokomotiven

> »aus dreitausend Jahre alten Mumien besteht, die tonnenweise oder friedhofsweise zu diesem Zweck aufgekauft werden, und daß man manchmal den lästerlichen Lokomotivführer verdrießlich rufen hört: ›Diese verdammten Plebejer, sie brennen für keinen Cent – reich mal einen König her!‹«

Auch der Ausbau des Schiffsverkehrs tat sein übriges zur Belebung der Reisefreudigkeit. Damit wuchs übrigens auch der Bedarf nach geeigneter Reiseliteratur. 1877 erschien der erfolgreiche Führer *A Thousand Miles Up the Nile* von Amelia Ann Blanford Edwards (1831–92), ein Werk aus der Feder einer angesehenen Londoner Wissenschaftlerin mit großer schriftstellerischer Begabung. Sie verstand es meisterhaft, den aktuellen Stand der Forschung aufzubereiten und ihn einem neugierigen, bildungsbeflissenen Publikum mit lebendigen Worten zu vermitteln.

Die Reisen von Cook waren schon aufgrund ihrer Zuverlässigkeit und ausgeklügelten Organisation sehr beliebt. Cook errichtete 1889 das Hotel Luxor (heute Luxor Wena Hotel) in der Ortschaft gleichen Namens. Dort gab es bereits das angesehene Grand Hotel (es stand direkt an der Corniche el-Nil auf dem Grundstück des heutigen Luxor City Council); daneben entstand das adrette Savoy Hotel. Die ›Cookies‹, so hören wir die Ägypter über ihre Besucher reden, waren allseits gern gesehene Gäste. Wir erfahren, daß Cook um das Jahr 1890 rund 1000 Touristen gleichzeitig im Land am Nil betreuen konnte.

Vornehm ging es zu, und Cook war bemüht, seinen Gästen höchsten Komfort zu bieten. Zum eleganten Luxor-Hotel kam anstelle der bisher vom Khediven angemieteten Salonschiffe *Benisuef* und *Benha* nun noch ein eigener Luxusdampfer auf dem Nil. Den ausführlichen Reiseführer *The Nile, Notes for Travellers* (1890) – ergänzt durch Proviantlisten, Bekleidungs- und Gesundheitstips – schrieb der englische Ägyptologe und Orientalist Ernest Alfred Thompson Wallis Budge (1857–1934) eigens für

Seite aus dem Totenbuch des Ani

diese Nilschiffahrt. Er war zunächst Assistent und kurz darauf Direktor des British Museum in London, und er hielt sich immer wieder in Ägypten, im Sudan und im Zweistromland auf. Eine wahre Leidenschaft entfaltete er beim Sammeln von Antiquitäten für ›sein‹ Museum. Seine Sammelmethoden galten als rücksichtslos. Für einen Anthropologen in Cambridge ließ er in Aswan 800 Schädel einsammeln, die er später beim Zoll als ›Knochendünger‹ deklarierte, und aus Theben schaffte er bereits nach seinem ersten Aufenthalt 24 Kisten mit wertvollen Kunstobjekten unter dem Schutz des ägyptischen Militärs nach England. Die Soldaten sollten den Abtransport eigentlich verhindern, verdienten aber statt dessen gut an diesem Unternehmen. So schlimm seine Methoden auch waren, um so sehenswerter sind die Schätze, die er für das British Museum zusammentrug. Hierzu zählt u. a. das berühmte *Totenbuch des Ani* sowie wertvolle arabische, koptische, syrische und äthiopische Handschriften nebst griechischen Papyri sowie Keilschrifttafeln aus Assyrien und Babylonien.

Als der New Yorker Geschäftsmann Theodore M. Davies (1837–1915) im Jahr 1903 die Konzession erhielt, im Tal der Könige zu graben, sorgte er schon bald für Schlagzeilen: Er fand das Grab der Hatschepsut, das von Pharao Thutmosis IV., Siptah, Haremhab sowie das von Juja und Tjuja, den Eltern der Teje, der Mutter des Ketzerkönigs Echnaton. Seine wohl umstrittenste Entdeckung aber war das Grab Nr. 25. Darin stand der steinerne Sarkophag mit dem eingeschriebenen Namen Meretamun. Sie war die älteste Tochter Echnatons und seiner Gemahlin Nofretete. Meretamun, die während der Amarnazeit noch Meretaton hieß, wurde mit Semenchkare vermählt. In dem Sarkophag fand Davies nun eine Mumie, und es lag nahe, diese zunächst als Meretamun zu identifizieren. Doch bei einer genaueren Untersuchung stellte sich heraus, daß es sich nicht um eine Frau, sondern um einen Mann handelte. So hielt man den Leichnam dann für Echnaton, später für Semenchkare, den Schwiegersohn Echnatons. Wer der Verstorbene indes wirklich war, wissen wir bis heute nicht!

Davies stellte seine Grabungen im Tal der Könige im Jahr 1912 ein, war er doch fest davon überzeugt, daß es hier keine weiteren Funde mehr geben würde. Er war sich ganz sicher, in jener unscheinbaren Anlage neben dem Grab des Haremhab auch das Grab des Tutanchamun gefunden zu haben. Dort fand er zwar keine Mumie, aber eine Truhe, die mit der Darstellung des jungen Königs und seiner Frau Anchesenamun verziert war.

Ein anderer Ausgräber, der sich bereits seit Jahren im Tal der Könige aufhielt, war da ganz anderer Meinung: Tutanchamun sei zwar nicht hier, doch im Tal der Könige beigesetzt worden. Schließlich fand sich dessen Bild und Name auf der von Davies entdeckten Truhe; hinzu kam, daß Davies unter einem Felsen einen Fayencebecher mit dem Namen desselben Herrschers gefunden hatte. Dieser Archäologe hieß Howard Carter (1874–1939). Auf Empfehlung von Lady Amherst, die Ägypten schon mehrfach mit ihrem Mann, Baron Amherst, besucht hatte, lernte er mit 17 Jahren den Botaniker und Ägyptologen Percy Edward Newberry kennen, und dieser weckte in dem wißbegierigen Jungen die Begeisterung für Ägypten. Berühmte Männer wie Amherst, Petrie, Griffith, Naville und Maspero unterrichteten ihn. Bereits im darauffolgenden Jahr kam er nach Ägypten und unterstützte Baron Amherst unter Leitung von Petrie bei seinen Ausgrabungen in Amarna. Als Zeichner machte er sich rasch einen Namen, so daß er bei der nächsten Grabung in Beni

Hassan und el-Bersheh eingesetzt wurde. 1893 sah er zum ersten Mal Theben; hier arbeitete er die nächsten sechs Jahre mit Henri Edouard Naville (1844–1926) in Deir el-Bahari. Dieser hatte dort gerade mit Ausgrabungen begonnen und war froh, daß Carter die Zeichenarbeiten für ihn übernehmen konnte. Naville selbst interessierte sich v. a. für Architektur und Inschriften. Bei seinen Aufräumungs- und Freilegungsarbeiten setzte er Loren ein, um den Schutt der Jahrhunderte wegzuschaffen. Für Kleinigkeiten hatte er nur wenig übrig. Anders dagegen arbeitete sein Zeitgenosse Flinders Petrie: Er achtete auch auf zerbrochene Topfscherben und sonstige von anderen nicht beachtete Bruchstücke, die er mit seinen Studenten sorgfältig erfaßte, katalogisierte und schließlich zur Datierung heranzog. Noch heute sind seine Aufzeichnungen bei Fragen zur Datierung einiger Fundstellen von Bedeutung. Naville hingegen fand die Idee, Topfscherben zur Datierung zu verwenden, sehr befremdlich. Als Petrie ihn deshalb ermahnte, er möge doch die genauen Fundstellen derartiger Bruchstücke aufzeichnen, antwortete ihm Naville verständnislos, daß man dann ja wohl die Lage von Rosinen in einem Pudding festhalten müsse.

Seine Erfahrungen auf archäologischem Gebiet ließen Carter alsbald zum Inspektor der Altertümerverwaltung avancieren. In dieser Eigenschaft hatte er bereits 1902 die Bekanntschaft von Davies gemacht, und als Grabungsleiter beaufsichtigte er fortan dessen Kampagnen im Tal der Könige.

Als Davies seine Arbeiten 1912 einstellte, ging seine Grabungskonzession zwei Jahre später auf den Earl of Carnavon (1866–1923) über, und wiederum war es Carter, der jetzt als Grabungsleiter die Verantwortung hatte. Lord Carnavon hielt sich seit einem schweren Autounfall 1901 während der Wintermonate regelmäßig in Luxor auf. Er war wie Carter von der Idee besessen, im Tal der Könige das Grab des Tutanchamun mit seiner vollständigen Ausstattung zu finden. Die Arbeiten wurden durch den Ausbruch des Ersten Weltkriegs unterbrochen. Erst 1917 konnte man mit den eigentlichen Ausgrabungen beginnen. Als man über vier Jahre lang fast ununterbrochen gesucht hatte, beschloß Carnavon, der bisher das Projekt ausschließlich mit eigenen Mitteln finanziert hatte, die Arbeiten mit der Wintersaison des Jahrs 1922/23 einzustellen. Ein letzter Versuch sollte noch einmal an der Stelle unternommen werden, wo man zu Beginn der Ausgrabung schon einmal angesetzt hatte, nämlich unterhalb des von Touristen gut besuchten Grabs des Pharaos Ramses VI. Dort standen einige Arbeiterhütten, unter denen man bislang noch nicht gegraben hatte. So nahm man im Winter des Jahrs 1922 die Arbeiten noch einmal auf.

»Die nun folgenden Ereignisse waren von einer geradezu atemberaubenden Dramatik. Am 1. November hatte Carter seine Arbeiter angeworben. Am Abend des 3. hatten diese die erforderliche Anzahl von Arbeiterhütten niedergerissen, um die darunter liegende, etwa 1 m starke Schuttschicht abtragen zu können. Am Morgen des 4. meldeten sie, daß sie auf eine in den Felsen gehauene Stufe gestoßen waren, und am Nachmittag des 5. stand fest, daß man den Eingang zu einem Grabe gefunden hatte. Noch mußte man befürchten, daß es unvollendet und nie benutzt war, daß es ausgeraubt oder zumindest teilweise geplündert war. Die Hoffnung erhielt indes neue Nahrung, als am Fuße der zwölften Stufe der Treppe der obere Teil einer verschlossenen, versiegelten Tür zum Vorschein kam. Es war freilich das Amtssiegel der thebanischen Totenstadt und nannte nicht den Namen des Grabherrn. Eine durch ein kleines Loch in der oberen Ecke des Eingangs eingeführte elektrische Lampe erlaubte die Feststellung, daß der Gang hinter der Tür bis zur Decke mit Geröll angefüllt war. Da Carnavon in England weilte und erst herbeigerufen werden mußte, bedeutete es keine geringe Selbstüberwindung für Carter, den Eingang zunächst wieder zuzuschütten und Carnavons Ankunft abzuwarten. Er traf am 23. in Luxor ein, und am 24. war die Treppe soweit geräumt, daß die ganze Tür freilag. An ihrem unteren Ende erschienen jetzt Siegelabdrücke mit dem Namen Tutanchamuns.

Weniger erfreulich war die Erkenntnis, daß ein Teil der Tür zweimal geöffnet und wieder verschlossen worden war, und die Siegel der Totenstadt an den wieder geschlossenen Teilen angebracht worden waren. Daraus war zu schließen, daß das Grab von Plünderern heimgesucht und von Amts wegen wieder verschlossen worden war.

Am 26. November stand man nach der Ausräumung eines etwa 9 m langen abwärts führenden Ganges abermals vor einer versiegelten Tür. Hören wir dazu Carter selbst: ›Der entscheidende Augenblick war gekommen. Mit zitternden Händen machte ich eine kleine Öffnung in der linken oberen Ecke. Dunkelheit und Leere zeigten, soweit eine hindurchgesteckte Eisenstange reichen konnte, daß das, was auch hinter der Tür lag, leer und nicht wie der eben ausgeräumte Gang ausgefüllt war. Lichtproben wurden aus Vorsicht gegen möglicherweise vorhandene giftige Gase angewandt, dann erweiterte ich das Loch, führte eine Kerze hindurch und spähte hinein, während Lord Carnavon, Lady Evelyn und Callender neben mir standen, begierig, den Urteilsspruch zu hören.

Howard Carter bei der Öffnung des Grabs

Zuerst konnte ich nichts sehen, da die aus der Kammer entweichende heiße Luft das Licht der Kerze zum Flackern brachte. Als meine Augen sich aber an das Licht gewöhnten, tauchten bald Einzelheiten im Innern der Kammer aus dem Nebel auf, seltsame Tiere, Statuen und Gold – überall glänzendes, schimmerndes Gold! Für den Augenblick – den andern, die neben mir standen, muß es wie eine Ewigkeit erschienen sein – war ich vor Verwunderung stumm. Als Lord Carnavon die Ungewißheit nicht länger ertragen konnte und ängstlich fragte: „Können Sie etwas sehen?" war alles, was ich herausbringen konnte: „Ja, wunderbare Dinge!"‹

Die Ausgräber fingen an zu begreifen, daß ihnen die größte Entdeckung gelungen war, die je in Ägypten gemacht wurde.« (Wolf)

Scheich Abd er-Rasul; er kannte Howard Carter.

Die Öffnung des Sarkophags des jung verstorbenen Pharaos Tutanchamun erlebte Lord Carnavon nicht mehr mit; er starb am 6. April 1923 an den Folgen eines Moskitostichs. Die Presse brachte seinen Tod in Zusammenhang mit dem sogenannten Fluch der Pharaonen, und dieses Thema erregt noch heute einige naive Gemüter.

Durch diesen Fund wurden die Ausgräber angespornt, noch intensiver als bisher in Theben-West, Luxor und Karnak weiterzuforschen. So waren denn auch die Ergebnisse, besonders in den Jahren nach dem Zweiten Weltkrieg, beachtlich und überraschend. Kaum ein Jahr vergeht, in dem nicht ein bemerkenswerter Fund gemacht wird. Allein der großartige Statuenfund im Frühjahr 1989 in der Cachette des seit langem erforschten Luxor-Tempels und die 1995 entdeckte riesige Grabanlage für die Söhne Ramses' II. im Tal der Könige sind Grund genug, auch weiterhin nach Schätzen in Luxor, Karnak und Theben-West zu suchen.

Historischer Überblick

Über die Anfänge der Stadt Theben wissen wir recht wenig. Auf dem Westufer des Nils gegenüber dem heutigen Luxor fanden Archäologen primitive Steinwerkzeuge aus dem Paläolithikum. Diese anfangs einfach bearbeiteten Stücke erfuhren im Lauf der Zeit eine deutliche Verfeinerung, und die Pfeil- und Speerspitzen aus Feuerstein erreichten schließlich gegen Ende der Altsteinzeit um 10 000 v. Chr. ihre vollendete Form. Die Funde zeigen uns, daß die Menschen noch nicht seßhaft geworden waren, vielmehr lebten sie noch als Jäger und Sammler in einem ausgedehnten Jagdrevier. Man verfolgte Antilopen und Strauße, Löwen und Leoparden, Gazellen und Giraffen, ferner Nashörner, Wildesel, Damhirsche, Steinböcke, Elefanten, Marabus und Ure, und man fing Vögel in den Dickichten der Sümpfe. Fischer zielten an den Ufern des Nils mit ihren Speeren auf die fetten Fische. Am Übergang zum Neolithikum wurde der Mensch zusehends seßhaft und baute erstmals Getreide an. Die Nahrungsmittel, u. a. Getreidekörner und Getränke, bewahrte man in Tongefäßen auf; diese formte man noch mit der Hand und verzierte sie mit einfachen Ritzmustern. Die Seßhaftwerdung führte zugleich zu veränderten Lebensgewohnheiten. Man baute jetzt Hütten und ging einer geregelten Feldarbeit nach, hielt Haustiere und entwickelte neue Techniken, so das Töpfern auf der Scheibe, das Weben und Korbflechten. Die Verstorbenen wurden in Nekropolen bestattet und nicht mehr dort verscharrt, wo man sich zufällig aufhielt. Figürchen von hübschen Frauen und wohlgestalteten Männern aus Ton oder Elfenbein lagen als Grabbeigaben neben dem Verstorbenen, und Flamingos und Antilopen – in Gefäße eingeritzt – sollten ihn mit ihrem Anblick erfreuen.

Den Tag versüßte man sich mit Bier, das schon im Alten Reich zu den Grundnahrungsmitteln zählte. Weitere Getränke waren Wasser, Wein, berauschende Getränke aus den Früchten des Johannisbrotbaums und aus Mohn sowie Milch.

Haustiere kannte man noch nicht; die Domestizierung setzte erst später ein. Man trieb Handel mit Getreide, mit getrocknetem Fisch, aber auch mit Töpferwaren. Dies schließt man aus der Tatsache, daß die Ware aus dem thebanischen Gau von der gleichen Art ist wie jene aus dem südlichen Nubien.

In bezug auf die Datierungen muß vorausgeschickt werden, daß sich diese in den letzten 150 Jahren aufgrund intensiver wissenschaftlicher Forschungsarbeiten deutlich geändert haben. Eine Jahreszahl in einem alten Geschichtsbuch wird den heutigen Erkenntnissen nicht mehr entsprechen. Um 1850 datierte man die 12. Dynastie noch in die Zeit um 3000 v. Chr., heute setzt man sie in das Jahr 1991 v. Chr. Datierte etwa Brugsch den Beginn der 18. Dynastie noch in die Zeit um 1700 v. Chr., so setzen wir ihn heute in das Jahr 1552 v. Chr. Amelia B. Edwards führt im Appendix IV der *Egyptian Chronology* die Datierung des sagenumwobenen Königs Menes durch einige Wissenschaftler an:

Name	Datierung von Menes
Boeckh	5702 v. Chr.
Unger	5613 v. Chr.
Brugsch	4455 v. Chr.
Lauth	4157 v. Chr.
Lepsius	3892 v. Chr.
Bunsen	3623 v. Chr.

Heute wissen wir, daß es einen historischen Menes gar nicht gegeben hat; vielmehr steht sein Name für einige Lokalkönige, die an der Reichseinigung um das Jahr 3000 v. Chr. beteiligt waren. Noch immer stehen einige Daten nicht mit Sicherheit fest. Die folgende Übersicht stützt sich insbesondere auf die von Erik Hornung vorgeschlagene Chronologie.

Vorgeschichtliche Zeit	um 4300 –3000	Narmer (um 3000)

Zu Beginn der geschichtlichen Zeit (bei der 1. und 2. Dynastie sprechen wir von der Frühzeit) lassen sich bäuerliche Kulturen auf dem Westufer des Nils etwas nördlich von Luxor nachweisen, aus denen schon bald jene Hochkultur erwuchs, die in Religion, Königtum, Verwaltung, Schrift und Kunst unverkennbar ägyptisch war.

Frühzeit	um 2950 – 2640		
1. Dynastie	um 2950 – 2770	Aha, Djer, Wadji, Den, Anedjib, Semerchet, Kaa	Mastaba-Gräber in Saqqara und Zweitgräber in Abydos
2. Dynastie	um 2770 – 2640	Hetepsechemui, Raneb, Ninetjer, Sechemib, Peribsen, Neferkare Neferkasokar, Hudjefa, Chasechemui	Königsgräber in Saqqara Grab bei Abydos

Die Anfänge Thebens lassen sich bis ins Alte Reich (3.–8. Dynastie, um 2640-2134 v. Chr.) zurückverfolgen.

Altes Reich	um 2640 – 2134		Residenz Memphis
3. Dynastie	um 2640 – 2575		
	um 2628 – 2609	Nebka	

	um 2609 – 2590	Djoser	Stufenmastaba Saqqara-Nord
	um 2590 – 2583	Sechemchet	Stufenpyramide Saqqara-Nord
	um 2583	Chaba	Schichtpyramide Saujet el-Aryan
	um 2583?	Neferka	Stufenmastaba(?) Saujet el-Aryan
	um 2583 – 2575	Huni	Pyramide Medum
4. Dynastie	um 2575 – 2465		
	um 2575 – 2551	Snofru	Pyramide Medum, Knickpyramide und Rote Pyramide bei Dahschur
	um 2551 – 2528	Cheops	Pyramide Gizeh
	um 2528 – 2520	Djedefre	Pyramide bei Abu Roasch
	um 2520 – 2494	Chephren	Pyramide Gizeh
	um 2490 – 2471	Mykerinos	Pyramide Gizeh
	um 2471– 2465	Schepseskaf	Mastabat Faraun
	um 2467– 2465	Djedefptah	
5. Dynastie	um 2465 – 2325		
	um 2465 – 2458	Userkaf	Pyramide Saqqara-Nord und Sonnenheiligtum bei Abu Gurob
	um 2458 – 2446	Sahure	Pyramide Abusir

	um 2446 – 2427	Neferirkare	Pyramide Abusir
	um 2427–?	Neferefre	Pyramide Abusir
	um 2420 – 2396	Niuserre	
	um 2396 – 2388	Menkauhor	Pyramide Abusir Sonnenheiligtum bei Abu Gurob
	um 2388 – 2355	Djedkare	Pyramide in Saqqara-Süd
	um 2355 – 2325	Unas	Pyramide in Saqqara-Nord
6. Dynastie	um 2325 – 2155		
	um 2325 – 2292	Teti	Pyramide in Saqqara-Nord
	um 2292	Userkare	
	um 2292– 2260	Pepi I.	Pyramide in Saqqara-Süd
	um 2260 – 2254	Merenre I.	Pyramide in Saqqara-Süd
	um 2254 – 2160	Pepi II.	Pyramide in Saqqara-Süd
	um 2160 – 2155	Merenre II., Nitokris (Königin)	
7./8. Dynastie	um 2155 – 2134	Zahlreiche Herrscher	
	um 2140	Ibi	Pyramide in Saqqara-Süd

Im Alten Reich war Memphis die Hauptstadt Ägyptens, und fast alle Herrscher des Lands ließen sich zu jener Zeit auf dem riesigen Friedhofsgelände im Westen von Memphis zwischen Medum im Süden und Gizeh im Norden bestatten. Unter Djoser, dem eigentlichen Begründer der 3. Dynastie, nahm die monumentale Steinarchitektur ihren Anfang. Die in Saqqara als Mittelpunkt einer gewaltigen Totenstadt errichtete Stufen-mastaba (oft fälschlicherweise als Pyramide bezeichnet) gehört noch heute zu den großartigsten technischen wie künstlerischen Leistungen der Weltgeschichte. Die Bauleistung steigerte sich noch unter König Snofru, dem Begründer der 4. Dynastie, der als der größte Bauherr des Alten Reichs gilt. Mit ihm begann zuglcich die eigentliche Pyramidenzeit. Die Bauwerke des Snofru, die Knickpyramide und die Rote Pyramide bei Dahschur, und die von ihm dabei eingesetzten Menschen-massen setzten einen Staatsorganismus voraus, der bis in seine letzten Verästelungen auf das Königtum ausgerichtet war und dem Herscher unbeschränkt zur Verfügung stand. Dies galt erst recht für die Cheops-Pyramide, das gewaltigste Bauwerk von Gizeh. Antike Schriftsteller sagten Cheops Tyrannei und Unterdrückung nach; doch hat es Sklaverei im Alten Reich nicht gegeben. So muß man den Pyramidenbau in erster Linie als eine religiöse Gemeinschaftsleistung der Ägypter verstehen. Die Pyramide ist das Grabmal des Königs, und von ihm als Gott hängt die Wohlfahrt des Staats ab.

Auf dem Friedhofsgelände der alten Reichshauptstadt Memphis fanden nicht nur die Pharaonen, sondern auch deren Fami-lienangehörigen, Gemahlinnen, Prinzessinnen und Prinzen, Be-amte am königlichen Hof, Priester und andere ranghohe Per-sönlichkeiten ihre letzte Ruhestätte. Von Theben, rund 680 km südlich der Reichshauptstadt, sprach in Memphis wohl kaum jemand. Zumindest sind aus Memphis bis heute keine schrift-lichen Zeugnisse aus dieser Zeit bekannt, die Thebens Namen erwähnen. Dennoch wissen wir inzwischen, daß sich einige in Theben ansässige Beamte auch dort bestatten ließen. Da hören wir etwa von dem »Königlichen Zeremonienmeister, dem Statthalter des Südens und Verwalter der beiden Kornspeicher, Unas-anch«, der sich auf dem Westufer des Nils ein prächtiges und heute noch gut erhaltenes Felsgrab in Scheich Abd el-Qurna (El-Chocha) anlegen ließ. Unas-anch (um 2250–2200 v. Chr.) lebte in der 6. Dynastie und schmückte sich mit dem Namen jenes Pharaos Unas, mit dem kurz zuvor die

5. Dynastie zu Ende gegangen war. Seinen Namen schrieb dieser Beamte sogar in eine Kartusche, den Königsring, ein, und schon dadurch unterstrich er seine hohe Stellung in Theben.

Im alten Theben – dessen Namen wir freilich für die Zeit vor der 11. Dynastie nicht kennen – werden so manche durchreisende Beamte mit ihren Schiffen festgemacht haben, wenn sie nilaufwärts zur südlichen Staatsgrenze des damaligen Reichs nach Elephantine am 1. Nil-Katarakt fuhren bzw. von dort aus zurück an den Königshof in Memphis reisten. Man denke etwa an eine Meldung des Gouverneurs von Elephantine namens Herchuf, die dieser um das Jahr 2252 v. Chr. an seine Majestät, den damals achtjährigen Pepi II., nach Memphis sandte. Herchuf hatte von seiner vierten Handelsexpedition in das südliche Nubien, die Gegend zwischen dem 1. und 2. Katarakt des Nils bei Wadi Halfa (südlich von Abu Simbel), neben vielen Erzeugnissen des Lands wie Gold und Amethysten auch einen Tanzzwerg mitgebracht, und sogleich meldete er dieses Ereignis dem König mit dem Hinweis, er werde ihm diesen Zwerg an den Königshof schicken. Pepi war über diese Mitteilung so erfreut, daß er sofort schriftlich anwortete, und diesen Brief hat Herchuf voller Stolz in die Außenwand seines Grabs in der Kubbet el-Hawa bei Aswan meißeln lassen:

»Du hast in diesem Deinem Brief gesagt, daß Du einen Zwerg der Gottestänze aus dem Lande der Horizontbewohner mitgebracht hast, ein Gegenstück des Zwerges, den der Siegler des Gottes Bawerdjed zur Zeit des Asosi aus Punt geholt hat. Du hast zu meiner Majestät gesagt, daß niemals einer wie er durch irgend jemand anders mitgebracht worden ist, der vordem das Land Jam bereist hat. Wahrlich, Du verstehst ja zu tun, was Dein Herr wünscht und lobt. Wenn Du Tag und Nacht verbringst, indem Du Dich sorgst, das zu tun, was Dein Herr wünscht, lobt und befiehlt, wird seine Majestät Deine zahlreichen und trefflichen Wünsche erfüllen, so daß es (noch) dem Sohne Deines Sohnes zum Nutzen gereicht … Komme sogleich stromab zur Residenz, laß (alles stehen und liegen), bringe diesen Zwerg mit Dir, den Du aus dem Lande der Horizontbewohner geholt hast, lebendig, heil und gesund, für die Gottestänze, zur Erheiterung und zur Herzensfreude des Königs Pepi II. Wenn er mit Dir ins Schiff steigt, stelle zuverlässige Leute bereit, die hinter ihm sind auf dem Schiff. Paß auf, daß er nicht ins Wasser fällt. Wenn er nachts schläft, nimm zuverlässige Leute, die hinter ihm in seiner Kabine schlafen. Kontrolliere zehnmal die Nacht. Meine Majestät wünscht diesen Zwerg zu sehen mehr als die Erzeugnisse des Sinai und von Punt. Wenn Du zur Residenz gelangst, und dieser Zwerg ist lebend, heil und gesund bei Dir, dann wird meine Majestät Dich sehr belohnen.« (nach Walther Wolf)

So manche Expedition wird auch schon vor der Zeit von König Pepi II. an Theben vorbeigezogen sein. Von Snofru, dem ersten Pharao der 4. Dynastie und Begründer der Pyramidenzeit, hören wir, daß er »das Nubierland zerhackt« und »7000 Männer und Frauen und 200 000 Rinder und Schafe heimgebracht« habe. Und man vergesse nicht die vielen Transportschiffe, die schon zu Zeiten des Königs Djoser den kostbaren Rosengranit, nach der Stadt Syene (griechisch für Aswan) auch Syenit genannt, aus den Steinbrüchen von Aswan gen Norden in die Residenz von Memphis transportiert haben. Darüber hinaus kamen aus dem Süden Tausende von Granitblöcken, die man zum Bau der Pyramiden des Cheops, Chephren, Djedefre und Mykerinos brauchte. Imposante Schiffe waren es, die hier vorbeifuhren oder anlegten, schwere Lastkähne, wie sie etwa an den Wänden des Aufwegs zur Unas-Pyramide in Saqqara dargestellt sind, auch mit Gold beladene Schiffe und Fischerboote.

Bereits während der 4. Dynastie änderten sich die wirtschaftlichen Verhältnisse. Ablesen kann man dies schon an den Bildern in den Gräbern: Jetzt wird das Totenopfer an den Wänden dargestellt, während man es vorher in Form von Naturalien darbrachte. Die Gottesvorstellung änderte sich im Alten Reich unter der Regierung des ältesten Sohns des Cheops mit Namen Djedefre, der als erster Pharao den Titel »Sohn des Re« annahm, so daß sich von nun an der Pharao dem Sonnengott Re in einem Vater-Sohn-Verhältnis unterstellte, sich also von einer eigenen Göttlichkeit distanziert. Im folgenden wurde die königliche Zentralgewalt zunehmend entmachtet, die Pyramiden wurden kleiner, und um 2100 v. Chr. brach das Alte Reich zusammen.

Die folgende Wirrezeit bezeichnet man als 1. Zwischenzeit (9. und 10. Dynastie).

1. Zwischen-zeit, 9./10. Dynastie	2134 – 2040	Verschiedene Könige	Residenz bei Herakleopolis

Die Herrscher der 9. Dynastie sind uns weitgehend unbekannt. Aus der 10. Dynastie kennen wir nur Achthoes III. und Merikare. Was sich im einzelnen in dieser Zeit abgespielt hat, wissen wir nicht. Es gab in Herakleopolis (etwa 100 km südlich von Memphis) und im oberägyptischen Theben Gaufürstentümer, die die Königswürde beanspruchten. Als rivalisierende Herrscherhäuser lebten diese längere Zeit miteinander in Frieden, bekämpften sich schließlich, bis sich der Thebaner Mentuhotep I. gegenüber Merikare, dem Regenten des Nordreichs, durchsetzen konnte, Herakleopolis einnahm und um 2040 v. Chr. die Einheit Ägyptens wiederherstellte.

Mittleres Reich 11. Dynastie	2134 – 1650		Residenz Theben
	2134 – 1991		
	2134 – 2118	Antef I.	
	2118 – 2069	Antef II.	

	2069 – 2061	Antef III.	
	2061 – 2010	Mentuhotep I.	Tempel in Theben
	2010 – 1998	Mentuhotep II.	
	1998 – 1991	Mentuhotep III.	
12. Dynastie	1991 – 1785		Residenz Ititowi
	1991 – 1962	Amenemhet I.	Pyramide Lischt
	1971 – 1926	Sesostris I.	Pyramide Lischt, Weiße Kapelle Karnak
	1929 – 1892	Amenemhet II.	Pyramide bei Dahschur
	1897 – 1878	Sesostris II.	Pyramide bei Illahun
	1878 – 1841?	Sesostris III.	Pyramide bei Dahschur
	1844 – 1797	Amenemhet III.	Pyramide mit Labyrinth bei Hawara, Pyramide bei Dahschur
	1798 – 1789	Amenemhet IV.	Pyramide bei Mazghuna
	1789 – 1785	Nofrusobek (Königin)	Pyramide bei Mazghuna
13. Dynastie	um 1785 – 1650	Über 50 Könige, u. a. Chendjer (um 1750)	Residenz Ititowi Ziegelpyramiden in Saqqara und Dahschur
14. Dynastie	um 1715 – 1650	Kleinkönige	Stadtkönigtümer im Delta

Mit Mentuhotep I. begann eine neue Blütezeit Ägyptens, doch erst der nachfolgenden 12. Dynastie gelang es, die staatliche Ordnung wieder durchzusetzen, das Steuersystem zu stabilisieren, schließlich auch die Macht der Gaufürsten zu brechen und so die Grundlagen für eine neue erfolgreiche Entwicklung des Lands zu legen. Unter der Herrschaft Sesostris' I. – er ließ den wunderschönen Alabasterschrein im Karnak-Tempel errichten – kam es zu Eroberungszügen, wie sie Ägypten bis dahin nicht gekannt hatte. Sie erreichten im Süden den 2. Katarakt; gleichzeitig bediente sich Sesostris I. einer geschickten Asiendiplomatie. Sesostris III. führte die Machtfülle der 12. Dynastie auf ihren Höhepunkt. Die südliche Grenze lag jetzt bei Semna, 60 km südlich des 2. Katarakts, die nördliche bei Palästina.

Gegen Ende der 12. Dynastie kam es zu gesellschaftlichen Veränderungen und schließlich erneut zum Niedergang. Mit der ersten Frau auf dem Pharaonenthron, Nofrusobek, ging die Dynastie zu Ende. In der 13. Dynastie folgten die Herrscher in kurzen Zeitabständen aufeinander, in der 14. Dynastie ging die Reichseinheit zeitweise verloren. Die Tempelbauten erreichten nicht mehr die Größe, die sie im Alten Reich hatten. Ganz allgemein wurden jetzt die plastischen Darstellungen wichtiger. Die Skulptur erreichte ihre Hochblüte bereits in der 12. Dynastie mit den großartigen Bildnissen von Sesostris III. und Amenemhet III. Die Darstellungen in den Gräbern waren jetzt stärker als vorher auf den Grabherrn bezogen. Das Grab wurde in zunehmendem Maß zum Denkmal für den Verstorbenen.

Zweite Zwischenzeit	um 1650 – 1540		
15. Dynastie	um 1650 – 1553	Hyksos-Könige	Residenz Auaris
16. Dynastie	um 1650 – 1550	Vasallen der Hyksos	Stadtkönigtümer in Unter- und Mittelägypten
17. Dynastie	um 1650 – 1551	15 Könige in Theben	Residenz Theben

Als um das Jahr 1650 v. Chr. vorderasiatische Stämme das Nildelta überrannten, war dies das erste Mal in der ägyptischen Geschichte, daß das Land am Nil einer Fremdherrschaft unterworfen wurde. Die Hyksos, von den Ägyptern »Herrscher der Fremdländer« genannt, waren in das Land eingedrungen, hatten Auaris zu ihrer Hauptstadt gemacht und rückten allmählich nach Oberägypten vor, bis sie schließlich die Herrschaft über ganz Ägypten erlangten. Diese Hyksos bildeten die 15. und 16. Dynastie, die an einigen Orten, v. a. in Theben, »Unterkönige« zuließ. Von diesen thebanischen Fürsten ging in der 17. Dynastie eine Befreiungsbewegung aus, die unter Kamose zum Kampf gegen die Hyksos führte. Kamoses Bruder Ahmose gelang schließlich um das Jahr 1552 v. Chr. die endgültige Vertreibung der Hyksos, und damit schuf er die Grundlage für das Neue Reich der 18.–20. Dynastie.

Die Hyksos tasteten die überlieferten Strukturen der ägyptischen Kultur kaum an, wohl aber brachten sie vorderasiatisches Gedankengut und eine Reihe wichtiger Neuerungen ins Land: den senkrecht stehenden Webstuhl, wirkungsvollere Bogen, einen verbesserten Bronzeguß, Schilde, Helme, Hiebwaffen, v. a. aber Pferd und Streitwagen – ein Motiv, das auch in die bildende Kunst einging und zum Symbol für Bewegung und Schnelligkeit wurde.

Um das Jahr 1552 v. Chr. starb Kamose, der letzte König der 17. Dynastie. Er hatte die Hyksos weitgehend zurückgedrängt, und als sein Bruder Ahmose den Königsthron bestieg, hatten sich die Hyksos bereits bis zum Fayyum zurückgezogen. Ahmose setzte den Befreiungskampf fort, und um das Jahr 1540 v. Chr. gelang es ihm, die noch von den Hyksos besetzte Stadt Memphis zu erstürmen. Von hier aus rückte er gen Norden vor, besetzte schließlich das ganze Delta und zwang die dort noch ansässigen Hyksos zur endgültigen Kapitulation. Die Nachwelt feierte Ahmose als großen Neugründer, unter dem die 18. Dynastie ihren Anfang nahm und der den Weg bereitete für eine Entwicklung, die zur Blütezeit des Neuen Reichs führte. Neben Menes und dem Pharao Mentuhotep ging Ahmose als dritter Reichseiniger in die Geschichte ein.

Neues Reich	1552 – 1070		
18. Dynastie	1552 – 1306		Felsgräber bei Theben, diverse Tempel
	1552 – 1528	Ahmose	
	1527 – 1506	Amenophis I.	
	1506 – 1494	Thutmosis I.	Karnak-Tempel
	1493 – 1490	Thutmosis II.	Karnak-Tempel
	1490 – 1468	Hatschepsut	Terrassentempel in Deir el-Bahari,
	1490 – 1436	Thutmosis III.	Karnak-Tempel
	1438 – 1412	Amenophis II.	Karnak-Tempel Theben-West
	1412 – 1402	Thutmosis IV.	Karnak-Tempel
	1402 – 1364	Amenophis III.	Tempel in Theben-West
	1364 – 1347	Amenophis IV./ Echnaton	Residenz Amarna, danach Memphis
	1347	Semenchkare	Karnak-Tempel
	1347 – 1338	Tutanchamun	
	1337 – 1333	Eje	
	1333 – 1306	Haremhab	
19. Dynastie	1306 – 1186		Seit Ramses II. Residenz im Delta (Pi-Ramses)

	1306 – 1304	Ramses I.	Karnak-Tempel
	1304 – 1290	Sethos I.	Tempel in Abydos, Theben-West, Karnak-Tempel
	1290 – 1224	Ramses II.	Karnak-Tempel, Ramesseum, Tempel in Abydos, Abu Simbel u.v.a.
	1224 – 1204	Merenptah	Karnak-Tempel
	1204 – 1194	Sethos II.	
	1194	Amenmesse	
	1194 – 1188	Siptah	
	1188 – 1186	Tausret	
20. Dynastie	1186 – 1070		
	1186 – 1184	Sethnacht	
	1184 – 1153	Ramses III.	Tempel Medinet Habu
	1153 – 1146	Ramses IV.	
	1146 – 1142	Ramses V.	
	1142 – 1135	Ramses VI.	
	1135 – 1129	Ramses VII.	
	1129 – 1127	Ramses VIII.	
	1127 – 1109	Ramses IX.	

	1109 – 1099	Ramses X.	
	1099 – 1070	Ramses XI.	

Im Süden des Lands konnte der Thebaner Ahmose nubisches Territorium hinzugewinnen, das Ägypten dank seiner Goldvorkommen und Steinbrüche schnell zu Wohlstand verhalf. In Buhen am 2. Nilkatarakt erweiterte Ahmose die Zitadelle aus der 12. Dynastie zu einer wuchtigen Festungsanlage mit gewaltigen Bastionen, der Festungswall wurde aus Ziegeln 12 m hoch geschichtet und durch einen davorliegenden Graben zusätzlich gesichert.

Theben wurde zu Beginn des Neuen Reichs zum Verwaltungszentrum für das gesamte Reich ausgebaut. Die Hierarchie der Beamtenschaft war im Vergleich zu jener des Mittleren Reichs vereinfacht. Theben war zugleich Hauptkultort des Götterkönigs Amun und damit religiöser Mittelpunkt Ägyptens.

Die Geschichte des thebanischen Lokalgotts Amun, den die Ägypter in der Gestalt einer weißen Wildgans zu erkennen glaubten, begann um die Zeit

Der Gott Amun

»der 11. Dynastie unter der Regierung des thebanischen Wiedervereinigers Ägyptens, Mentuhotep, in dessen Totentempel in Deir el-Bahari ein für den Königskult und den Kult des Amun-Re bestimmtes Sanktuar eingebaut wurde. Die beiden Götter, die in Amun-Re verbunden sind, Amun und Re, sind vor der Zeit des ersten Auftretens von Amun-Re unterschiedlich gut belegt:

Während Re als selbständiger Gott lange vor der Entstehung der synkretistischen Verbindung Amun-Re eine
bedeutende Rolle als Götterkönig (seit Beginn des Alten
Reiches) und Königsgott (seit der zweiten Hälfte der 4.
Dynastie) spielt, wird der thebanische Lokalgott Amun
als selbständiger Gott eigentlich erst gleichzeitig mit
dem Auftreten Amun-Res faßbar. In Theben ist Amun
nicht oder nur wenig vor der Zeit Mentuhoteps bezeugt,
und zwar im Eigennamen ›Amenemhet‹ (Zeit Mentuhoteps oder Antefs), in der Erwähnung eines Tempels des
Amun (Zeit Mentuhoteps oder Antefs) und in einem
biographischen Bericht über Leistungen an verschiedene Götter (Month, Amun, Re, Hathor; frühe 11. Dynastie oder Zeit Mentuhoteps). Falls diese Belege älter als
das Auftreten Amun-Res sind – was durchaus möglich
ist –, ist daraus aber auch nur zu entnehmen, daß Amun
überhaupt damals in Theben schon ansässig war; seine
Eigenschaften bleiben im Dunkeln.« (Schenkel)

Während das Kunstschaffen im Alten Reich von Memphis ausging, die bedeutenden Kunst- und Bauwerke daher in der Nähe
jener alten Residenz ihren Platz hatten, treffen wir im Neuen
Reich die Künstler fast ausschließlich im thebanischen Gau,
das heißt in der Metropole und dem umliegenden Gebiet.

Als eigentlicher Ahnherr der 18.
Dynastie gilt Thutmosis I. Unter ihm
und seinen Nachfolgern rückten die
ägyptischen Streitkräfte im Süden bis
tief in den Sudan vor und drangen
gleichzeitig im Nordosten weit nach
Syrien ein. Thutmosis I. gelang es als
erstem ägyptischen Herrscher, bis an
die Ufer des Euphrat vorzudringen
und sein Reich bis dorthin auszudehnen. Seine Unternehmungen nach

Sitzfigur Thutmosis I.

Asien startete er von dem strategisch überaus günstig gelegenen Memphis aus, das er zu einer imposanten Militärgarnison ausbaute. Von diesem rund 680 km von Theben entfernten Stützpunkt aus nahmen in den nächsten Jahrhunderten die Eroberungszüge nach Asien ihren Anfang.

In Theben hingegen errichteten die Pharaonen des Neuen Reichs ihre Paläste, und in der Nekropole auf dem westlichen Nilufer ließen sie sich bestatten. Mit der wachsenden Ausdehnung der Totenstadt richtete Thutmosis I. eine eigene Verwaltung auf dem Westufer ein. Die in der Nekropole beschäftigten Arbeiter, Handwerker, Künstler und Schreiber wurden in einer eigens für sie erbauten Siedlung untergebracht. In Deir el-Medine, wo die mit dem Bau der Königsgräber beauftragten Arbeiter mit ihren Familien lebten, haben die französischen Ausgräber unzählige beschriftete Topfscherben gefunden, die in lebendiger Weise Aufschluß über das tägliche Leben geben.

Unter den Nachfolgern von Thutmosis III. blühte Ägypten weiter. Durch üppige Kriegsbeute und hohe Tributzahlungen floß dem Land ungeahnter Reichtum zu, und die materielle Kultur verfeinerte sich immer weiter. Einer der größten Bauherren dieser Zeit war Amenophis III., dessen wohl schönstes erhaltenes Bauwerk der Tempel in Luxor auf dem Ostufer des Nils ist. Von seiner monumentalen Tempelanlage auf dem Westufer des Nils zeugen bis heute die Memnonskolosse.

Am Übergang zur 19. Dynastie war die Außenpolitik auf Expansion ausgerichtet. Diese Entwicklung fand mit der Erfindung des monumentalen Schlachtenbilds auch in der Kunst ihren Niederschlag. Solche Schlachtenbilder sehen wir erstmals in der Zeit Sethos' I., und sie sind grundsätzlich in der Technik des versenkten Reliefs an den Außenwänden seiner Tempel angebracht. Neuartig ist dabei eine gewisse Dramatik im Handlungsablauf, die selbst die Gestalt des Königs erfaßt. Unter Sethos' Nachfolger Ramses II. verloren die Darstellungen an Dramatik, unter Ramses III. entbehrte das Geschehen jeglicher Spannung: Die Darstellung war Piktogramm geworden.

Obschon im Neuen Reich eine wahre Bauwut ausbrach und der Drang zum Kolossalen überall zutage trat, ist es letztlich die Malerei, die zur führenden Kunstgattung wurde. Am deutlichsten wird dies in den Wandbildern der thebanischen Beamtengräber. Die Malerei ersetzte hier die bis dahin bevorzugten, kostspieligen Reliefs.

Dritte Zwischenzeit	1070 – 712		
21. Dynastie	1070 – 945		Residenz Tanis
	1070 – 1044	Smendes	und Theben
	1040 – 990	Psusennes I.	
	993 – 984	Amenemope	
	978 – 960	Siamun	
	960 – 945	Psusennes II.	
22. Dynastie	945 – 722		Residenz Tanis
	945 – 924	Scheschonk I.	und Bubastis
	924 – 887	Osorkon I.	
	862 – 833	Osorkon II.	
	839 – 814	Takelotis I.	
	814 – 763	Scheschonk III.	
	763 – 758	Pimui	
	758 – 722	Scheschonk V.	
23. Dynastie	808 – 715		
	808 – 783	Petubastis	
	um 760/750	Osorkon III.	
	um 740	Takelotis II.	
	um 730	Rudjamun	
24. Dynastie	725 – 712		Fürstenhaus Sais
	725 – 718	Tefnacht	
	718 – 712	Bocchoris	

Mit dem Zusammenbruch des Ramessidenreichs fiel die Krone an Smendes, der die 21. Dynastie begründete. Die neue Hauptstadt Tanis, das Zoan der Bibel, lag im östlichen Delta, während das einst so mächtige Theben zur Bedeutungslosigkeit herabsank. Auch die Königsgräber wurden nicht mehr in der thebanischen Wüste angelegt, sondern im Tempelbezirk der neuen Residenz. Der Niedergang Äyptens war nun nicht mehr aufzuhalten. Im Jahr 945 v. Chr. bestieg der libysche Militärführer Scheschonk I. den Pharaonenthron und begründete die 22. Dynastie. Neue Hauptstadt wurde Bubastis im östlichen Delta. Die 23. Dynastie erwies sich als machtlos, eine Aufsplitterung in eine Vielzahl feudalistischer Herrschaftsgebiete setzte ein, Unruhen und Aufstände waren an der Tagesordnung. Um die Mitte der 24. Dynastie regierten in Unter- und Mittelägypten mehrere Könige gleichzeitig, während Oberägypten von Theben aus beherrscht wurde. Diese Zeit der Wirren nutzte geschickt die nubische Kolonie. Sie hatte sich inzwischen vom ägyptischen Einfluß gelöst und rief in ihrer Hauptstadt Napata nahe des 4. Kataraktes »äthiopische« Könige aus, die Ägypten erobern wollten. Um das Jahr 760 v. Chr. hatten nubische Streitkräfte bereits die südliche Grenze Ägyptens erreicht, und tatsächlich gelang es nun einem nubischen König namens Kaschta, bis nach Theben vorzustoßen, die Stadt einzunehmen und damit Oberägypten unter seine Herrschaft zu bringen. Die Äthiopen huldigten dem Reichsgott Amun, und ihm zu Ehren errichteten sie ein zentrales Heiligtum im fernen Meroë, woher sie vermutlich stammten. Kaschtas Sohn Pije stieß weiter gen Norden bis ins Delta vor und nahm Memphis ein.

Die Jahrhunderte von der 25. bis zur 31. Dynastie bezeichnet man als Spätzeit.

Spätzeit	712 – 332		
25. Dynastie	712 – 664		Könige von
	? – 740	Kaschta	Kusch in Theben
	740 – 713	Pianchi (Pije)	
	712 – 698	Schabako	Pyramide Kurru
	698 – 690	Schebitku	
	690 – 664	Taharka	Säule in Karnak
	664 – 656	Tanwatamun	Kiosk in Karnak
26. Dynastie	664 – 525		Könige von Sais
	672 – 664	Necho I.	

	664 – 610	Psammetich I.	
	610 – 595	Necho II.	
	595 – 589	Psammetich II.	
	589 – 570	Apries	
	570 – 526	Amasis	
	526 – 525	Psammetich III.	
27. Dynastie	525 – 404	Kambyses u. a.	
28. Dynastie	404 – 399	Amyrtaios	
29. Dynastie	399 – 380		
	399 – 393	Nepherites I.	
	393	Psammuthis	
	393 – 380	Hakoris	
	380	Nepherites II.	
30. Dynastie	380 – 343		
	380 – 362	Nektanebos I.	Baubeginn des Philae-Tempels
	362 – 360	Teos	
	360 – 343	Nektanebos II.	
31. Dynastie	343 – 332		
	343 …	Artaxerxes III., Arses, Darius II.	

Während dieser etwa 400 Jahre währenden Epoche sah sich Ägypten zunehmend dem Druck der vorderasiatischen Großmächte ausgesetzt. In der 25. Dynastie wurde das Land noch von den Äthiopen regiert – man spricht jetzt von der »kuschitischen« oder »äthiopischen« Herrschaft. Diese Herrscher fühlten sich durchaus als Ägypter und orientierten sich in Kunst, Religion und Sprache an der ägyptischen Tradition. Auch wenn sie von Theben aus regierten und sich dort heimisch fühlten, so ließen sie sich doch in ihrer Heimat bestatten. Gegen Ende der 25. Dynastie drangen die Assyrer immer häufiger in den Norden des kuschitischen Reichs ein, besetzten 671 v. Chr. Memphis und drangen bis Theben vor. Schließlich gelang es dem Assyrer-König Assurbanipal, bis zum 1. Nil-Katarakt vorzustoßen und auf seinem Feldzug das Hunderttorige Theben zu plündern. Tanwatamun, der letzte König der 25. Dynastie, gab seinen Regierungssitz in Theben auf und zog sich nach Napata zurück. Damit war die äthiopische Herrschaft über Ägypten beendet.

Eine letzte kurzfristige Wiederbelebung des alten Glanzes brachte die 26. Dynastie mit den Königen von Sais, unter denen Ägypten seine Stärke zurückgewann. Die neuen Könige löschten die Erinnerung an die Herrscher aus dem fernen Kusch aus, deren Namen sie von den Denkmälern in Theben und Oberägypten tilgen ließen.

625 v. Chr. drangen die Perser nach Ägypten ein und besetzten das Land. Als Alexander d. Gr. im Winter des Jahrs 332/31 in die persische Provinz Ägypten einmarschierte, wurde er als Befreier gefeiert. Ägypten fiel kampflos in seine Hände, und damit endete im Jahr 332 v. Chr. die Geschichte des Pharaonenreichs.

Griechische Zeit	332 – 30 v. Chr. 332 …	Alexander u. a.	Tempel in Dendera, Edfu, Esna und Kom Ombo

Anders als die Perser, die sich nur als Besatzungsmacht gefühlt hatten, wurden die Griechen in Ägypten seßhaft, und damit verbreitete sich die griechische Kultur über das gesamte Niltal. Mit der Eroberung Ägyptens durch Alexander begann eine Phase der Konfrontation und Auseinandersetzung mit der griechischen und später mit der römischen Kultur. An den Tempelanlagen wurde weitergebaut, und der Name Alexanders findet sich u. a. im Tempel von Luxor. An den verschiedensten Orten des Lands entstanden neue Heiligtümer. Nach dem Tod Alexanders übernahm dessen Feldherr Ptolemaios die Verwaltung der ägyptischen Provinz, die sich bald einer neuen Blüte erfreute. 305 v. Chr. nahm er offiziell den Königstitel an und begründete damit das Herrscherhaus der Ptolemäer, deren rund 250jährige Regierungszeit Ägypten zu neuem Ansehen verhalf. Alexandria entwickelte sich rasch zu einer Metropole griechischen Gepräges. Bibliothek und Museion wurden hier gegründet. Die ptolemäischen Herrscher fühlten sich als Nachfahren der Pharaonen, sie führten deren Titulaturen, und sie errichteten wie jene den Göttern des Lands gewaltige Tempel. Selbst im konservativ eingestellten Oberägypten, in Theben, wurde jetzt in einem neuen Stil gearbeitet, nicht nur bei den Tempeln, sondern auch in der Plastik und Kleinkunst. Ein besonders schönes Beispiel stellt der Kopf einer etwa 2,80 m großen Herrscherstatue aus rotbuntem Granit dar, die im späten 2./ frühen 1. Jh. v. Chr. im Karnak-Tempel aufgestellt wurde, oder das Bildnis des Kaisers Alexander Severus, das um 230 n. Chr. aus weißem Marmor gefertigt wurde und offenbar im Luxor-Tempel seinen Platz hatte.

In politischer Hinsicht wurde die griechische Herrschaft vom 2. Jh. v. Chr. an unsicher. Thronstreitigkeiten, Aufstände und außenpolitische Mißerfolge schwächten die Macht. Kleopatra, die letzte Herrscherin des Ptolemäerhauses, konnte sich nur mit Unterstützung der Römer, v. a. mit Hilfe Caesars auf dem Thron behaupten. Als aber nach Caesars Ermordung Oktavian, der spätere Kaiser Augustus, gegen seinen Rivalen und Kleopatras Geliebten Antonius zu Felde zog, ihn bei Actium besiegte und Alexandria eroberte, nahmen sich Antonius und Kleopatra das Leben. Von nun an war Ägypten römische, dem Kaiser unmittelbar unterstellte Provinz.

Römische Zeit	30 v. – 395 n. Chr. 30 v. Chr. ...	Augustus u.a.	Tempel von Nadura; Fertigstellung der Tempel in Dendera, Esna und Kom Ombo; Klosterbauten

Das Verwaltungssystem der Ptolemäer wurde von der römischen Besatzung übernommen; Griechisch blieb die offizielle Landessprache. Nur die römischen Truppen und die römischen Einwanderer bedienten sich des Lateins. Der Kaiser selbst, der Ägypten als seinen Privatbesitz behandelte, ließ sich als Pharao darstellen. Ägypten florierte und wurde zur Getreidekammer der antiken Welt. Das Land gewann eine kaum zu überschätzende wirtschaftliche Bedeutung, allerdings nur für das Ausland; denn für die Ägypter selbst nahm der Steuerdruck immer stärker zu, die Abgaben waren hoch und belasteten das Land. Dies führte zu zahlreichen Aufständen, durch die sich die Thebais in Oberägypten mehr oder minder unabhängig von der alexandrinischen Regierung machte. Im Zug dieser Auseinandersetzungen wurde im Jahr 85 n. Chr. Theben zerstört, und nie wieder erstrahlte es in seinem einstigen Glanz.

Einige Jahrzehnte später begann sich das Christentum auszubreiten, und Alexandria erwies sich rasch als Zentrum theologischer Bildung und nahm unter starkem Einfluß griechischer Wertvorstellungen entscheidenden Anteil an der Festlegung der christlichen Dogmen. Mit dem Christentum entwickelte sich das Mönchtum als neue Form christlicher Lebensweise. Pachomius (292–346), ein Kopte heidnischer Herkunft, gründete im Jahr 320 bei Tabennese, nördlich von Theben auf dem Ostufer des Nils, das erste Kloster, dem bald weitere mit festen Ordensregeln folgten.

Nach dem Tod des Kaisers Theodosius I. (379–395) fiel Ägypten im Zug der römischen Reichsteilung an Byzanz.

Byzantinische Zeit	395 – 640 n. Chr.

Das Land wurde in verschiedene Provinzen aufgeteilt und die Höhe der Abgaben per Erlaß festgelegt. Der Außenhandel war stark rückläufig, Inflation und Verschuldung nahmen zu.

Mit dem Wirken des Propheten Mohammed (570–632) in Mekka und Medina nahm eine religionsgeschichtliche Entwicklung ihren Anfang, von der die damals bekannte Welt in ihren Grundfesten erschüttert und für immer verändert wurde. Hatte Kaiser Justinian (527–565) im byzantinischen Konstantinopel dem Christentum zu seiner bis dahin eindrucksvollsten Selbstdarstellung verholfen, so trat jetzt mit Mohammed ein Mann auf, der, gestützt auf die »Offenbarungen des Erzengels Gabriel«, glaubte, daß die im Judentum und Christentum gleichermaßen verfälschte Religion Abrahams in ihrer Reinheit wiederherzustellen sei – eine Lehre, die auch den Kampf gegen die »Götzendiener« als Glaubenspflicht mit einschließt und so schon im Konzept expansiv und militant erscheint. Nach dem Tod des Propheten kam es innerhalb eines einzigen Jahrzehnts zu einem beispiellosen Siegeszug der islamischen Heere, deren Schlagkraft sich fast gleichzeitig gegen Babylon (637), Syrien (640), Ägypten (640–42) und Nordafrika (643) richtete. 640 eroberte Amr Ibn el-As, der Feldherr des Kalifen Omar, die östlich vom Delta gelegene Stadt Pelusium und schlug die byzantinischen Truppen bei Heliopolis. Nach langen Verhandlungen überließ Byzanz 642 das von den Arabern besetzte Alexandria und mit ihm ganz Ägypten den neuen Herren.

In den folgenden 900 Jahren stand Ägypten unter der Herrschaft verschiedener islamischer Dynastien, die teils von Damaskus, teils von Bagdad aus regierten, oder es handelte sich um Dynastien, die in Ägypten selbst gegründet wurden.

Islamische Dynastien 661–1517 n. Chr.		
Dynastie	Zeitraum	Hauptstadt
Omayyaden	661 – 750	Damaskus
Abbasiden	750 – 868	Bagdad
Tuluniden	868 – 905	Kairo
Abbasiden	905 – 935	Bagdad
Ichschididen	935 – 969	Kairo
Fatimiden	969 – 1171	Kairo
Ayyubiden	1171 – 1250	Kairo
Mamluken	1250 – 1517	Kairo

Bereits unter den Omayyaden wurde Ägypten ein arabisch sprechendes, islamisches Land. Arabische Stämme siedelten im Niltal, und viele Ägypter übernahmen die neue Religion.

Türkische Zeit 1517–1914

Als der osmanische Sultan Selim I. (1512–20) 1517 Kairo eroberte, wurde Ägypten türkische Provinz und unterstand einem Pascha. Zwar regierten von nun an türkische Statthalter, doch waren sie letztlich von 24 Mamlukenfürsten abhängig. Als Provinzgouverneure lebten diese in den verschiedenen Landesteilen, und sie verstanden es, sich erheblichen Einfluß zu sichern und gleichzeitig die Macht des Paschas einzuschränken. Untereinander lagen sie jedoch dauernd in Fehde. Dies führte zu einer Schwächung der türkischen Machtposition, die Napoleon am Ende des 18. Jh. dazu verleitete, bei Alexandria zu landen (1798), um Englands Seeherrschaft im Mittelmeer zu brechen. Das Unternehmen gelang zwar, aber schon eine Woche später vernichtete die britische Flotte unter Admiral Nelson die französischen Einheiten in der Seeschlacht bei Abukir, und die Franzosen mußten Ägypten 1801 wieder räumen.

Mohammed Ali, einem albanischen Berufssoldaten im türkischen Heer, dem 1805 die Würde eines Paschas zufiel, gelang 1807 mit Hilfe der Mamluken die Vertreibung der Engländer. Eine Modernisierung Ägyptens nach europäischem Vorbild war sein Ziel. Der Bau des 1869 eröffneten Suezkanals fiel allerdings bereits in die Regierungszeit von Mohammed Alis Nachfolger Ismail (1863–79), der das Land durch ungeschickte Wirtschaftspolitik in den Bankrott führte. England sicherte sich mit dem Aufkauf der Kanalaktien die Kontrolle über diesen wichtigen Verbindungsweg nach Indien, landete 1882 Truppen, war von da an de facto Herrscher des Lands und verwandelte es 1914 in ein englisches Protektorat.

Neueste Zeit (1914 bis heute)

Nach dem Ersten Weltkrieg erzwang die Befreiungsbewegung unter Saad Zaghlul Pascha die Aufhebung des Protektorats (1922), und Ägypten wurde nach über 400jähriger Fremdherrschaft unter Fuad I. eine konstitutionelle Erbmonarchie. Die englischen Truppen verließen 1936 das Land, bedingten sich aber Präsenz in der Kanalzone aus. Noch im selben Jahr übernahm nach dem Tod des Königs dessen Sohn Faruk die Regierung. 1952 wurde Faruk gestürzt und ins Exil nach Italien geschickt; die Macht übernahm nun die Armee. 1954 wurde die Republik ausgerufen, und Oberst Nasser ernannte sich zum Präsidenten; 1956 wurde er als Staatspräsident bestätigt. Die von ihm durchgeführte Verstaatlichung des Suezkanals zog eine Besetzung der Kanalzone durch englische und französische Truppen nach sich. Unter dem Druck der UNO-Vollversammlung wurden die kriegerischen Auseinandersetzungen jedoch wieder eingestellt. Nasser trieb im übrigen den Zusammenschluß von Syrien und Ägypten zur Vereinigten Arabischen Republik (VAR) voran, die allerdings nur wenige Jahre Bestand hatte.

Im Jahr 1960 begann man in Ägypten mit der Agrarreform und entwickelte einen ersten Fünfjahresplan, der die Überführung industrieller Großbetriebe, Banken und Versicherungen in Staatseigentum vorsah. 1964 erklärte man den Islam zur Staatsreligion. Im Sechstagekrieg 1967 verlor Ägypten die Sinai-Halbinsel an Israel; die Suezkanalzone wurde von den Israelis besetzt und der Kanal selbst blockiert. 1970 starb Nasser. Nachfolger wurde sein bisheriger Stellvertreter Anwar es-Sadat. Der Jom-Kippur-Krieg im Oktober 1973 führte zu einem teilweisen Rückzug der Israelis von der Sinai-Halbinsel und vom Suezkanal, der erst 1975 wieder eröffnet werden konnte. Die 1974 beschlossene Öffnung zum Westen führte 1976 zur Kündigung des Freundschaftsvertrags mit der UdSSR.

Die von Sadat angestrebte Aussöhnung mit Israel fand im November 1977 bei der historischen Reise Sadats nach Jerusalem statt. Im März 1979 unterzeichneten beide Staaten den Friedensvertrag; 1980 wurden Botschafter ausgetauscht. Aufgrund dieser Versöhnungspolitik wurde Ägypten aus der Arabischen Liga ausgeschlossen. Auf die Zusammenstöße zwischen moslemischen Fundamentalisten und Kopten reagierte Sadat mit Massenverhaftungen; das Oberhaupt der koptischen Kirche, Schenouda III., wurde 1981 in das Kloster Deir es-Suryan im Wadi Natrun verbannt. Im Oktober 1981 wurde Sadat das Opfer eines Mordanschlags. Nachfolger ist der bisherige Vizepräsident Mubarak. Um die Unruhen unter Kontrolle zu bringen, verhängte er den Ausnahmezustand. 1982 räumte Israel die noch besetzten Teile des Sinai, wie im Friedensvertrag vereinbart. 1984 fanden die ersten freie Wahlen seit 1952 statt. Schenouda III. durfte Anfang 1985 sein Exil wieder verlassen und kehrte nach Kairo zurück.

Die innenpolitische Situation hat sich seitdem nicht entschärft. Aufgrund der schlechten Wirtschaftslage und der Probleme mit den islamischen Fundamentalisten trat im November

1986 die ägyptische Regierung zurück. Das neue Kabinett wurde unter dem Ministepräsidenten Atef Sidgi vereidigt. Derweil blieben die innenpolitischen Streitigkeiten bestehen, und eine Polarisierung zwischen orthodoxen Muslimen und eifernden Kopten war unübersehbar, besonders in den mittelägyptischen Hochburgen des Islam zwischen el-Minya und Assiut. 1993 kam es zu Massenverhaftungen islamischer Extremisten, und ein Ende der Auseinandersetzungen ist bis jetzt nicht abzusehen, im Gegenteil: Übergriffe auf Touristen nahmen bis 1994 zu, die das Ziel hatten, die Einnahmen aus dem Fremdenverkehr zum Versiegen zu bringen, um bei zunehmender Verarmung der Bevölkerung der extremenen Glaubensrichtung zum Durchbruch zu verhelfen.

Luxor, Karnak, Theben-West

Wenn die Alten Ägypter Theben meinten, sprachen sie von
›Waset‹, gelegentlich auch nur von ›Niut‹, was nichts anderes
bedeutet als ›Stadt‹. So verfuhren ja auch die Römer, wenn sie
mit ›Urbs‹ ihre Hauptstadt Rom bezeichneten. Das ägyptische
Wort ›Niut‹ ist übrigens im hebräischen Alten Testament als
›No‹ überliefert.

Vom Begriff ›Waset‹ als Namen Thebens erfahren wir erstmals zu Beginn der 11. Dynastie. Allerdings sind wir über die
damaligen Ereignisse in der thebanischen Region nur schlecht
unterrichtet. Bis zu dieser Zeit war Memphis im Norden des
Lands – etwa 30 km südlich der heutigen Metropole Kairo –
die Hauptstadt des Pharaonenreichs, und über sie erfahren wir
aus dem Alten Reich sehr viel. Erst zu Beginn des Mittleren
Reichs wurde Theben zur ägyptischen Hauptstadt.

Sprach man nun von Waset, meinte man damit zunächst allerdings noch nicht die Stadt selbst, sondern den vierten der insgesamt 22 oberägyptischen Gaue, und dieser erstreckte sich damals
vom nördlichen Khizam bis Gebelen im Süden. Jeder ägyptische
Gau hatte eine eigene Hauptstadt, und das Zentrum des thebanischen Gaus war Hermonthis, das heutige Armant, rund 15 km
südwestlich von Luxor auf dem Westufer des Nils gelegen. Das
besondere Gauzeichen des thebanischen Gaus war ein Zepter,
und so nannte man diesen Gau auch den ›Zeptergau‹.

Aus der Zeit vor der Gründung der Hauptstadt in der 11. Dynastie wissen wir über Theben recht wenig. Ein Grund hierfür ist, daß die Geschicke des Lands seit über 1000 Jahren vom etwa 750 km weiter nördlich gelegenen Memphis aus geregelt wurden. In seiner Blütezeit war Theben, das sich weitläufig auf beiden Nilufern erstreckte, eine dicht besiedelte Stadt, wobei sich die genaue Zahl der Einwohner heute nicht mehr feststellen läßt. Auf dem Ostufer spielte sich das aktive Leben der Großstadt ab, auf dem Westufer bestattete man die Verstorbenen.

Heute ist die mächtigste Metropole der Alten Welt verfallen, und übriggeblieben sind auf dem östlichen Ufer die Orte Luxor und Karnak, während sich im einstigen Friedhofsbezirk im Westen zahllose Einheimische niederließen, die teils Gräber in Wohnstätten umfunktioniert, teils simple Behausungen oder stabile Häuser in deren Nähe errichtet haben und dankbar für jeden Touristen sind, an dessen Wohlstand man teilzuhaben hofft. Den modernen Namen Luxor erhielt die Stadt nach dem von den Römern hier errichteten Lager (*castrum*), das später in das Land eingedrungenen Arabern el-Uqsur genannt wurde, woraus die moderne Bezeichnung Luxor entstand. Wie die Stadt einst zu dem Namen Theben kam – denn ägyptisch ist dieses Wort ja nicht – bleibt unklar; wir wissen nur, daß der Name von den Griechen stammt.

Der Verwaltungsbezirk Luxor ist in vier Zonen gegliedert: Nördlicher, südlicher, östlicher und westlicher Bereich, und jeder untersteht einer eigenen Bezirksverwaltung. Im westlichen Bezirk – heute Theben-West oder Westbank genannt – liegen von Nord nach Süd die Dörfer et-Tarif, es-Samman, el-Asasif, el-Chocha, Scheich Abd el-Qurna und Qurnet Murai. Sie werden vom Luxor City Council West Quarter in Neu-Qurna betreut und stehen unter der Verwaltung des City Council Luxor mit Sitz an der Corniche el-Nil. Die Zahl der Einwohner beträgt derzeit in Luxor, Karnak und Theben-West insgesamt etwa 110 000 Personen, davon sind etwa 45 000 Kopten. Luxor hat keine eigene Industrie; der Ort lebt fast ausschließlich vom Tourismus und gilt als Zentrum des oberägyptischen Fremdenverkehrs.

Das Klima ist zu jeder Jahreszeit erträglich. Wenn es auch im Sommer sehr heiß wird, so macht doch die geringe Luftfeuchtigkeit den Tag noch halbwegs angenehm. Abgesehen von der Mittelmeerküste und dem Deltagebiet herrscht in Ägypten subtropisches Wüstenklima. Die bevorzugte Reisezeit liegt zwischen Mitte Oktober und Mitte April, doch herrscht auch dann ein starker Temperaturunterschied zwischen Tag und Nacht. Während in Alexandria und im Delta reichlich Winterregen fällt, gibt es im Süden so gut wie keine Niederschläge. Zwischen März und Mai weht der trocken-heiße Chamsin (arab. *chamsin* = 50), vergleichbar mit dem nordafrikanischen Schirokko; die Luftfeuchtigkeit sinkt dann in dem betroffenen Gebiet bis auf 2% Prozent oder weniger ab. Im Jahresdurchschnitt beträgt die relative Luftfeuchtigkeit etwa 32% (in Kairo ca. 50%). Nicht ungefährlich ist der Sobaa, ein bis zu 3 Tage anhaltender Wirbelsturm, der zur sogenannten ägyptischen Finsternis führt. Der Reise- und Flugverkehr ist dann meist unterbrochen.

Monatliche Tiefst- und Höchsttemperaturen (Nacht- und Tageswerte im Durchschnitt)				
in °C	Luxor	Alexandria	Kairo	Aswan
Januar	5,5 – 23	9,5 – 18	8,5 – 19	8 – 23,5
Februar	7 – 25,5	10 – 19	9,5 – 20,5	9,5 – 26
März	11 – 29	11 – 21	11,5 – 23,5	12,5 – 30
April	15,5 – 35	13,5 – 23,5	14 – 28	17 – 35
Mai	21 – 39	17 – 26,5	17,5 – 32,5	21 – 38,5
Juni	22,5 – 40,5	20,5 – 28	20 – 34,5	24,5 – 42
Juli	23,5 – 41	23 – 29,5	21,5 – 35,5	24,5 – 41
August	23,5 – 41	23 – 30,5	21,5 – 35,5	24,5 – 41
September	21,5 – 39	21,5 – 29,5	20 – 32	22,5 – 39,5
Oktober	18 – 35	18 – 27,5	18 – 30	19,5 – 36,5
November	12,5 – 29	15 – 25	14 – 21	14,5 – 30
Dezember	8 – 25	11 – 20,5	10,5 – 20,5	10 – 25,5

Man erreicht Luxor auf verschiedenen Wegen: Auf dem Wasserweg machen die Touristenschiffe direkt an der Niluferpromenade, der Corniche el-Nil, fest, und von dort genießt man einen unvergeßlichen Blick auf die Tempelanlage von Luxor.

Mit dem Flugzeug landet man, aus München, Frankfurt, Kairo oder Aswan kommend, auf dem etwa 15 km östlich gelegenen Flughafen. Bei der Einreise aus Deutschland, Österreich und der Schweiz werden Reisepaß und Visum verlangt. Der Paß muß noch mindestens 6 Monate gültig sein. Nach der Ankunft in Ägypten muß er innerhalb von 48 Stunden dem zuständigen Registrierungsamt vorgelegt werden, was üblicherweise von der Hotelrezeption erledigt wird. Das Touristen-Visum (gültig für 3 Monate) erhält man bei der Einreise am Flughafen. Am Schalter in der Ankunftshalle Luxor kostet die Visummarke derzeit 7 £E (rund DM 3,50, Stand März 1994). Und bei der Ankunft bitte noch auf die Uhrzeit achten: Hier gilt die Osteuropäische Zeit (OEZ). Die Uhr ist gegenüber der Mitteleuropäischen Zeit (MEZ) im Winter um eine, im Sommer um zwei Stunden vorzustellen.

Mit dem Zug – man fahre möglichst erster Klasse und benutze den modernen Nachtexpress mit Schlafwagenabteilen (zwei Betten übereinander) – aus Kairo bzw. Aswan kommend, steigt man am nur etwa zehn Gehminuten vom Nil entfernten Bahnhof aus. Hier empfangen uns nicht nur Busse und Taxen, auch Kutschen stehen zur Abholung bereit, darüber hinaus etliche Fremdenführer, Dragomane, die uns mit ihren Angeboten geradezu überhäufen. Dabei rufen sie in allen nur denkbaren Sprachen, Hauptsache, man reagiert auf irgendein Wort.

Über die Autobahn schließlich, jene Hauptverkehrsader, die Kairo mit Aswan verbindet, erreicht man Luxor nach 680 km mit dem PKW oder dem Bus.

Die Stadt Luxor macht heute einen gepflegten Eindruck. Wer vor 15 oder 20 Jahren einmal hier war, sieht die positiven Veränderungen der letzten Jahre am deutlichsten. Kein Schmutz mehr auf den Straßen, kein ungepflegtes Nilufer, sondern überall ein emsiges Bemühen um Ordnung. Schon früh am Morgen, wenn der Muezzin gerade das erste Mal zum Gebet ruft, tauchen die ersten Straßenfeger in ihren blauen Overalls auf und reinigen die Straßen und Gehwege. Und gleich nach Sonnenaufgang öffnen die Bazars ihre Läden, um auch dem frühaufstehenden Touristen seine Einkäufe zu ermöglichen.

Auf der hell gepflasterten Uferpromenade mit ihren vielen Sitzgelegenheiten harren die Felukka-Besitzer und warten auf Kundschaft; die Auswahl der Boote ist enorm, und ein Aushandeln des Fahrpreises unerläßlich. Gern wird eine Bootsfahrt zur nahegelegenen Bananeninsel angeboten. Für einen Rundgang über die Insel mit Rast inmitten hoher Stauden und Verzehr der dort angebotenen Bananen (Preis und Bakschisch sind bisweilen beeindruckend) rechnet man etwa eineinhalb Stunden. Noch lieblicher ist ein Felukka-Ausflug zur Krokodil-Insel mit dem dort inmitten einer wahren Oase der Ruhe liegenden Mövenpick-Hotel; wer einmal dort auf der Nil-Terrasse dieses Hotels gesessen und gar bei einem Eiskaffee den Untergang der immer größer werdenden, glutroten Sonnenscheibe jenseits des Nil erlebt hat, wird sich wünschen, bald an diesen Platz zurückzukehren.

In Luxor gibt es Hotels in allen Kategorien, von sehr einfach bis luxuriös, in allen nur denkbaren Lagen von sehr ruhig bis sehr laut, kurzum, für jeden Geschmack und Geldbeutel findet sich sicher ein geeignetes. Die guten Hotels liegen durchweg an der Corniche, während die einfacheren in der Regel in den Nebenstraßen zu finden sind.

Die Hotelkategorien können nicht immer mit unseren verglichen werden: Ein 5-Sterne-Hotel in Ägypten muß nicht einem deutschen Hotel mit gleicher Sternezahl entsprechen; vielleicht käme man bei der ägyptischen Unterkunft dann nur auf drei. Am ehesten werden das Mövenpick sowie das Hilton und Sheraton ihren fünf Sternen gerecht.

Das Speiseangebot reicht in den Hotels von interkontinental (mit Möhren, Kartoffeln und Schnitzel kann man auch bei empfindlichen Essern nichts falsch machen) über orientalische Gerichte (Shesh kebab, Foul, Kofta) bis hin zu ausgefallenen Speisen: chinesisch, italienisch (Pizza ist neuerdings der große Renner) oder griechisch.

Wer indes nicht das Hotelessen einnehmen, sondern auch einmal einheimische Kost probieren möchte, dem sei die ägyptische Küche mit ihrem orientalisch-arabischen Charakter empfohlen. Die Speisen sind kräftig gewürzt, oft fett, gelegentlich recht süß. Die Gewürze Nelken, Zimt, Ingwer, Safran, Sesam, Kreuzkümmel, Koriander, Muskat, Knoblauch und diverse Feldkräuter sind typisch für diese Küche. Eine wichtige Rolle spielen Eier, Bohnengerichte, Geflügel, Lamm- und Hammelfleisch, auch Kalbfleisch, während Schweinefleisch aus religiösen Gründen nicht verzehrt wird.

Eine typisch ägyptische Speisekarte

Vorspeisen
Falafil – Klößchen aus gehackten Bohnen, Zwiebeln, Salz, Pfeffer, Piment

Tamija – in Olivenöl gebratene Bouletten aus gemahlenen Bohnen, mit Knoblauch gewürzt

Tehina – Sauce aus gemahlenem Sesam, Knoblauch und Salz, paßt sehr gut zu Salaten

Hauptgerichte
Fatta – gekochtes Lammfleisch, mit Reis und Fladenbrot serviert

Hamam mahschi – gegrilltes Täubchen

Kebab – geröstete Lammfleischstückchen, mit viel Petersilie garniert

Kofta – gegrillte Hackfleischbouletten (auch als Vorspeise)

Mussaka – Auflauf, der aus Auberginenscheiben, Tomatenscheiben und einer Hackfleisch-Reislage besteht

Nachspeisen
Baqlawa – süße Pastete aus Sirup, Honig, Mehl, Mandeln, Nüssen, Pistazien und Ingwer

Om Ali – in Milch gekochte Kokosraspeln, Nüsse, Rosinen, Zucker

Für Liebhaber ägyptischer Speisen ist das typisch ägyptische gemütliche Restaurant ›Abou Hagger‹ (El-Manshia, Tel. 38 63 06) mit breitem Angebot, bester Qualität und günstigen Preisen ein heißer Tip! Für gehobenere Ansprüche empfiehlt sich etwa das Green Palace Restaurant (Karnak Tempel Street, Tel. 37 35 94) mit auf Tourismus getrimmtem Ambiente bei umfangreichem Angebot. Exellent ist derzeit auch das ›Class Restaurant‹ (Khaled Ibn el-Walid, Tel. 38 63 27, nur wenige Meter vom Isis-Hotel entfernt). Wer einmal ganz schnell und einfach die ägyptische Küche ausprobieren möchte, dem sei das ›Amoun Restaurant‹ (Port Said Street) empfohlen, das sich durch seine äußerst günstigen Preise bei wirklich guter Qualität auszeichnet, desgleichen das nur wenige Meter entfernte Restaurant ›Abu el-Hassan el-Shazly‹ (unmittelbar neben der Polizei-Station).

Wer gern einmal zu Hause die leckeren Kofta-Bällchen probieren möchte, hier das Rezept:

Kofta – Hackfleischbällchen

Zutaten für 4 Personen:
3 Scheiben trockenes Brot
ca. 125 g Butter
1 gestrichener Teelöffel Cayenne-Pfeffer
1 Eßlöffel gehackter Dill
2 Eier
500 g Hackfleisch
3 Eßlöffel geriebener Käse
2 Zehen gehackter Knoblauch
1/2 Teelöffel weißer Pfeffer
3 Teelöffel Salz
1/4 l weißer Traubensaft
2 gehackte Zwiebeln

> *Zubereitung:*
> Brot in einem Teil des Traubensaftes einweichen und mit der Hand ausdrücken. Fleisch mit dem Brot, dem weißen Pfeffer, Knoblauch, Käse, Salz, Cayenne-Pfeffer, Dill und den Eiern sorgfältig vermischen.
>
> Handflächen mit dem restlichen Traubensaft befeuchten und aus der Fleischmasse kleine Bällchen formen.
>
> Butter in der Pfanne erhitzen und Bällchen hineinlegen. Bei schwacher Hitze schmoren, bis die Bällchen (nach etwa 15–20 Minuten) goldbraun sind.
>
> *Dauer der Zubereitung:*
> etwa 30 Minuten

Man trinkt in der Regel Wasser (*mayye*), Kaffee (*qahwa*) oder Tee (*schay*), doch für Touristen gibt es auch Stella-Bier aus der Kairoer Brauerei, wenngleich alkoholische Getränke in diesem islamischen Land verpönt sind. In den Hotels gibt es auch ägyptischen Wein: den weißen trockenen Gianaclis, den weißen halbtrockenen Cru des Ptolemées, den trockenen Rosé und den roten trockenen Omar Khayyam.

Die im folgenden genannten Straßennamen sind übrigens mit Vorsicht zu genießen: Die Straßenschilder – wenn solche überhaupt vorhanden sind – zeigen das arabische Wort; manchmal steht darunter oder daneben die englische, bisweilen die französische Bezeichnung, und die weicht von der heute gebräuchlichen ab. Da hilft also oft nur Durchfragen. Auf dem Westufer ist man neuerdings dazu übergegangen, bekannte Namen wie etwa Deir el-Bahari oder Deir el-Medine touristenfreundlicher zu gestalten und ins Englische zu übersetzen: So liest man jetzt auf den Verkehrs- und Hinweisschildern plötzlich el-Bahari Monastery bzw. el-Medine Monastery und fragt sich, wo das Kloster liegen mag, das es dort gar nicht (mehr) gibt.

An der Corniche liegt das Krankenhaus aus dem Jahr 1918 mit über 100 Betten. Schwerpunkt liegt hier bei der Behandlung der weitverbreiteten Augenkrankheiten und Lungenleiden. Ein ganz neues und modern ausgestattetes Krankenhaus liegt in

Höhe des Hotels Bella Donna (Club Mediterranee), d. h. von hier aus etwa 500 m Luftlinie in östlicher Richtung. Die ärztliche Versorgung ist nicht nur in den beiden Krankenhäusern gewährleistet, auch im Ort haben sich viele Ärzte niedergelassen und kommen auf Anruf ins Hotel. Die Apotheken (z. B. die beiden in der Bahnhofstraße oder in der Port-Said-Straße) bieten ein breit gefächertes Sortiment an Medikamenten.

Selbst eine Tierklinik gibt es mitten im Herzen von Luxor, und zwar das Brooke Hospital for Animals. Die Initiative zur Errichtung dieses Hospitals geht in die frühen 30er Jahre zurück: Als General Geoffrey Brooke in Begleitung seiner Frau Dorothy Kairo aufsuchte, war Frau Brooke von dem jämmerlichen Zustand der Pferde in den Straßen von Kairo dermaßen erschüttert, daß sie einen Fonds einrichtete, um jene Tiere zu pflegen. Aus ihrem Engagement ging dann 1934 in Kairo das Brooke Hospital for Animals hervor; das in Luxor entstand erst 32 Jahre später und wurde 1966 eingeweiht. Die Behandlung ist hier wie in Kairo kostenlos.

An der Uferstraße finden wir die Nationalbank sowie andere Banken, Reisebüros (das staatliche Misr Travel oder Thomas Cook), Antiquitätenläden und diverse Geschäfte.

In der Karnak-Straße stehen drei christliche Kirchen: eine katholische mit Franziskanerschule für Jungen, etwa 300 m weiter gen Norden eine protestantische und ganz in der Nähe die koptische Marien-Kirche. Insgesamt gibt es derzeit acht christliche Kirchen in Luxor (Gottesdienste in der katholischen und Franziskaner-Kirche in der Regel freitags und sonntags jeweils 7.30, 9.00 und 18.00 Uhr; der Gottesdient am Sonntag um 7.30 Uhr wird in Arabisch abgehalten, zu den übrigen Zeiten bisweilen in Englisch oder auch Italienisch). Der Gottesdienst in den koptischen Kirchen (d. h. koptisch-orthodoxen) findet sonntags bereits um 5.00 Uhr morgens statt, damit die Berufstätigen noch vor Beginn der Arbeitszeit die Möglichkeit zur Teilnahme am Gottesdienst haben. Dieser Frühgottesdienst dauert eine gute Stunde; zu den übrigen Zeiten (z. B. sonntags 13.00 Uhr) dauert er zwei bis zweieinhalb Stunden, an hohen Festtagen auch vier Stunden. Wer über Weihnachten in Ägypten weilt, darf sich nicht wundern, daß die Kopten wie die grie-chisch-orthodoxen Christen das Weihnachtsfest erst am 6./7. Januar feiern (ihre Zählung folgt dem julianischen Kalender).

Kirchen in Luxor 1994:

Koptische Kirchen	Sonstige Christliche Kirchen
Marien-Kirche Kirche des hl. Antonius Kirche des hl. Georg Kirche des hl. Michael	Adventisten-Gemeinde Evangelische Kirche Franziskaner-Kirche Katholische Kirche

Bücherfreunde seien verwiesen auf die Buchläden an der Corniche zwischen Luxor-Tempel und Old Winter Palace. Ein breites Angebot an deutscher, englischer und französischer Literatur findet man im Bookshop von Aboudi im Tourist Ba-zar neben dem Winter Palace Hotel. Wenige Meter weiter liegt der Bookshop von Gaddis mit ebenfalls reichhaltiger Auswahl in verschiedenen Sprachen. Die Läden öffnen meist morgens um 8.00 Uhr und schließen frühestens um 20.00 Uhr oder erst um 23.30 Uhr; sie sind täglich geöffnet, bleiben aber freitags, am ›Sonntag‹ der Muslime, geschlossen – sofern nicht ein Kopte den Laden betreibt (der statt dessen sonntags, einem is-lamischen Werktag, geschlossen hat).

Auf der Suche nach Souvenirs kommt man natürlich nicht um den Bazar herum; er beginnt am Anfang der Bahnhofstraße und zieht sich etwa parallel zur Niluferstraße hin. Hier findet man alles, was das Herz begehrt. Kamelsättel und Lederwaren aller Art, Wasserpfeifen, Teppiche und schließlich in Fülle Messing-, Kupfer-, Gold- und Silberwaren. Etwas weiter surren die alten Singer-Nähmaschinen und fertigen im Handumdrehen eine Galabiya, das Tagesgewand der Ägypter; auf Wunsch kann man sich sein Gewand auch schneidern lassen: Maß neh-men lassen, einen Tag warten (für besonders eilige Gäste rei-chen auch zwei bis drei Stunden), und schon ist das Pracht-stück fertig! Dazwischen tummeln sich Gemüse- und Obst-

Moschee des Abu'l-Haggag

händler; mit dem Ruf »Safran macht den Kuchen gel« lenkt ein Gewürzverkäufer die Aufmerksamkeit auf sich und seinen bunten Stand.

Ein Treffpunkt ganz besonderer Art ist das neu eröffnete Visitors Centre (Besucherzentrum) an der Corniche gegenüber dem Luxor-Tempel/Mina-Hotel. Es ist in die neue Kai-Anlage eingebaut; Treppenstufen aus feingeschliffenem Rosengranit aus Aswan führen in die tiefergelegenen Räumlichkeiten. Hier ist alles äußerst schick hergerichtet. Dieses Centre ist eine Einrichtung des ägyptischen Tourismus-Ministeriums in Zusammenarbeit mit dem staatlichen ägyptischen Reisebüro Misr Travel. Ziel und Zweck dieser Anlage ist, dem Ägyptenreisenden die kulturellen Besonderheiten des Landes näherzubringen. Dort findet sich etwa ein kleines, für den Touristen hervorragend gestaltetes archäologisches Museum mit Replikaten (im Vergleich zum Original teilweise stark vergrößert), deren Originale im Museum von Kairo zu finden sind, beispielsweise zwei Sarkophage des Tutanchamun, dessen Goldmaske oder Anubis auf einem vergoldeten Schrein. Direkt hinter diesem Museum liegt das klimatisierte Filmtheater, in dem man jederzeit eine 15 Minuten lange Diaschau über das alte Theben mit seinen Tempeln und ausgewählten Gräbern sehen kann. Eine Simultanübersetzung in sechs Sprachen (Arabisch, Deutsch, Englisch, Französisch, Italienisch, Spanisch) sorgt dafür, daß man den Kommentar versteht. Darüber hinaus gibt es hier unten einen gut sortierten Buchladen, der von der bekannten Verlagsgesellschaft el-Ahram betrieben wird. Schließlich ist noch ein Video-Raum zu nennen, in dem man sich Video-Bänder ausleihen, kaufen oder ansehen kann. Last but not least müssen unbedingt die beiden Restaurants mit ihrem herrlichen Nilblick erwähnt werden.

Wer es zeitlich einrichten kann, sollte unbedingt einige Moscheen besuchen, zumindest jedoch die Moschee des Abu'l-Haggag auf dem Tempelgelände von Luxor.

Für Naturliebhaber ist Luxor ein wahres Eldorado. Allein 280 Vogelarten kann man hier beobachten, unter ihnen rund 150 einheimische Arten. Schließlich ist das Niltal eine der wichtigsten Stationen für Zugvögel. Schon im August sieht man sie in Scharen gen Süden ziehen, andere wiederum, die aus dem Norden kommen, lassen sich hier nieder und überwintern. Bis zum Dezember etwa kann man die Ankunft der Vögel sehen, während sie sich in den Monaten März und April wieder auf den Heimweg machen; einige Nachzügler brechen auch erst im Juni auf. Ein besonders auffälliger Vogel ist der Kuhreiher (*Bulbulcus ibis*), oft einfach Ibis genannt. Er ist schneeweiß, hat aber zur Brutzeit an Brust, Kopf und Rücken hellbraune Federn. Bei den ägyptischen Bauern, den Fellachen, ist er besonders beliebt, denn er frißt mit Vorliebe Pflanzenschädlinge; sie nennen ihn deshalb Abu Qirdan, »Vater der Zecken«. Wir sehen die Kuhreiher auf den Feldern oder in Brutkolonien.

Kuhreiher

Altägyptische Darstellung einer Palme und einer Nilakazie

Oft sitzen sie auch auf hohen Bäumen, und aus der Ferne meint man, einen weißblühenden Baum zu erblicken.

Auch die Pflanzenwelt besticht durch ihren Reichtum. Allerdings sind unter den vielen Arten nur noch wenige Einheimische zu finden, die meisten kommen inzwischen entweder aus dem mediterranen Raum oder aus Übersee. Eine der wenigen einheimischen Arten ist die Nilakazie (*Acacia nilotica*), ein gelbblühender Hülsenfrüchtler, mittelgroß, mit tiefgrünem Laub, weit ausladenden Zweigen und hartem Holz. Die Nilakazie läßt sich von anderen Akazienarten am besten durch ihre sonderbaren Schoten, die wie aneinandergereihte Perlen an einer Kette aussehen, unterscheiden.

Der auffällige, bis zu 50 m hohe Eukalyptus-Baum (*Eucalyptus rostrata*), den man in verschiedenen Arten antrifft, kam erst im vorigen Jahrhundert von Australien nach Ägypten; er zählt zu den höchsten Bäumen auf Erden. Dieser Baum wächst sehr schnell; seine Rinde ist glatt und gefleckt, das Holz hart, termitensicher und widerstandsfähig. Die Blätter hängen herab und sind lanzenförmig. Alle Teile des Baumes enthalten ätherische Öle; die Öltröpfchen in einem Blatt kann man erkennen, wenn man es gegen Licht hält. Das Öl wird u. a. in Hustenpastillen, zu Kampfer, Massageöl oder auch zu Insektenmitteln verarbeitet.

Aus Madagaskar kommt der 15 m hohe schirmförmige Flamboyant (Flammenbaum, *Delonix Regia*). Arabische Händler brachten ihn im Mittelalter über Ostafrika nach Ägypten. Im Mai blüht er karmesinrot, noch ehe sich seine gefiederten Blätter entwickelt haben.

Die Dattelpalme bedarf wohl keiner besonderen Erwähnung, vorgestellt werden soll jedoch die Königspalme (*Roystonea robusta*). Sie kommt aus der Karibik. Bemerkenswert ist der glat-

Altägyptische Darstellung
von Dattelpalmen

te, hellgraue Stamm. In der
Mitte ist er etwas ange-
schwollen, verjüngt sich
dann aber nach oben hin zu
einem grünen Schaft und
geht in die Krone mit
ihren langen Wedeln. Alle
Königspalmen in Ägypten stammen von einer einzigen ab, die
vor über 100 Jahren in Kairo auf der Nilinsel Roda angepflanzt
wurde. Die Palme beginnt erst nach über 20 Jahren zu blühen.

Wenn man Ihnen einen rubinroten Karkade zum Trinken an-
bietet, so ist dies nichts anderes als der bekannte Malventee.
Dabei werden die getrockneten roten Kelchblätter der Hibis-
kuspfanze (*Hibiscus sabdariffa*) aufgekocht. Den Tee genießt
man heiß oder kalt. Die Pflanze ist von Afrika bis Vorderindien
verbreitet. Sie gedeiht gut in Oberägypten, doch den Tee berei-
tet man bevorzugt aus der sudanesischen Pflanze.

Der Papyrus war seit Beginn der ägyptischen Geschichte das
Wappenzeichen Unterägyptens. Die 2–3 m hohen Stiele verwendete man für Matten, Körbe, San-
dalen und Boote, besonders aber zur
Herstellung von Schreibmaterial (Pa-
pyrusrolle). Die Papyrusrollenherstel-
lung blühte bis ins 10. Jh. n. Chr., als
sie durch das Papier aus China ver-
drängt wurde. Der Papyrus gedeiht in
sumpfigen Gewässern; in Luxor sieht
man ihn gelegentlich als Zierpflanze
in Gärten oder Hotelanlagen.

Papyruspflanze

Lotos (*Lotos nelumbo*) ist eine
Wasserpflanze, deren große, schild-
förmige Blätter aus dem Wasser ra-
gen. Sie entspringen einem waage-
rechten, eßbaren Wurzelstock. Die

Blüten sind langstielig, bis zu 35 cm hoch, und sie haben zahlreiche Kron- und Staubblätter. Die Früchte bestehen aus mehreren Nüßchen. Der Lotos spielte in der ägyptischen Geschichte immer eine wichtige Rolle, galt er doch als Sinnbild der Regeneration. Er fehlt bei keiner Bestattung und bei keinem Opfer. Mit dem Papyrus symbolisierte er Ober- und Unterägypten.

Das Museum

An der Corniche el-Nil liegt auch das Museum. Dieses Museum für altägyptische Kunst ist noch recht jung: Im Jahr 1975 wurde es eröffnet und beeindruckt v. a. durch die großzügige Aufteilung und die hervorragend plazierten Ausstellungsstücke, die aus der Zeit vor der Reichseinigung (um 3200 v. Chr.) bis zur Mamlukenherrschaft (13.–16. Jh.) stammen. Der Großteil dieser Stücke kam bei den Ausgrabungen in Karnak, Luxor und Theben-West ans Tageslicht. Auch die erst jüngst in der Cachette des Luxor-Tempels gefundenen Stücke sind hier ausgestellt.

Aus dem Alten Reich besticht das Relief aus dem Felsgrab des Beamten Unas-anch, der ›königlicher Zeremonienmeister, Statthalter des Südens und Verwalter der beiden Kornspeicher‹ war; er lebte in der 6. Dynastie und hatte sein Grab in Scheich Abd el-Qurna (El-Chocha) anlegen lassen. Aus dem Mittleren Reich finden sich die in Karnak geborgenen Plastiken von König Mentuhotep I., II. und III., Sesostris I. und III. sowie die des Wesirs Mentuhotep, Schreiber am Königshof.

Der Großteil der Funde aus dem Neuen Reich stammt aus der 18. Dynastie. Besonders sehenswert ist die rundplastische Figur von Thutmosis III.

Zu den wertvollsten Ausstellungsstücken zählen die im Obergeschoß präsentierten sogenannten Talatat-Blöcke (d. i. arab. = drei Handspannen breit). Hierbei handelt es sich um Sandsteinblöcke (54 cm lang, 27 cm breit und 23 cm hoch) aus Heiligtümern, die Amenophis IV. (Echnaton) in Karnak errichten ließ. 20 Jahre nach Echnatons Tod ließ Haremhab dessen Tempel abreißen und die Steine beim Bau des 9.

Pharao Thutmosis III.

Pylons in Karnak als Füllmaterial verwenden. Mittlerweile haben ägyptische, amerikanische und französische Wissenschaftler diesen Pylon völlig zerlegt und etwa 50 000 Blöcke aus den Heiligtümer bergen können. Sie zeugen von großartigen farbigen Wandkompositionen in eingetieftem Relief. Aus einer Vielzahl von Blöcken konnte fast die gesamte Wand eines Heiligtums von Amenophis IV. rekonstruiert werden, die jetzt im Obergeschoß des Museums zu besichtigen ist.

Geöffnet ist das Museum im Sommer täglich von 9.00–13.00 und von 15.00–22.00 Uhr, im Winter von 9.00–13.00 und von 16.00–21.00; während des Fastenmonats Ramadan ist es nur von 9.00–15.00 Uhr geöffnet.

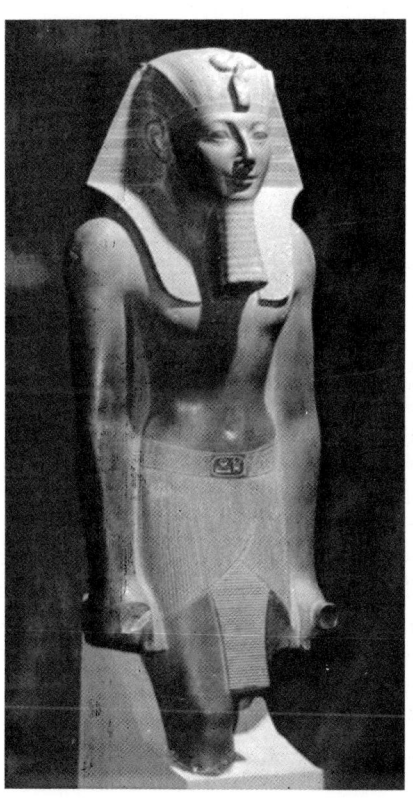

Die Tempel

Die erste große Tempelanlage in Theben errichtete der Pharao Mentuhotep I. zu Beginn des Mittleren Reichs vor der gewaltigen Felskulisse im Tal von Deir el-Bahari. In seinem Grundriß

Lageplan der Tempel

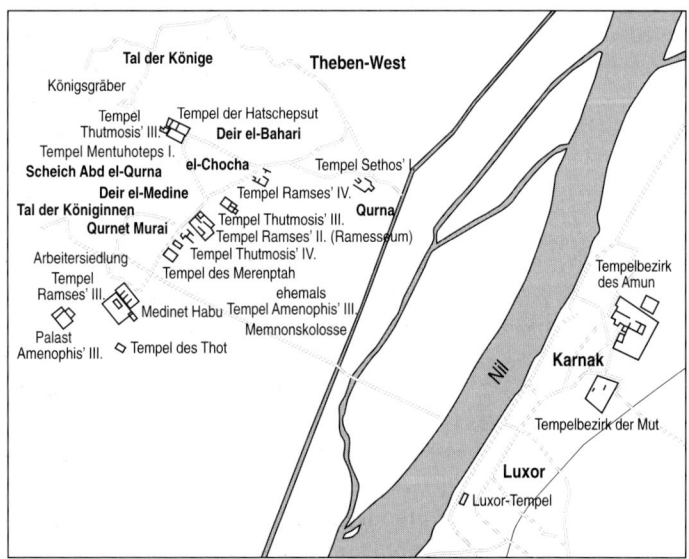

ähnelt dieser Komplex schon stark den dreigliedrigen Tempelanlagen, die im Neuen Reich nach einem einheitlichen Plan gebaut wurden, der bis zum Untergang des Pharaonenreichs verbindlich blieb. Mit Hof, Säulensaal und Sanktuarium bildet die
Anlage einen in sich geschlossenen Bereich; sein ›Säulensaal‹
mit 82 oktogonalen Pfeilern von jeweils 3,30 m Höhe ist der älteste bekannte in Ägypten.

Weitere Tempelbauten aus den Anfängen Thebens sind nicht
auf uns gekommen. Allerdings legte man in dieser Erneue-
rungszeit, als Theben zur Hauptstadt des ägyptischen Reichs
erhoben wurde, den Grundstein für den gewaltigen Amuntempel zu Karnak. Wer die Gründung initiierte, wissen wir nicht
sicher, zur Zeit der Ramessiden (19./20. Dynastie) wird als
Gründer des Karnak-Tempels jedoch mehrfach ebenfalls
Mentuhotep I. genannt.

In der 11. Dynastie erreichte die Kunst unter Mentuhotep II.
eine erste Hochblüte. In seiner nur zwölfjährigen Regierungszeit entwickelte er in dem inzwischen politisch zur Ruhe gekommenen und wirtschaftlich gesicherten Staat eine rege
Bautätigkeit. Die für das Leben der Ägypter immer wichtiger
werdenden Gottheiten benötigten neue Kultbauten, und so errichtete dieser Pharao den Tempel in el-Tod, südlich von Theben, von dem heute nur noch spärliche Überreste zu sehen sind.
Die wenigen erhaltenen Reliefs jedoch, die in das Ägyptische
Museum von Kairo sowie nach Paris in den Louvre gelangten,
sind von einzigartiger Eleganz. Im Fundament des Tempels
bargen Ausgräber vier Truhen – aus Kupfer gefertigt und mit
dem Namen des Pharaos Amenemhet II. beschriftet –, die mit
Goldstäben und Goldbarren, Silberketten und diversen Gegenständen aus Blei, Silber und Gold gefüllt waren. Feine Amulet-
te aus Kreta und Rollsiegel aus der 3. Dynastie von Ur zeugen
von engen Beziehungen zum kretischen und mesopotamischen
Raum.

Ein weiterer Tempel entstand zu dieser Zeit in Medinet Habu. Doch auch von ihm sind nur Spuren entdeckt worden, die
uns zeigen, daß es sich hier um eine kleine Anlage mit drei nebeneinanderliegenden Sanktuarien handelte, wie sie sich auch

später im Neuen Reich in den für die Göttertriade Amun, Mut und Chons errichteten Tempeln regelmäßig finden.

In der Nähe dieser kleinen Anlage ließ Mentuhotep II. auf dem Thotberg am Eingang zum Tal der Könige einen weiteren Tempel errichten, allerdings nicht aus Stein, sondern aus Nilschlammziegeln. Auch dieser Tempel zeigt die nebeneinanderliegenden Sanktuarien, die offensichtlich ebenfalls für die göttliche Triade von Karnak gedacht waren.

Einen ähnlichen Tempel aus der Zeit dieses Pharaos entdeckten die Archäologen in Esbet-Rushdi in der Nähe von Tell ed-Daba im Südwesten von Kantir am Ostrand des Nildeltas; aber auch von diesem Tempel sind nur spärliche Reste erhalten.

Mit der 12. Dynastie erreichte die Bautätigkeit der Pharaonen des Mittleren Reichs ihren Höhepunkt. Zwar sind viele Tempel durch Neubauten oder Umbauten des Neuen Reichs ersetzt worden, aber die erhaltenen Reste zeigen anschaulich die Entwicklung, die diese Bautypen zu jener Zeit erfahren haben.

Die Bautätigkeit von Sesostris I., dem zweiten Pharao der 12. Dynastie, umfaßte das ganze Land. In Heliopolis, dem geistigen Zentrum des Reichs, wo man seit der 5. Dynastie den Sonnengott Re verehrte, zeugt heute ein Obelisk inmitten des Ackerlands von dem einst berühmten Sonnentempel. Einen prächtigen Tempel scheint Sesostris I. auch in Koptos errichtet zu haben, doch ist von diesem Bau heute nichts als ein herrliches Kalksteinrelief erhalten. Auch in Theben ließ sich dieser Pharao mit einem wundervollen Bau verherrlichen, der sogenannten Weißen Kapelle im Tempelbezirk zu Karnak.

Aus den folgenden Dynastien ist in Theben so gut wie nichts an Tempelbauten erhalten. Erst seit der 18. Dynastie wissen wir wieder von größeren Bauvorhaben. Von einem Totentempel des Pharaos Amenophis I. stehen noch Reste bei der Ortschaft Dra Abu'l-Naga in Theben-West. Doch unter seinem Nachfolger Thutmosis I. setzte im ganzen Land eine rege Bautätigkeit ein. In der Hauptstadt Theben ließ er den im Mittleren Reich zu Ehren des Gottes Amun errichteten Tempel – den Amuntempel zu Karnak – durch einen großzügigen Neubau ersetzen, und die Herrscher der Folgezeit haben an dieser

Anlage weitergebaut. Von den Bauten in Karnak, die Thutmosis I. errichten ließ, haben sich allerdings nur Reste erhalten.

Anders verhält es sich hingegen mit jenem Tempel, den Hatschepsut, die Tochter von Thutmosis I., erbauen ließ, die nach dem frühen Tod ihres Ehemanns Thutmosis II. 20 Jahre lang Ägypten regierte, bis der im Knabenalter zum König erklärte Thutmosis III. an ihre Stelle trat. Hatschepsut führte die imperialistische Politik ihres Vaters nicht fort. Ihre Leidenschaft scheint sie auf die Errichtung großer Tempelanlagen gerichtet zu haben. Der Terrassentempel der Königin in Deir el-Bahari auf dem linken Nilufer gegenüber von Karnak gehört zu den großartigsten Denkmälern ägyptischer Kunst, v. a. durch die in dieser Form nie wieder erreichte Verschmelzung eines Bauwerks mit der eindrucksvollen Felsenkulisse der libyschen Gebirgskette. Farbige Reliefs, u. a. Szenen von der göttlichen Geburt der Hatschepsut und der berühmten Expedition nach Punt, schmückten die Wände der Pfeilerhallen an der Westseite des mittleren Hofes. In seinem Grundriß erinnert der Tempel an die Anlage von Mentuhotep I.

Nach dem Tod Hatschepsuts erlebte Ägypten einen gewaltigen ›Bildersturm‹. Wohl aus persönlicher Feindschaft gegen seine Vorgängerin ließ Thutmosis III. jede Erinnerung an seine Stiefmutter auslöschen. Statuen, die die Königin darstellten, wurden nach ihrem Tod zerschlagen, ihre Obelisken eingemauert und ihr Bild aus den Reliefs herausgemeißelt. Ihren Namen löschte man auf allen Wanddarstellungen, soweit er dort noch zugänglich war.

Gelöschtes Bild der
Hatschepsut im Tempel
zu Karnak

Thutmosis III. selbst legte in Karnak die Festhalle, den 7. Pylon und den Heiligen See an, und er setzte alles daran, um seine Taten zu verewigen. Auf den Tempelwänden finden wir Abrechnungen über die Tributleistungen unterworfener Völker und einen Bericht über seine siegreichen Feldzüge. Große Inschriften wurden zu »Annalen« seiner Taten, prunkvolle Gräber zeugen von der Größe des Reichs und dem ausgeprägten Selbstbewußtsein seiner Begründer und Verwalter.

Unter den Nachfolgern von Thutmosis III. blühte Ägypten weiter auf. Amenophis II. baute weiter am Karnak-Tempel und errichtete einen eigenen Tempel in Theben-West (neben dem Hotel Marsam von Scheich Ali Abd er-Rasul; das Bauwerk wird zur Zeit von einem deutschen und Schweizer Team freigelegt). Durch üppige Kriegsbeute und hohe Tributzahlungen floß dem Land unglaublicher Reichtum zu, und die materielle Kultur verfeinerte sich bis zum Äußersten. Einer der größten Bauherren der Zeit war Amenophis III. Er errichtete den 3. Pylon des Tempels zu Karnak und verwendete dafür u. a. Steinblöcke aus Anlagen seiner Vorgänger, so etwa die herrlich weißen Kalksteinblöcke der Kapelle Sesostris' I. Von seiner einst monumentalen Tempelanlage auf dem Westufer des Nils zeugen noch heute die Memnonskolosse. Sein wohl schönstes Bauwerk aber war der Tempel auf dem Ostufer des Nils in Luxor. Er war das letzte große Bauwerk vor der Amarna-Zeit und entstand in den Jahren zwischen 1402 und 1364 v. Chr. Durch eine 3 km lange Sphingenallee war er direkt mit dem großen Tempel des Amun in Karnak verbunden.

Mit der 19. Dynastie drängte die Architektur ins Kolossale, und zugleich schwanden Sorgfalt und Schönheit, während man in Malerei und Kunsthandwerk höchste Qualität erreichte. Die technischen Leistungen dieser Zeit erwecken noch heute größte Bewunderung, und die Tempel von Ramses II. wirken in ihrer Monumentalität durchaus elegant und harmonisch. Blickt man aber auf den Totentempel von Ramses III., so ist die Kolossalität ermüdend und langweilig geworden. Unter den Ramessiden stand die Gestaltung des Innenraums im Mittelpunkt des baukünstlerischen Schaffens. Dabei wurde die Papyrussäule abstrahierend verändert. Man verzichtete auf die Wiedergabe einzelner Stengel, wie sie noch 150 Jahre zuvor üblich war, und vereinfachte die Form zu einem runden, stark geschwellten Schaft als Ausdruck einer »idealistischen Monumentalität: eine Rückbesinnung auf die Ursprünge« der Architektur des Alten Reichs.

Mit Sethos I. setzte in der 19. Dynastie eine rege Bautätigkeit ein. Hiervon zeugt noch heute sein großartiger Totentempel in Abydos, der große Säulensaal zwischen dem 2. und 3. Pylon des Karnak-Tempels sowie der von ihm begonnene und von seinem Sohn Ramses II. fertiggestellte Totentempel in Scheich Abd el-Qurna. Unweit dieser letztgenannten Anlage ließ sich Ramses II. ebenfalls einen Totentempel erbauen, der unter dem Namen Ramesseum bekannt ist. Auch er sollte nicht nur dem Kult des verstorbenen Königs dienen, sondern war gleichzeitig dem Reichsgott Amun, dem Schutzgott dieser Dynastie, geweiht. Darüber hinaus hatte das Ramesseum die Funktion einer Schreib- und Malschule, es war also gewissermaßen eine Lehranstalt. Auch gab es hier einen königlichen Palast.

In der 20. Dynastie läßt der Totentempel von Ramses III. in Medinet Habu ein für das Ende des Neuen Reiches charakteristisches Merkmal erkennen, nämlich die geschlossene Außenwand, mit der die Größe der Tempelanlage betont werden soll. Die Mauern der Höfe und des eigentlichen Tempelhauses sind einheitlich zusammengefaßt, und auch dort, wo ein Pylon die Mauer durchbricht, führt man die Wand in gleicher Richtung und Höhe weiter. V. a. in den rückwärtigen Teilen übersteigt die Höhe der Außenwände teilweise bei weitem die Dachhöhe der dahinter verborgenen Räume. Der Tempel soll größer und monumentaler erscheinen, als er in Wirklichkeit ist. Auch in dieser Anlage ist ein luxuriöser Palast errichtet worden, der mit dem Tempelhof durch ein Erscheinungsfenster verbunden war.

Von den Herrschern der nachfolgenden Dynastien sind in Theben nur wenige Bauten auf uns gekommen. In Medinet Habu vollendeten die Äthiopen (25. Dynastie) eine kleine Tempelanlage aus der 18. Dynastie, indem sie diese mit einem Saal und einem Pylon versahen. Vom Kiosk des Taharka mit seinen ehemals zehn Säulen blieb in dem Hof des Amuntempels eine 21 m hohe Säule erhalten. Im Zug der Bebauung des großen Hofs hinter dem 1. Pylon des Karnak-Tempels durch die Äthiopen hatte man die Widdersphingen-Allee Ramses' II. an den Rand des Hofs versetzt und sie damit ihres ursprünglichen Sinns beraubt. Der 1. Pylon des Karnak-Tempels schließlich dürfte in der 30. Dynastie, nur einige wenige Jahre vor dem Untergang des Pharaonenreichs erbaut worden sein. Hierbei handelt es sich um den letzten, unvollendet gebliebenen Bauteil, den wohl der Pharao Nektanebos II. zusammen mit der Umwallung aus ungebrannten Nilschlammziegeln in Theben errichten ließ.

Der Luxor-Tempel

Der Tempel zu Luxor wurde unter Amenophis III. (18. Dynastie) als letztes großes Bauwerk vor der Amarna-Zeit errichtet. Er gilt als der schönste Tempelbau aus der Zeit dieses Pharaos. Baumeister dieser Anlage war Amenophis, der Sohn des Hapu. Er wurde in Athribis, dem heutigen Benha, 50 km nördlich von Kairo, geboren. Schon in jungen Jahren hatte er das höchste Staatsamt inne und war als Hofarchitekt nicht nur für diesen Bau zuständig, sondern auch für den gewaltigen Totentempel in Theben-West, vor dessen Eingang die beiden Memnonskolosse plaziert waren. Noch über 1000 Jahre nach seinem Tod verehrte man ihn als als großen Weisen, den man mit dem heiligen Apis-Stier verglich und dem griechischen Gott Asklepios gleichsetzte.

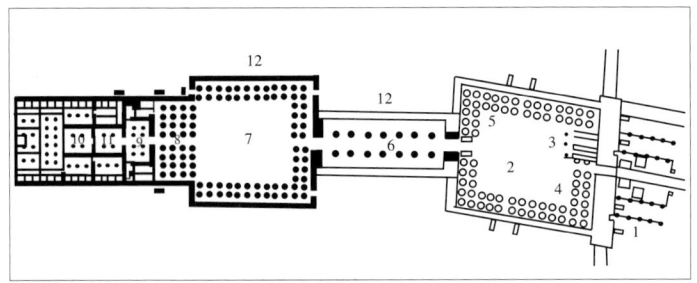

Bei den hohen thebanischen Festen war der Luxor-Tempel das Ziel feierlicher Prozessionen, bei denen Priester die Götterbilder vom Amuntempel in Karnak mit großem Gefolge auf dem Nil gen Süden brachten, wo Amun seinen südlichen Harem besuchte, um sich mit seiner Lieblingsgemahlin Amaunet zu vereinigen – ein Ritus, an den noch heute, nach über 3000 Jahren, die Wasserprozessionen am Festtag des islamischen Ortsheiligen Abu'l-Haggag erinnern. Zur Zeit der Pharaonen waren Karnak und Luxor durch eine über 3000 m lange Sphingenallee verbunden, einen gepflasterten Prozessionsweg, von dem große Teile freigelegt worden sind.

1 Während der Luxor-Tempel im wesentlichen das Werk von Amenophis III. ist, wurde der große Pylon an seinem Eingang erst unter Ramses II. errichtet. Dazwischen liegen über 100 Jahre und mit ihnen der krisenhafte Einschnitt, den die Amarna-Zeit mit Amenophis IV./Echnaton brachte. Nach Echnatons Tod setzten die Ramessiden fort, was schon in der 18. Dynastie begonnen hatte: die Hinwendung zur Wirklichkeit, zum Natürlichen, zum geschichtlichen Denken. Hierfür sind die Darstellungen auf den Außenwänden des Pylons des Luxor-Tempels ein überzeugendes Beispiel. Sie zeigen den Kampf Ramses' II. gegen die Hethiter. Zuerst die Beratung mit den Fürsten (Westwand), anschließend Ramses, wie er auf seinem Streitwagen in die Schlacht zieht. Die Ostwand zeigt die Flucht der Feinde zu ihrer Festung Kadesch, daneben die Flucht des Hethiterfürsten auf seinem Wagen. Mit diesen Schlachtenreliefs griff man die alte Vorstellung auf, daß die Tempelmauern eine symbolische Abgrenzung gegen das umgebende Chaos darstellten. Der König sicherte sie, »indem er gegen reale, das Chaos verkörpernde Feinde kämpft« (Vandersleyen).

Zugleich symbolisiert die Form des Pylons die beiden Gebirge des Niltals, zwischen denen die Sonne aufgeht. Daher wird die Plattform über dem Eingang zu einem Kultplatz, zu dem im Inneren des Pylons Treppen hinaufführen (heute sind diese nicht mehr begehbar).

Abb. 36   Plan der Anlage des Luxortempels

Von den sechs Kolossalstatuen Ramses' II., die ursprünglich vor dem Pylon aufgestellt waren, haben sich nur die beiden je 10 m hohen Sitzfiguren beiderseits des Eingangs und eine der Standfiguren (rechts außen) erhalten. Auch von den beiden Obelisken aus Rosengranit steht nur noch der östliche. Sein Gegenstück wurde nach Frankreich gebracht und 1836 auf der Place de la Concorde in Paris aufgestellt. Über den verbliebenen Obelisken links des Eingangs berichtete Fürst Pückler:

> »Ein elfjähriger Knabe erbot sich, für eine Kärie (ägyptisches Geldstück, 2,5 Franken wert) den Obelisk an diesen Hieroglyphen zu erklettern und führte das gefährliche Wagstück bis zu zwei Dritteilen der Höhe ohne Schwierigkeit aus, worauf aber der heftige Wind ihn oben so schaukelte, daß wir ihm zwei Kärie versprachen, um nur schnell wieder herunterzusteigen.«

2 Auch der 1. Hof (57x51 m) ist ein Werk Ramses' II. und entstand somit erst 100 Jahre nach den Tempelbauten von Amenophis III. Man erkennt die spätere Entstehungszeit an den wuchtigen Papyrussäulen mit ihren geschlossenen Kapitellen, eine Form, die sich zugunsten einer neuen Monumentalität vom Naturvorbild entfernt und bei der nun der glatte Schaft zugleich zum Träger von Inschriften und bildlichen Darstellungen wird.

3 Die zierliche Granitkapelle Thutmosis' III. für die Triade Amun-Mut-Chons steht in denkbar größtem Gegensatz zur Monumentalität der Bauten Ramses' II. Sie entstand fast zwei Jahrhunderte vor jenen, und Ramses II. hat diese Kapelle elegant in seine Tempelerweiterung einbezogen. Ihre zarten, kleinteiligen Papyrussäulen verdeutlichen die damals gesuchte Naturnähe (Inschriften von Ramses II.). Es gehört zu den Eigenheiten der ägyptischen Architektur, daß sich der Wechsel zwischen abstrakter, idealisierender Monumentalform und wirklichkeitsnaher, vegetabilischer Formgebung mehrmals vollzogen hat, jeweils im Abstand von Jahrhunderten.

4 Die Moschee des Abu'l-Haggag steht hinter dem linken Pylonturm und wurde dort im Mittelalter errichtet.

5 Von den Reliefs der Umfassungswände zeigt das auf der rechten Südwand den von Ramses II. erbauten Pylon mit Flaggenschmuck, Statuen und Obelisken. Von rechts (Westwand) nähert sich ihm ein Zug mit Opfertieren.

Hinzuweisen ist auf eine Reihe qualitätvoller, zwischen die Säulen gestellter Königsstatuen. Sie gehören in die Zeit Amenophis' III. Von Rames II. wurden sie usurpiert und hier aufgestellt. Die von Amenophis III. erbauten Tempelteile sind in ihren Abmessungen wahrhaft monumental, die Höhe der Säulen ist gewaltig, und doch ist die Grundhaltung, die hinter dieser Architektur steht, kein imperiales Auftrumpfen, sondern ein festliches Sichschmücken, mit dem Ziel, »die Massen der Teilnehmer auf das Göttliche hinzuleiten und in eine Stimmung religiöser Ehrfurcht zu versetzen« (Wolf).

6 Den Auftakt bildet die 52 m lange Kolonnade aus zweimal 7 Säulen von fast 16 m Höhe. Ihre glatten Schäfte enden in Kapitellen, die in schöner schwungvoller Linie den Umriß der Papyrusdolde nachzeichnen.

Kolonnade, Fotografie von Francis Frith

Der 2. Hof

Die Reliefs der Umfassungsmauern entstanden erst 60 bis 70 Jahre nach dem Bau des Tempels unter Tutanchamun und Haremhab. Auch sie zeigen die Ausdruckskraft und das ästhetische Raffinement der späten 18. Dynastie. Dargestellt ist das berühmte Opetfest, bei dem die Götter des Amuntempels in Karnak auf reich geschmückten Barken über den Nil nach Luxor fahren, während am Ufer die Priesterschaft, das Heer und die Volksmassen nachfolgen. Auch sieht man, wie die Barken auf Tragstangen zum Tempel gebracht werden.

7 Der unter Amenophis III. erbaute Hof (52x46 m) ist von großartiger Wirkung und, gemessen an der Strenge der ägyptischen Baukunst, geradezu von festlich-heiterem Charakter.

Aufsehen erregte die Entdeckung der sogenannten Cachette: In der Südwestecke dieses Hofs fand man in einer Grube (Cachette) zahlreiche, qualitätvolle Plastiken, die inzwischen einen Platz im Luxor-Museum gefunden haben. Die Häufung der in doppelten Reihen angeordneten Papyrusbündelsäulen führt zu einer starken Rhythmisierung in der fassadenartigen Eingrenzung des Hofs, eine Wirkung, die sich im anschließenden Säulensaal **8** der Südseite noch steigert und durch schlankere Proportionen verfeinert. Wenn man aus der Helligkeit des Hofs in den Säulensaal tritt, wird man von zunehmender Dunkelheit umfangen, in Räumen, »die zugleich enger werden und damit auf das Geheimnis des Göttlichen vorbereiten« (Wolf).

9 Einen Teil des Säulensaals haben die Römer im 3. Jh. n. Chr. in einen Raum für den Kaiserkult umgebaut. Später verwandelten ihn die Christen in eine Kirche. Von hier aus gelangen wir in die hintersten Tempelräume. Fürst Pückler schrieb über den hinteren Tempelteil:

124

Cachette des Luxor-Tempels kurz nach dem Fund

»Die Franzosen haben zum Behufe der Luxorschen Expedition sich nicht begnügt, dem Tempel eine seiner schönsten Zierden zu berauben, sondern auch dessen Ende durch den darin bewerkstelligten Aufbau eines großen Hauses geschändet, infolgedessen selbst ein Teil der ehrwürdigen Trümmer neu angeweißt wurde. Dieses Haus hindert jetzt, einen der interessantesten Teile des Tempels zu besichtigen, neue Mauern sind mitten durch die Heiligtümer gezogen, die noch lebhaften Farben der Bilder in den Fugen mit Kalk verschmiert, um den Luftzug abzuhalten, ein Allerheiligstes zum *lieu d'aisance* [Abort] umgewandelt, kurz, barbarischer gewirtschaftet, als es zu verantworten ist. Ich fand eben einige Franzosen in diesem Hause etabliert, die von Indien kamen, denn es scheint, daß … niemandem als Franzosen die Wohnung hier vergönnt sein sollte und nur die französische Flagge auf diesem Hause aufgezogen werden dürfe.«

Zum Französischen Haus sind auch die Ausführungen von Heinrich Brugsch äußerst lesenswert.

An **9** schließt sich das von Alexander in eine Barkenkammer umgewandelte Allerheiligste an **10**.

Der Geburtsraum **11** gilt als Vorläufer der Mammisi. Die Westwand zeigt die Geburt des Pharaos: die Zeugung durch den Gott Amun und die (jungfräuliche) Mutemuja, Mutter von Amenophis III.

12 Auf den westlichen Außenwänden bis zum Pylon finden sich Überreste von Darstellungen, die Ramses II. auf seinen asiatischen Feldzügen zeigen.

Der große Amuntempel zu Karnak

Wenn wir von Karnak reden, meinen wir nicht das kleine Dorf etwa 3 km nördlich von Luxor, sondern den alles dominierenden gewaltigen Tempel des Gottes Amun. Einem Papyrus aus der Zeit Ramses' III. ist zu entnehmen, daß zu seiner Zeit die fast unvorstellbare Zahl von 81 322 Männern im Dienst dieses Tempels stand. Sie kümmerten sich um die Versorgung des Tempels mit all seinen Gütern, säuberten ihn, reinigten die Götterfiguren, nahmen Besucher in Empfang und betreuten sie, verwalteten den Landbesitz, versorgten auch das zum Tempel gehörige Vieh (nicht weniger als 421 662 Stück), übernahmen die Pflege der Gärten – 433 an der Zahl mit einer Fläche von rund 2395 km^2, trugen Sorge für 83 Schiffe, betreuten 46 Baustellen und kümmerten sich um 65 Dörfer.

Ansicht der Anlage von Karnak

Schon Diodor beschreibt den Karnak-Tempel als den größten im Land, ja auf Erden. Als ältester übertreffe er die anderen drei Tempel in Theben an Größe und Würde: Sein Umfang mache über 2,6 km aus, seine Höhe betrage 24 m, und die Umfassungsmauer sei 8 m dick. Der Stil der Dekorationen sei unerreicht und zeuge von der einzigartigen Kunstfertigkeit der Handwerker. Doch während die Bauten bis in Diodors Zeit erhalten blieben, waren Gold, Silber und Elfenbein sowie eine Unmenge wertvoller Steine von den Persern erbeutet worden, als Kambyses die ägyptischen Tempel niederbrannte. Über 300 Talente Gold und nicht weniger als 2300 Talente Silber sollen es gewesen sein. Kambyses soll damals auch Künstler und Handwerker gewaltsam aus Ägypten verschleppt haben, damit sie die ehrwürdigen Stätten Persepolis, Susa und Media bauten.

Karnak, eine Tempelstadt von gewaltigen Ausmaßen, »ein in Stein verkörpertes Märchen« (Pückler-Muskau), war dem Reichs- und Hauptgott Amun geweiht. Dessen Verehrung, zunächst noch als Lokalgott, setzte mit der 11. Dynastie ein und erhielt sich bis in die Ptolemäerzeit, ja bis zu den römischen Kaisern in den ersten nachchristlichen Jahrhunderten. Entsprechend entstand der Tempelbezirk von Karnak auch nicht nach einem einheitlichen Plan, sondern er ist vielmehr das Spiegelbild einer Summe von Bauideen, die erst über Jahrhunderte Gestalt gewonnen haben. Nicht nur für Amun, sondern auch für dessen Gemahlin, die Geiergöttin Mut, und ihren Sohn Chons hat man hier einen Tempel errichtet.

Von den frühesten Bauten, die noch unter Mentuhotep I. in der 11. Dynastie begonnen worden waren, wissen wir fast nichts; vom Tempel der 12. Dynastie kennt man zumindest die Maße. Als einziges Monument dieser Zeit ließ sich aus Fundstücken die sogenannte Weiße Kapelle Sesostris' I. rekonstruieren (s. u.); ihr heutiger Standort ist willkürlich gewählt.

Karnaks große Zeit begann mit dem Neuen Reich. Nach der Vertreibung der Hyksos war Amun Reichsgott geworden, und als Folge davon wurde Theben zu einem Zentrum der politischen Einigung, verbunden mit priesterlichem Machtstreben, geistiger Regsamkeit und materiellem Reichtum, vor dem Hintergrund eines »bis dahin beispiellosen militärischen und kolonisatorischen Vordringens in Asien und Nubien« (Vandersleyen). Diese Bestrebungen erreichten mit Thutmosis III. ihren

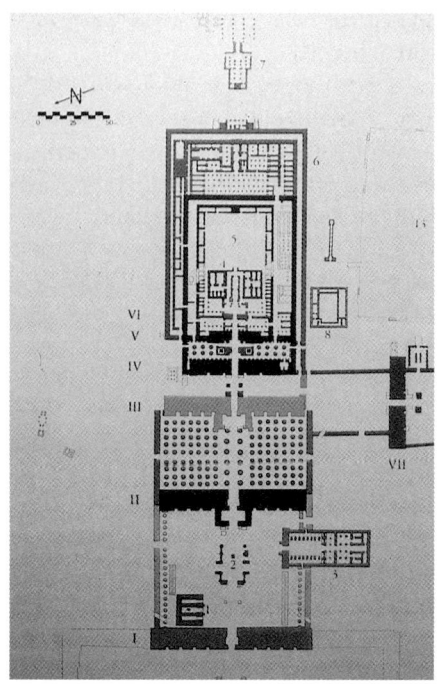

Plan des Karnak-
Tempels

Höhepunkt. Nach dem Zwischenspiel der Amarnazeit, die sich
entschieden gegen Amun wandte, brachte die Ramessidenzeit
(19. Dynastie) einen zweiten großen Entwicklungsschub für
Theben und eine erneute Blütezeit der Amun-Religion (Großer
Säulensaal).

Vor der Beschreibung der Details des gewaltigen Tempel-
komplexes soll vorab die zeitliche Abfolge der wichtigsten
Bauabschnitte des großen Karnak-Tempels kurz skizziert
werden:

12. Dynastie: Vom Tempel der 12. Dynastie sind nur die Maße
bekannt. Er bildete ein Quadrat von 40 m Seitenlänge. Aus
dieser Zeit stammt die (rekonstruierte) Weiße Kapelle von
Sesostris I.

18. Dynastie, Thutmosis I.: Errichtung neuer Umfassungsmauern, Bau des 4. Pylons, damit verbunden die Aufstellung von

zwei Obelisken. Thutmosis II. ließ einen Säulensaal zwischen dem 4. und 5. Pylon errichten.

18. Dynastie Hatschepsut: Errichtung eines Barkenheiligtums, die sogenannte Rote Kapelle. Aufstellung von zwei Obelisken im Säulensaal Thutmosis' II. Errichtung des 8. Pylons.

18. Dynastie, Thutmosis III.: Annalensäle im Zentrum des Tempels, Festhalle und Botanischer Garten, Heiliger See, 7. Pylon.

18. Dynastie, Amenophis III.: Errichtung des 3. Pylons, Neubau des Mut-Tempels.

18. Dynastie, Haremhab: Errichtung des 2., 9. und 10. Pylons.

19. Dynastie: Großer Säulensaal zwischen 2. und 3. Pylon. Begonnen von Ramses I., fertiggestellt von Sethos I. und Ramses II.

19. Dynastie, Ramses II.: Widdersphingenallee.

19. Dynastie, Sethos II.: Tempel für die Götterbarken (Amun, Mut, Chons).

20. Dynastie, Ramses III.: Tempel für Mut und Chons.

25. Dynastie: Unvollendet gebliebener 1. Hof mit Bauten aus der Äthiopenzeit.

Der Zugang zum Haupttempel erfolgt heute wie ehedem von der Nilseite her. Dabei fällt der Blick zuerst auf den gewaltigen 1. Pylon, wohl aus der 30. Dynastie, den man als letzten Bauteil der dahinter gelegenen, tiefgestaffelten Tempelanlage angefügt hat. Auf deren Mittelachse erheben sich hintereinander insgesamt sechs Pylone, die an Größe und Höhe abnehmen, bis am Ende der innere und älteste Tempelteil erreicht ist.

Karnak, Rekonstruktionszeichnung

Die von den Pylonen bezeichnete Achse bezog sich auf einen heute zugeschütteten, für Wasserpro-

129

zessionen bestimmten Kanal, der den Amuntempel in gerader Linie mit den auf dem gegenüberliegenden Westufer befindlichen Tempeln von Deir el-Bahari verband.

An dem wieder freigelegten Anlegeplatz erkennt man noch die Markierung der Wasserstandshöhe. Zwei Obelisken (der rechte von Sethos II. noch erhalten) und eine kurze Widdersphingenallee bezeichnen den Weg zum Tempel. Der Widder war eine Erscheinungsform des Gottes Amun. In vielfacher Wiederholung hält er hier schützend die Königsfigur zwischen seinen kräftigen Löwenpranken.

Taharka-Säule, 2. Pylon, Fotografie von A. Beato

Von gewaltigen Ausmaßen ist der 1. Pylon: 113 m breit, 43,5 m hoch, 15 m tief. Es ist der letzte unvollendet gebliebene Bauteil, den Nektanebos II. im 4. Jh. zusammen mit der Umwallung aus ungebrannten Nilschlammziegeln errichten ließ.

Durch den 1. Pylon, das »Hohe Tor von Karnak« (eines der Tore, die Homer meinte, als er vom »Hunderttorigen Theben« sprach), kommt man in den großen Hof (103x84 m), der von den Herrschern der Äthiopenzeit angelegt wurde. Im Zug dieser Baumaßnahme hat man damals die über 500 Jahre älteren Widdersphingen der Allee Ramses' II. an den Rand des Hofs versetzt.

Über 400 Jahre älter als der Hof ist auch der kleine Amuntempel von Ramses III. (rechts) mit seinen 20 Osirispfeilern, ebenso der Tempel für Amun, Mut und Chons Sethos' II. (links). Mit seiner klaren dreiteiligen Grundrißgestaltung gilt er als geradezu klassischer Tempel. Von dem einst berühmten Säulengang des Taharka (25. Dynastie) hat sich nur eine einzige der 21 m hohen Säulen erhalten. Beeindruckend durch ihre gewaltige Höhe ist die Kolossalstatue aus Rosengranit im großen Hof vor dem 2. Pylon, die 1953/54 gefunden wurde. Sie zeigt Ramses II. mit einer seiner Töchter, wurde aber etwa 200 Jahre später von Pinodjem I., einem Priesterkönig der 21. Dynastie, usurpiert.

Zwei andere Kolossalfiguren von Ramses II. stehen als ›Wächter‹ vor dem 2. Pylon, den Haremhab, der letzte Herrscher der 18. Dynastie, hatte errichten lassen. Dieser 2. Pylon war stark zerstört; ausgegraben wurde er in der Kampagne 1953/54.

Mit dem Großen Säulensaal aus der Zeit Sethos' I. und dessen Sohn Ramses II. (19. Dyna-

Statue des Pinodjem

stie) lernt man eine der großartigsten Manifestationen ägyptischer Baukunst kennen. »Hier wird mit klarer Bewußtheit das Kolossale bis an die Grenzen des technisch Möglichen getrieben, um den Menschen die Macht des Göttlichen fühlen zu lassen.« (Wolf).

122 Papyrusbündelsäulen, jeweils 13 m hoch und mit geschlossenem Kapitell, sind in zweimal zwei Gruppen zu beiden Seiten eines breiten Mittelgangs angeordnet, der mit zwölf höheren Doldensäulen (jeweils 21 m hoch) über den weiten Saal hinausragt. Diese mittleren Säulen mit ihrem offenen, aufgefächerten Doldenkapitell betonen auf eindrucksvolle Weise jene Mittelachse, deren Verlängerung direkt in den Kernbereich des Tempels führt und im

Der Große Säulensaal

Raum mit der Barke des Gottes endet. Im gesamten Saal sind die Säulenschäfte mit Inschriften und Darstellungen von Kulthandlungen überzogen: Die Bilder aus der Zeit Sethos' I. (Nordhälfte) sind sorgfältig als Hochreliefs gearbeitet, die Darstellungen Ramses' II. (Südhälfte) sind in gröberer Technik als vertieftes Relief eingemeißelt.

Architekturgeschichtlich wird mit diesem Säulensaal das Bestreben der 19. Dynastie deutlich, den Innenraum zu gestalten. Das Ergebnis ist ein Raum, der nicht von einem einzigen Standort aus zu überschauen ist, sondern nur beim Durchschreiten in wechselnden Durchblicken erlebt werden kann.

Betrachtet man den Großen Säulensaal nicht nur unter architektonischen Gesichtspunkten, so muß man annehmen, daß er für größere Teilnehmergruppen bei Prozessionen geschaffen war. Auch die Querachse mit den seitlichen Ausgängen deutet darauf hin. »Bauinschriften belehren uns darüber, daß der Saal als erste Wegstation der Amun-Barke diente, die sich hier mit den Barken der Mut und des Chons vereinte, wenn die Prozession an Festtagen aus dem Tempel auszog.« (Haeny).

Um den Höhenunterschied zwischen dem Mittelgang und den niedrigeren Seitenhallen auszugleichen, setzt sich bei diesen parallel zum Mittelgang die »Wand« nach oben fort, aufgelöst in schmale Pfeiler mit dazwischengestellten Steingittern. Die Auffassung, es handle sich dabei um ›Fenster‹, wird neuerdings abgelehnt, denn der ägyptische Kult wird grundsätzlich »in dunklen, nur künstlich beleuchteten Räumen zelebriert« (Haeny). Das Durchgittern der Wand hatte wohl eher statische Gründe: Man wollte das Gebälk und die Säulen vom Druck einer massiven Steinwand entlasten.

Besonders sehenswert sind die großartigen, historisch einzigartigen Reliefs an den Außenwänden im Norden und Süden dieses Bauteils; u. a. sieht man an der südlichen Tempelseite den Hochzeitsvertrag zwischen Ramses II. und einer Mitanni-Prinzessin (auf der Querwand im Osten); auf der Nordseite die Erstürmung von Festungen in Palästina sowie (auf der Ostseite der Tempelwand) Sethos I. im Libanon beim Holen von Zedern.

Der Große Säulensaal schließt mit dem unter Amenophis III. (18. Dynastie) errichteten 3. Pylon ab. Dessen Ausgrabung erfolgte in den Jahren 1932–35. Gleichzeitig wurde er völlig zerlegt, denn in ihm fanden die Ausgräber herrliche weiße Steinblöcke, die man später zu der einzigartigen Weißen Kapelle aus der Regierungszeit Sesostris' I. zusammenfügen konnte.

Direkt gegenüber dem 3. liegt der 4. Pylon, der unter Thutmosis I. (18. Dynastie) erbaut worden war. In dem schmalen Hof zwischen beiden Pylonen standen einstmals vier Obelisken, je zwei von Thutmosis III. und Thutmosis I., von denen sich nur der südöstliche (von Thutmosis I.) erhalten hat.

Zwischen dem 4. und 5. Pylon hatte Thutmosis II. einen querliegenden Säulensaal anlegen lassen. Ohne Rücksicht darauf stellte Hatschepsut, seine Nachfolgerin, hier zwei Obelisken auf, von denen der nördliche noch aufrecht steht. Thutmosis III. ließ diese Obelisken einmauern, um das Andenken an die Königin zu tilgen.

Obelisken sind symbolische Monumente. Mit ihrer Spitze, die vergoldet oder glattgeschliffen und poliert war, verkörperten sie eine auf dem Urhügel errichtete Pyramide, die der aufgehenden Sonne entgegenstrebt. Die Spitze, das Pyramidion, wurde als »Sitz der Sonne« aufgefaßt. Obelisken sind Monolithe, d. h., sie sind aus einem einzigen Stein gefertigt, in der Regel aus Rosengranit aus Aswan. Eine Inschrift auf dem Obelisk der Hatschepsut besagt, daß man zu seiner Vollendung sieben Monate benötigte. Sein Gewicht beträgt 322 t. Mit 29,5 m ist er der zweithöchste Obelisk, den wir kennen. Sein Dekor berichtet von der Krönungszeremonie und schildert eine Reihe von Kulthandlungen. Im Alten Reich finden wir Obelisken als Kultobjekte in den Sonnenheiligtümern der 5. Dynastie. Im Neuen Reich stehen sie paarweise vor den Tempelbauten, nicht aber vor Totentempeln.

Nach Durchschreiten des 5. und 6. Pylons kommt man in das einst prächtig ausgemalte Sanktuarium, wo auf einem altarartigen Sockel die heilige Barke stand. Der granitene Bau, der einen älteren ersetzt, wurde von Philipp Arrhidaios um 320 v. Chr. errichtet, ein Raum, der sich zur Sonne hin öffnet. Wandreliefs

Relief im sogenannten Botanischen Garten

zeigen die Barkenprozession und den König bei rituellen Handlungen.

Der nun folgende Hof bezeichnet die Lage des älteren, ersten Tempels der 12. Dynastie (Alabasterblock aus dem Sanktuarium und einige andere Blöcke, die sich nicht zuordnen lassen).

Auf der Ostseite dieses Hofs liegt die Festhalle Thutmosis' III. (18. Dynastie). Der Pharao errichtete sie im 24. Jahr seiner Regierung als Dank für den Sieg über die syrischen Stadtfürsten. In der Festhalle imitieren zwei Reihen von je 10 Säulen die Stützen eines Zelts (Zeltstangen-Säulen).

Berühmt sind die hier gefundenen Königstafeln (heute im Louvre in Paris), auf denen 63 Pharaonen, vom Alten Reich bis Thutmosis III., verzeichnet sind. Im östlichen Teil liegt der Botanische Garten, ein Raum, dessen Wände jene Pflanzen und Tiere zeigen, die der Pharao auf seinem Feldzug gesehen oder mitgebracht hat.

Zu erwähnen ist darüber hinaus der Heilige See. An seiner südwestlichen Ecke liegt ein riesiger Skarabäus (Rosengranit) aus der Zeit von Amenophis III.

Vor dem 7. Pylon fand man zwischen 1902 und 1909 in 14 m Tiefe in einer sogenannten Cachette über 700 Statuen aus Stein sowie 17 000 aus Bronze. Man hatte sie bei einer Tempelreinigung in der Ptolemäerzeit dort vergraben.

In der Nordwestecke des Tempelbezirks steht vor der westlichen Umwallung (der Besuch gegen ein separates Eintrittsgeld ist mehr als empfehlenswert) ein kleiner Tempel, der aufgrund des hellen Baumaterials den Namen Weiße Kapelle erhielt. Dieser Tempel konnte völlig rekonstruiert werden, obwohl Amenophis II. ihn niedergelegt und seine Steine zum Bau des 3. Pylons verwendet hatte. Stein um Stein wurde das Baumaterial des kleinen Tempels aus dem Pylon geborgen und zu jener

Weiße Kapelle

Barkenstation zusammengesetzt, die heute, nach fast 4000 Jahren, erneut in alter Pracht erstrahlt.

Die sogenannte Weiße Kapelle Sesostris' I. ist das einzige Monument, das aus der 12. Dynastie ›erhalten‹ geblieben ist. Die Kapelle stellt eines der elegantesten Werke ägyptischer Baukunst dar. Von zwei Seiten führen Stufenrampen in das Innere. 16 Pfeiler tragen ein hohlkehlengeschmücktes Dach, von dem an der Südseite ein Wasserspeier herabblickt, aus dem das kostbare Regenwasser ablaufen konnte. Das Dach läßt noch Anklänge an ein Zeltdach erkennen. Die Perfektion der Ausführung setzt ältere Vorbilder voraus, etwa baldachinartige Mattenkonstruktionen, die man über den Prozessionsstraßen errichtete, um das Kultbild abstellen und die Kulthandlungen vollziehen zu können (hier auf dem Weg von Karnak zum Nil). Anlaß zur Errichtung der kleinen Kapelle war das erste Sedfest des Königs.

Am Rand des Tempelbezirkes des Amun-Re errichtete man auch Tempel für dessen Gemahlin, die Geiergöttin Mut, sowie für ihren Sohn Chons. Während der Chons-Tempel innerhalb der großen Ziegelumwallung in der Südwestecke des Komplexes liegt, legte man für die Göttin Mut vor der Südseite des Karnaktempels einen eigenen Tempelbezirk mit einem großen Heiligen See an, der sich halbrund um den Tempel legt. Der Tempelbezirk der Mut ist mit dem Karnak-Tempel durch eine Widdersphingenallee verbunden. Ein Besuch des nur teilweise ausgegrabenen Tempelbezirks der Mut ist nicht uninteressant.

Die Tempelanlagen in Theben-West

Auf dem Westufer des Nils erstreckt sich gegenüber der Stadt Luxor auf einer Länge von über 6 km die berühmte Nekropole der ehemaligen ägyptischen Hauptstadt. Abgesehen von den bekannten Totentempeln der Pharaonen hat man hier etwa 450 Privatgräber gefunden, zumeist von hochgestellten Persönlichkeiten. Weltberühmt wurde schließlich das Tal der Könige mit seinen verborgenen Felsgräbern zu Füßen einer natürlichen Pyramide namens El-Qurn (arab. = das Horn), wo nach altägyptischem Glauben »die Herrin des Westens« thronte, »die das Schweigen liebt«.

Die Steilwände der gewaltigen Felskulisse von Deir el-Bahari (S. 140) steigen bis zu 300 m auf, überragt vom

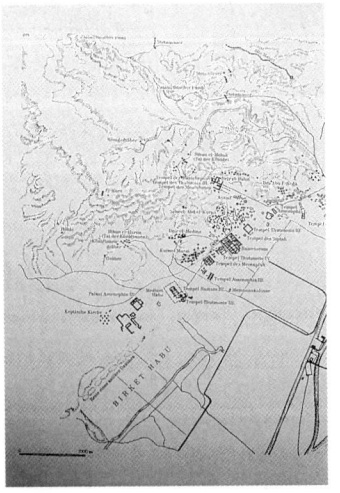

Theben-West und Deir el-Bahari

»Horn«, das auf der anderen Seite das Tal der Könige beherrscht. Als erster Pharao hatte hier Mentuhotep I., der Begründer des Mittleren Reichs, einen Totentempel erbauen lassen. Rund 500 Jahre später (um 1490 v. Chr.) entstand unmittelbar daneben der imposante Terrassentempel der Königin Hatschepsut; um 1402 v. Chr. errichtete man den Totentempel Amenophis' III., von dem nur noch die Memnonskolosse Zeugnis ablegen. In der 19. Dynastie waren es dann die Tempel der Ramessiden, mit denen sich die lange Reihe der stolzen Bauten fortsetzt.

Im Unterschied zu den königlichen Grabanlagen des Alten und Mittleren Reichs hat man hier in Theben Totentempel und Grab an verschiedenen Orten angelegt. Diese Trennung ist ein Phänomen, dem wir erst im Neuen Reich ab der 18. Dynastie begegnen. In der Zeit des Alten Reichs bildeten Königsgrab (d. h. Pyramide) und Totentempel eine untrennbare Einheit. Wenn man sich in Theben von dieser Tradition löste, so geschah dies einerseits aus Sicherheitsgründen, mit dem Ziel, potentiellen Grabräubern die Suche zu erschweren. Zum anderen aber spiegeln sich in dieser Trennung auch veränderte religiöse Vorstellung wider. Man sah den verstorbenen König nicht mehr in Verbindung mit Osiris, sondern brachte ihn in enge Beziehung zum Sonnengott, an dessen Fahrt durch die nächtliche Unterwelt der König teilnahm. Diese Fahrt wurde nun immer häufiger an den Wänden der Sargkammern dargestellt. Der vom Grab getrennte Tempel wurde zur Gedächtnisstätte, und so entstanden Totentempel nicht nur in Nachbarschaft der Königsgräber, sondern auch an vielen anderen Orten des Lands.

Der Tempel Mentuhoteps I.

Nachdem das Alte Reich mit der 8. Dynastie untergegangen und Ägyptens »ewige Ordnung« zerbrochen war, wurde die erneute Vereinigung von Ober- und Unterägypten zu Beginn der 11. Dynastie geradezu als »Neuschöpfung der Welt« betrachtet, Mentuhotep I. als Heros gefeiert und das Ereignis durch einen Tempelbau verewigt, der erstmals nicht mehr in Memphis, sondern in Oberägypten errichtet wurde.

Der Tempel Mentuhoteps I. vereint (und trennt zugleich) zwei Elemente: Mit dem Tempel, halb Terrassenbau, halb Pyramide, der zu verstehen ist »als ein dem Month-Re geweihter Urhügel« (Arnold), wird der Anspruch der thebanischen Fürsten auf die Nachfolge der Gott-Könige des Alten Reichs dokumentiert.

Tempel Mentuhoteps I.

Das Königsgrab aber liegt nicht im Tempelbezirk, sondern 150 m tief im Fels; es stellt somit einen Vorläufer der im Neuen Reich (18./19. Dynastie) endgültig erfolgten Trennung von Totentempel und Felsengrab dar. Bei Mentuhotep I. liegt der Totentempel unmittelbar hinter der Terrassenanlage. In der unterirdischen Grabkammer des Totentempels fand man eine überlebensgroße, 1,83 m hohe bemalte Sitzstatue des Pharaos aus Kalkstein, die heute im Ägyptischen Museum zu Kairo aufbewahrt wird. Dieses monumentale Bildnis ist die erste großformatige Rundplastik des Mittleren Reichs, die wir kennen. Als Reichseiniger hatte Mentuhotep I. Ober- und Unterägypten wieder unter die Botmäßigkeit des Königtums gebracht und damit Verhältnisse geschaffen, die denen der Pyramidenzeit verwandt zu sein schienen. Auch in der Kunst knüpfte man an das Alte Reich an und versuchte, dessen Formtraditionen neu zu beleben. Doch war der Pharao des Mittleren Reichs nicht mehr der unfehlbare Gottkönig, sondern ein Herrscher, der seine Fähigkeiten unter Beweis stellen mußte. Bei Mentuhotep spürt man daher nichts mehr von der strahlenden Idealität eines Chephren, wohl aber eine wache Skepsis bei der Betrachtung der irdischen Ereignisse. Der religiöse Aspekt der Plastik wird v. a. im ›Osirisgestus‹ der überkreuzten Arme deutlich. Die Hände hielten einst Krummstab und Wedel, die Insignien des Totengotts, und Mentuhotep ist somit als der zu Osiris gewordene König dargestellt. Im übrigen darf die schwarze Hautfarbe nicht als etwas

Bedrohliches oder gar als Zeichen der Trauer verstanden werden. Schwarz symbolisierte für den Ägypter Fruchtbarkeit und Auferstehung. Die ungeschlachte Kolossalität der Beine wird als Ausdruck für die ungehinderte Bewegungsfreiheit des toten Königs im Jenseits gedeutet.

Die terrassenförmige Anlage des Tempels ist etwas gänzlich Neues, wenngleich sinnvoll aufgrund der Geländebedingungen. Wo in den Totentempeln von Abusir (5. Dyna-

Mentuhotep I.

stie) der Obelisk stand, erhob sich hier einst an entsprechender Stelle ein kolossales quadratisches Gebilde, dessen oberer Rand mit einem Gesims bekrönt war. Bei seiner Rekonstruktion hat Naville vermutet, daß dieses Gebilde einem Obeliskenschaft entsprach, auf dem ein wuchtiges Pyramidion mit einem Grundriß von 21x21 m als Spitze ruhte. In seiner Neuaufnahme dieses Tempels hat Arnold jedoch nachweisen können, daß ein derartiges Pyramidion nicht auf dem Dach dieses Bauwerks gestanden haben kann, denn es war flach. Die bei den Pyramidenanlagen des Alten und Mittleren Reichs nach Westen an den Totentempel angebaute Pyramide finden wir hier zwar nicht mehr, dafür ragt mit über 200 m Höhe die riesige natürliche Gebirgspyramide el-Qurn steil hinter dem Totentempel des Mentuhotep I. in die Höhe.

Der Terrassentempel der Hatschepsut

Die Verfolgung der Hatschepsut durch Thutmosis III. dürfte etwa um das Jahr 24 seiner Regierung eingesetzt haben. »Es gibt Hinweise, daß eine Bestattung der Hatschepsut in dem für sie vorgesehenen Sarkophag im Grab KV 20 nicht stattgefunden hat. Da auch die Mumie der Hatschepsut nicht mit Sicherheit zu identifizieren ist, spricht alles für eine nach ihrem Tod einsetzende Verfolgung ihres Andenkens.« (Meyer).

Der Tempel der
Hatschepsut in
Deir el-Bahari

Der Terrassentempel der Königin Hatschepsut entstand rund
570 Jahre nach dem des Mentuhotep I., und er gehört der 18.
Dynastie an, deren Anfänge gerade 60 Jahre zurücklagen. Wie
schon einmal im Mittleren Reich, so war auch nun (nach der
Vertreibung der Hyksos) die staatliche Einheit unter neuen Königen wiederhergestellt worden.

Genauere Kenntnisse über diesen Tempel haben wir erst, seit
er von den Überresten des einst gewaltigen Klosters des hl.
Phoibammon befreit wurde. Das Kloster wurde am Ende des
6. Jh. über dem Hatschepsut-Tempel errichtet, nachdem die
lokale Behörde – wie sich einer Urkunde entnehmen läßt – der
Errichtung des Klosters über dem damals verlassenen heidnischen Tempel zugestimmt und dem Erbauer die Eigentums-
rechte über diese Anlage zuerkannt hatte. Doch schon gegen
Ende des 8. Jh. wurde das Kloster wieder aufgegeben; das genaue Datum kennen wir nicht (es wird aber kaum später als
786 n. Chr. gewesen sein), auch nicht die näheren Hintergrün-
de, doch vermutlich war es die instabile politische und ökono-
mische Situation in Oberägypten, die die Mönche zur Abwan-
derung bewog. Reste dieses Klosterkomplexes erwähnte als
erster Pococke, als er im Jahr 1737 die Gegend besuchte. Doch
erst rund 100 Jahre später lieferte Hay einen ausführlichen Bericht über den Ort, nachdem er ihn in den Jahren 1824–40
mehrfach aufgesucht hatte.

Hay verdanken wir genaue Pläne und Aufnahmen, die uns einen guten Eindruck von dieser einst prächtigen Anlage vermitteln, ehe sie von den Archäologen, unter ihnen so berühmte Persönlichkeiten wie Mariette, Naville und Winlock, abgetragen wurde.

Heute ist der Terrassentempel der Pharaonin Hatschepsut nach seiner Befreiung von den Überbauungen in vollendeter Form wieder zu erkennen, nachdem auch hervorragende Restauratoren, unter denen die polnischen Wissenschaftler besondere Verdienste erwarben, den Tempel so weit wie möglich in seinen ursprünglichen Zustand zurückversetzt haben.

Nach den relativ bescheidenen Anfängen der 18. Dynastie setzte erst mit Hatschepsut und Thutmosis III. »die eigentliche Kulturentwicklung des Neuen Reiches ein« (Vandersleyen). Hatschepsut hatte zunächst zwei Jahre als Regentin für den noch unmündigen König geherrscht, danach 20 Jahre als Pharaonin, bis sie schließlich von Thutmosis III. abgelöst wurde. Möglicherweise starb sie eines gewaltsamen Todes.

Da man zu Beginn der 18. Dynastie auch in der Kunst auf alte, bewährte Formen zurückgriff, kam es bald zu einer Art ›Klassizismus‹, der auch am Hatschepsut-Tempel spürbar wird. Allerdings ist der Ansatz nicht mehr von jener herben Männlichkeit, die das Mittlere Reich geprägt hatte, vielmehr machen sich in vielen Details eher weibliche Züge bemerkbar. Tatsächlich gelangten im Neuen Reich die Pharaonen nicht selten schon im Kindesalter an die Macht, so daß der Einfluß ihrer Mütter erheblich zunahm.

Der Tempel ist wie der Mentuhoteps I. ohne Pylon offen angelegt als eine Abfolge riesiger Höfe und Terrassen, deren heutige Leere einst von Statuen belebt und durch zwei Becken mit Papyruspflanzen bereichert war. Der Tempel war alljährlich Ziel einer vom Amuntempel in Karnak ausgehenden Prozession, die über einen heute nicht mehr vorhandenen Kanal direkt zum Taltempel führte und von dort aus in gerader Linie über eine Sphingenallee auf den Haupttempel zuging.

Vielleicht war die Tempelanlage mit ihren weiträumigen, offenen Terrassen bewußt auf eine große Besucherzahl hin konzipiert. An die Stelle des sonst üblichen Tempelhofs tritt hier die 1. Terrasse, an die Stelle des Säulensaals die höher gelegene 2. Terrasse. Die anschließenden Hallen üben die Funktion eines Vorsaals aus. Danach folgt auf der 3. Terrasse das Allerheiligste mit angrenzenden Kultnischen. Wie auch bei anderen ägyptischen Tempeln liegt das Sanktuarium an höchster Stelle, nur daß der Eindruck des Ansteigens durch die Abfolge der Terrassen ungleich stärker ist.

Der Reliefschmuck des Hatschepsut-Tempels bringt neben den gewohnten Opferszenen auch ganz neue Themen, die vom historischen Sinn dieser Zeit zeugen, so auch in den beiden Hallen seitlich der ersten Rampe.

In der linken Halle wird der Transport von zwei Obelisken geschildert, die im Auftrag der Königin in Aswan aus dem Fels geschlagen und nach Karnak in den Amuntempel gebracht wurden. In der rechten Halle erscheinen »in geradezu göttlicher Einfalt« Tiere und Pflanzen als Sinnbilder »der Glückseligkeit, die den Gerechten im Jenseits erwartet« (Gilbert).

Auffallend ist, daß man im Tempel der Hatschepsut keiner einzigen Säule mit pflanzlichem Dekor begegnet. Pfeiler und Säulen wirken, als hätten sie lediglich eine Stützfunktion. Eine Ausnahme stellen hier allenfalls die Pfeiler mit den Hathorkapitellen dar.

Wenn kannelierte Säulen bereits in der 3. Dynastie bei der Scheinresidenz König Djosers in Saqqara verwendet wurden (dem ältesten ägyptischen Steinbau), so hatten sie damals noch eine andere Bedeutung. Man verstand sie als Umsetzung von Pflanzenstengeln und -bündeln in Stein. Nun hingegen handelt es sich um Varianten des vierkantigen Pfeilers, der durch Abschrägung zu einem acht- oder mehreckigen Pfeiler wird. Beim Tempel der Hatschepsut erscheint dieser mehreckige Pfeiler zunächst nur im Inneren der Hallen.

Die Herrscherin von Punt

Erst in einer späteren Bauphase treten sie dann bei der Anubiskapelle und den an sie anschließenden seitlichen Vorhallen auch an der Außenfront auf. Daß dieser Pfeilerform »ein tieferer Sinn zugrunde liegt«, den wir allerdings bis heute nicht kennen, muß angesichts der Symbolsprache ägytischer Architektur vermutet werden.

Auf der mittleren Terrasse liegt rechts der Rampe die sogenannte Geburtshalle mit Wandreliefs, die die Zeugung der Hatschepsut durch Amun sowie Hatschepsuts Geburt zum Thema haben. Das Bild der Königin wurde hier, wie überall im Tempel, nach dem Regierungswechsel von Thutmosis III. getilgt. Links der Rampe befindet sich die Punthalle mit einer ebenso lebendigen wie genauen Schilderung einer Expedition nach Punt (am Roten Meer in der Gegend des heutigen Suakin südlich von Port Sudan). Besonders reizvoll sind die Pfahlbauten und die Herrscherin von Punt. Unter den mitgeführten Waren befinden sich neben Weihrauch und Myrrhe auch Gold und Edelmetalle, Elefantenzähne, Ebenholz und diverse Tiere, darunter eine Giraffe.

In der Hathorkapelle (Mittlere Terrasse, links außen) verdienen v. a. die eigenartigen Kapitelle Beachtung. Sie sind wie ein Sistrum geformt, ein von den Priestern des Hathorkults verwendetes Rasselgerät zur Erzeugung rhythmischer Laute. Säulenschaft und Kapitell ahmen Griff und Knauf dieses Geräts nach, der obere Aufsatz den Schallkasten, die Voluten die am Schallkasten angebrachten Metalldrähte. Hathor war die Göttin der Freude, des Tanzes und der Musik.

Von den Wandreliefs in den rückwärtigen, im Felsen liegenden Räumen sind besonders die des zweiten Raums sehens-

Kapitell in Form eines Sistrums

Die beiden Memnonskolosse

wert. Sie zeigen u. a. Hatschepsut, wie sie aus dem Euter der in einer Barke stehenden Hathorkuh trinkt. Vor der Königin steht Hathors Sohn Ihi, der Gott der Musik, mit einem Sistrum.

Auf der obere Terrasse sind rekonstruierte Hallen mit einigen wieder aufgestellten Osirispfeilern zu besichtigen. Das Mitteltor führt in einen querrechteckigen ›Hof‹, bei dem es sich nach neueren Forschungen um den abschließenden Säulensaal gehandelt hat. Die heute fassadenhaft wirkenden Nischen der Rückwand lagen ehemals »im Schatten der Pfeilerhallen«. Die kleine Säulenhalle in der Mitte wurde in der Ptolemäerzeit angebaut. Nach rechts folgt ein Sonnentempel mit freistehendem Altar, links eine Halle mit Opferszenen an den Wänden.

Wenn man vor hier aus nach Westen auf die Felswand schaut, erkennt man auf der Anhöhe hinter der Totenkapelle des Hatschepsut-Tempels die erst 1964 entdeckten Überreste eines Tempels von Thutmosis III. In den Trümmern fanden sich Teile wunderbar bemalter Wandreliefs, Königstatuen und Mumien.

Die Memnonskolosse

Die beiden Memnonskolosse ließ Amenophis III. (18. Dynastie), der Vater des Echnaton, errichten. Amenophis III. gilt als einer der größten Bauherren der 18. Dynastie, dem wir das wohl schönste erhaltene Bauwerk, den Tempel auf dem Ostufer in Luxor, verdanken. Die Memnonskolosse mit ihren heute jeweils knapp 18 m Höhe sind die Überreste einer ebenfalls von Amenophis III. erbauten Tempelanlage, deren gewaltige Ausmaße denen des Amun-Bezirks in Karnak gleichkamen. Doch kaum ein Stein davon ist stehengeblieben, seitdem ein Erdbeben zur Zeit des Merenptah den Totentempel zum Einsturz brachte. Die Bildwerke wurden in andere Kultstätten überführt, die Mauern abgetragen und als Baumaterial wiederverwendet (Chons-Tempel in Karnak).

»Weltberühmtheit erlangte der nördliche der Kolosse schon in römischer Zeit, weil in den frühen Morgenstunden auftretende Luftströmungen in den natürlichen Hohlräumen des Gesteins oder in neuen Rissen einen Ton erzeugten, was der Statue Stimme zu verleihen schien.« (Haeny)

Das Bildwerk wurde später mit dem äthiopischen Helden Memnon in Verbindung gebracht, dem Sohn der Eos, der Göttin der Morgenröte, was zu der Bezeichnung ›Memnonskolosse‹ führte.

Rekonstruierter Plan der einstigen Tempelanlage

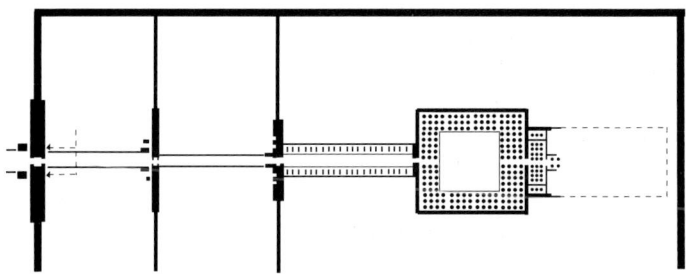

Nach Restaurierungsarbeiten auf Veranlassung des Septimius Severus, der 199 n. Chr. die Kolosse besuchte, verlor der nördliche seine ›Stimme‹.

Der Totentempel Sethos' I.

Der Tempel von Sethos I. ist der erste Tempel der 19. Dynastie.

»Nach den religiösen Verirrungen der Amarnazeit, der halbherzigen Restauration unter Tutanchamun und Haremhab ist der Beginn der 19. Dynastie unter Sethos I. gekennzeichnet durch das ernsthafte Bemühen einer Erneuerung, einer Renaissance, die über die Wiederherstellung der alten Ordnung hinaus die überlieferten religiösen Formen mit neuem Leben zu füllen sucht, die gespeist sind aus der tiefen Religiosität der Nachamarnazeit, der Hinwendung zu Osiris und seinen Götterkreis. Äußerlich greift Sethos I. im Reliefstil zurück auf die glänzende Zeit Amenophis' III., distanziert sich aber dennoch ganz bewußt durch eine fast akademische Kühle des Ausdrucks von dem weichen und lieblichen Stil der Mitte der 18. Dynastie. Gegen dieses feine Hochrelief Sethos' I. fällt die spätere Vollendung der Außenwände und einzelner Räume durch Ramses II. im vertieften Reliefstil erheblich ab, auch wenn man in Betracht zieht, daß das Flachrelief durch den Verlust der Farbschicht erheblich vergröbert wird.« (Stadelmann)

Der Tempel liegt östlich der Linie Deir el-Bahari-Karnak, und er ist dem Reichsgott Amun geweiht. Die beiden Vorhöfe sind nahezu völlig zerstört. Die ›Fassade‹ bildet heute eine Reihe von neun (ursprünglich zehn) Papyrussäulen. Sethos I. hat den Tempel für sich und seinen Vater Ramses I. begonnen. Vollendet wurde er von Ramses II., seinem Sohn. Die Reliefs sind von vorzüglicher Qualität. Sie zeigen die drei genannten Herrscher, zumeist bei Opferhandlungen vor Amun, Mut, Ptah und Hathor.

Totentempel
Sethos' I.,
Radierung

Der in der Mittelachse gelegene Säulensaal gehört noch in die Zeit von Sethos I., das zeigen die Königskartuschen der Papyrussäulen (geschlossenes Kapitell). Links schließt sich eine Kapelle für Ramses I. an, rechts folgt der Sonnenhof Ramses' II. mit dem Altar für Re.

Das Ramesseum

Den Tempelkomplex, den wir nach dem Namen seines Erbauers Ramesseum nennen, ließ Ramses II. errichten. Die Totentempel der 19. Dynastie, die von den Ramessiden errichtet wurden, dienten in der Regel nicht nur dem Kult des verstorbenen Königs, sondern sie waren gleichzeitig dem Reichsgott Amun, dem Schutzgott der Dynastie, geweiht. Das Ramesseum mit seinen Nebengebäuden hatte darüber hinaus die Funktion einer Schreib- und Malschule, war also gewissermaßen eine

Der Totentempel
Ramses' II., das
Ramesseum

Lehranstalt. Auch gab es (links vom 1. Hof) einen königlichen Palast, sowie rechts vom Haupttempel einen kleineren Tempel Sethos' I. Die ausgedehnten Magazine, Ställe, Speicher und Wohnungen, die sich in einem weiten Areal um den Haupttempel gruppieren, lassen auf einen lebhaften Schulbetrieb und umfangreiche Lagerhaltung (Tiere, Opferspeisen, Versorgungsgüter) schließen.

Von der ursprünglichen Gesamtanlage des Ramesseums (Totentempel Ramses' II.), das sich noch heute durch seine Ziegelumwallung im Wüstensand abzeichnet, ist leider nur ein Teil erhalten.

Die Osirispfeiler im Ramesseum vor der Restaurierung

Im Gegensatz zur Abbildung oben steht heute, nach intensiven Restaurierungsarbeiten, wieder viel aufrecht. Hinter den Osirispfeilern stehen zwei Säulengruppen, die zum Umgang des inneren Hofs gehören, den man, von links kommend, wo noch Teile des Pylons stehen, über einen Vorhof betrat.

Sehenswert sind am Eingangspylon die großen Reliefs auf der Innenseite, die zu den bedeutendsten der ägyptischen Kunst zählen. Die linke Pylonseite zeigt die Erstürmung von 18 syrischen Festungen, von denen 13 noch zu erkennen sind, ferner lebhafte Szenen aus dem Lagerleben der Soldaten. Weiter unten sieht man das ägyptische Heer. Oben rechts greifen Hethiter das ägyptische Lager an. Darüber hinaus ist eine Beratung des Königs mit seinen Offizieren sowie das Mißhandeln von Gefangenen zu erkennen.

Auf der rechten Pylonseite ist die berühmte Schlacht von Kadesch (1285 v. Chr.) mit dem historisch umstrittenen, von Ramses II. aber immer wieder angeführten Sieg über die Hethiter dargestellt. Als die Staudämme von Aswan noch nicht gebaut waren, reichte die Nilflut gelegentlich bis an den Fuß der Pylontürme, wie H. Brugsch von seinen Ägyptenaufenthalten berichtete. Letztmals kamen die Wasser des Nil in der Flut von 1959 bis hierher.

Nach dem Durchschreiten des Pylons erblickt man im 1. Hof die Reste einer einst rund 18 m hohen Kolossalstatue von Ramses II. Diodor hat diese Figur offenbar noch intakt vorgefunden. Die Griechen und auch die Römer hielten sie für eine Darstellung des Memnon, Sohn des Thitonos und der Göttin Eos, der von Achilles im Trojanischen Krieg erschlagen wurde. Andere wollten in dem Koloß den ägyptischen Pharao Sesostris (12. Dynastie) wiedererkennen, wieder andere bezeichneten ihn mit einem der Namen Ramses' II., nannten ihn aber statt Usermaatre mit Bezug auf die Beschreibung Diodors Osymandias. Schließlich benannte man die Sitzfigur auch nach einem ägyptischen Pharao Amenophis (18. Dynastie), dessen Name sich als Phamenoph erhalten hat. Percy B. Shelley (1792–1822), einer der bedeutendsten Lyriker Englands und Hauptvertreter der englischen Romantik, schrieb über ihn das Gedicht *Osymandias von Ägypten.*

Zwischen den Osirispfeilern, denen offenbar die Christen die Köpfe abgeschlagen haben, verlaufen die ins Innere des Tempels führenden Rampen. Von den ursprünglich acht Pfeilern dieser Hofseite stehen noch die vier rechten. Folgt man der mittleren Rampe (jetzt links vom vierten Pfeiler), gelangt man in den Mittelgang des Großen Säulensaals, der eine verkleinerte Wiederholung des Saals im Amuntempel von Karnak ist.

Im großen Säulensaal sind nach dem Vorbild des Amuntempels in Karnak die beiden mittleren Säulenreihen erhöht, so daß sich hier wie dort das Problem des Höhenunterschieds zwischen dem Dach des Mittelgangs und den niedrigeren Seitenhallen stellte. Interessanterweise zeigt nun das Ramesseum, obwohl es die spätere Lösung darstellt, einen schwächeren

Tonnengewölbe

Lichteinfall (bei gleichem basilika-ähnlichem Raumquerschnitt). Es ging dem Baumeister also nicht um die Helligkeit, sondern vielmehr um die Gestaltung des Innenraums, dem er eine betonte Axialität und eine gesteigerte innere Spannung verleihen wollte.

An sehenswerten Reliefs finden wir hier (beim Eintritt in den Säulensaal links) die Erstürmung von Dapur. Am Ende des Saals erblicken wir den König und seine Söhne vor den Göttern. Im folgenden Raum ist eine Barkenprozession in die Wand gemeißelt und die Decke mit astronomischen Darstellungen geschmückt.

In den Ziegelbauten, deren Reste man rings um den Tempel erblickt, waren Schreiberschulen, die Verwaltung, hauswirtschaftliche Abteilungen und vieles andere untergebracht, nicht zu vergessen auch die Magazinräume mit ihrem bemerkenswert gut erhaltenen Tonnengewölbe.

Medinet Habu

Medinet Habu ist einer der größten Baukomplexe des Neuen Reichs. Die Anfänge unter Hatschepsut wirken zwar noch bescheiden, auch hatte es hier schon vor Hatschepsut ein Heiligtum gegeben. Doch unter Ramses III. entstand hier eine Tempelanlage von beeindruckenden Ausmaßen, die auch bau- und stilgeschichtlich zahlreiche interessante Aspekte aufweist.

Medinet Habu war ein großangelegtes Verwaltungszentrum. In seiner Blütezeit standen 62 626 Personen in seinen Diensten.

Die Anlage verfügte über umfangreiche Wirtschafts- und Wohnbauten, die über den ramessidischen Städtebau Aufschluß geben, sowie über einen königlichen Palast in Verbindung mit einem Harem. Die Anlage war durch einen Kanal mit dem Nil verbunden, was die Anlieferung von Baumaterialien und Statuen erleichterte und nach Vollendung der Tempel die Durchführung von Wasserprozessionen gestattete. Der Gesamtkomplex ist von einer wuchtigen Mauer aus sonnengebrannten Nilschlammziegeln umgeben, in die nach dem Niedergang des Pharaonenreichs und nach Aufgabe des Tempeldienstes von den Einheimischen primitive Unterkünfte eingebaut wurden. Als Besucher um die Mitte des 19. Jh. diesen Ort aufsuchten, fand sich dort, im Unterschied zu anderen Tempelanlagen (etwa dem Luxor-Tempel) niemand mehr.

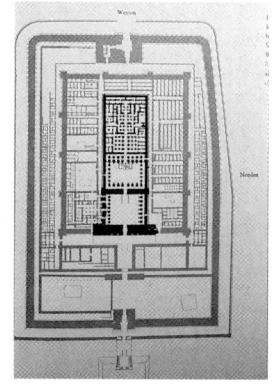

Plan von Medinet Habu

Die ursprüngliche Anlegestelle am heute nicht mehr existierenden Kanal bezeichnet das sogenannte Hohe Tor (Osttor) mit seinen zwei vorgelagerten Wachhäuschen, die unmittelbar an

Das Hohe Tor, Fotografie von Maxime du Camp

der alten Kaimauer lagen. Rechts verlaufen die Mauern eines in römischer Zeit dem Hatschepsut-Tempel angebauten Vorhofs, so daß das ursprüngliche Aussehen der Außenfront gestört ist. V. a. wird dem Hohen Tor die Wirkung genommen. Dessen ungewöhnliche, durch mehrere Rücksprünge gekennzeichnete Form ist offensichtlich von syrischen Vorbildern beeinflußt. Auffallend sind hier in unterschiedlicher Höhe angebrachte Kopfkonsolen (offenbar bewußt auf eine perspektivische Wirkung angelegt), die Gefangene darstellen. Die Außenflächen der beiden Tortürme zeigen den König, wie er seine Feinde erschlägt. Es handelt sich um mit Namen bezeichnete Stammesfürsten: ein Hinweis auf das im Neuen Reich entwickelte Geschichtsbewußtsein, das auf die Darstellung historischer Ereignisse abzielt. Die beiden übereinanderliegenden Fenster zwischen den Tortürmen gehören zu einem Pavillon, dessen Wandreliefs den Herrscher zusammen mit seinen Haremsdamen zeigen. Die Räume dienten offenbar solchen Zusammenkünften.

Betrachten wir die Südseite des Totentempels Ramses' III. (20. Dynastie). Deutlich erkennbar ist ein für das Neue Reich charakteristisches Merkmal: die geschlossenen Außenflächen, mit denen die Größe des Tempels betont werden sollte. Die Mauern der Höfe und die Mauern des eigentlichen Tempelhauses sind einheitlich zusammengefaßt, und auch dort, wo ein Pylon die Mauer unterbricht, wird die Wand in gleicher Höhe und Richtung weitergeführt. V. a. im rückwärtigen Teil übertrifft die Höhe der Außenwände bei weitem die Dachhöhen der dahinter liegenden Räume. Der Tempel sollte größer und höher erscheinen, als er in Wirklichkeit ist, wobei auf den riesigen Wandflächen die königlichen Kriegstaten im Relief verherrlicht wurden.

Im Vordergrund erkennt man vor dem Tempel die Überreste des sich hier anschließenden Palasts, der mit dem 1. Tempelhof durch ein Erscheinungsfenster verbunden war. Der Pharao hatte so die Möglichkeit, vom Palast aus Huldigungen entgegenzunehmen oder von hier aus die im Hof abgehaltenen Kulthandlungen zu verfolgen.

Ramses III.
packt seine
Feinde am
Schopf

Von den vielen hervorragend ausgeführten Wandreliefs sollte man zumindest folgende betrachten:

(1) Außenseite des 1. Pylons: Der König packt seine Feinde
beim Schopf und erschlägt sie mit der Keule. Die eroberten
Städte sind jeweils durch einen Mauerring mit dem Namen der
Stadt und dem Oberkörper eines gefesselten Gefangenen dargestellt; der falkenköpfige Gott Re-Harachte führt sie an Stricken
dem König zu. Die Inschrift bezieht sich auf einen Sieg Ramses' III. über die Syrer. Auf der zweiten Pylonhälfte findet sich
eine Parallelszene. Weitere Darstellungen vom Syrerkrieg sieht
man an den Innenwänden des 1. Hofs. Eindrucksvoll ist v. a. die
linke Wand mit dem ›Erscheinungsfenster‹ in der Mitte.

(2) Äußere Rückseite des 1. Pylons: Oben erkennt man eine
Jagd auf Antilopen und Wildesel, darunter die Jagd auf wilde
Stiere in einer von Fischen und Wasservögeln belebten Sumpf-
landschaft. Beide Darstellungen sind von höchster Qualität und
packend in ihrer »tragischen Wahrhaftigkeit« (Vandersleyen).

153

Stier- und Eseljagd

(3) Zweiter Hof: Darstellung kultischer Feste.
(4) Fest des Erntegottes Min (mit dem König, der aus dem Palast getragen wird).
(5) Fest für Ptah-Sokar.
Die Pfeilerhalle vor dem Tempelhaus zeigt die in der Ramessidenzeit bevorzugte Vereinfachung der Bauglieder, die aber durch reichen Reliefschmuck an Säulen und Pfeilern und deren farbige, teppichartige Wirkung ausgeglichen wird.

Das Innere des Tempels läßt sich mit dem Ramesseum vergleichen. Links vom Großen Säulensaal liegen fünf Schatzkammern, deren Reliefs den gehorteten Reichtum schildern, gegenüber befinden sich vier Kapellen. Vom 2. Säulensaal aus erreicht man rechts das Sonnenheiligtum für Re, der letzte Raum (4 Pfeiler) war das Allerheiligste für die Götterbarke.

Auf dem Vorplatz zwischen dem Hohen Tor und dem 1. Pylon des Haupttempels, etwas nördlich in Richtung Heiliger See, lag der Tempel von Hatschepsut und Thutmosis III.

Die kleine Gebäudegruppe zeigt eine architektonisch interessante Lösung. Ein hofartiger, von einer offenen Pfeilerreihe eingefaßter Barkenraum ist mit einem Tempelhaus verbunden, wobei das gemeinsame Hohlkehlengesims die beiden Bauten zusammenschließt und wie eine Einheit erscheinen läßt. Zugunsten dieser Einheit wurde beim Tempel auf geböschte Mauern verzichtet. Spätere Anbauten und ein im Vorgelände errichteter Pylon sowie eine Vorhalle verfälschen heute das Bild.

Die Grabanlagen und Deir el-Medine

Die Gräber im Tal der Könige

In Luxor setzt man beim Etap Hotel mit einem Motorboot über den Nil. An der Anlegestelle auf dem Westufer müssen die Eintrittskarten gelöst werden. Man hat nun die Wahl, entweder einen Wagen zu mieten, der auf asphaltierter Straße direkt zum Tal der Könige fährt, oder man entscheidet sich für die zweite, ungleich schönere, aber körperlich strapaziösere Möglichkeit: Man mietet einen Esel und reitet vorbei an den Memnonskolossen nach Deir el-Bahari zum Tempel der Hatschepsut. Dort nimmt man den steilen Weg über das Gebirgsmassiv und steigt auf der anderen Seite ins Tal der Könige, von den Einheimischen Biban el-Muluk genannt, hinab und macht dort am Rastplatz halt (Getränke erhält man an den Buden vor dem offiziellen Eingangstor).

Hier ließen sich die Pharaonen über einen Zeitraum von annähernd 450 Jahren von der 18. bis zur 20. Dynastie bestatten. Fast alle ihre Gräber sind uns bekannt; nur von den Gräbern des Ahmose, Amenophis I., Semenchkare und Ramses VIII. wissen wir bis heute nichts; vielleicht finden sie sich unter den zahlreichen Gräbern, die zwar im Tal der Könige angelegt sind, deren Zuweisung jedoch bis heute nicht gelungen ist. Darüber hinaus durften in Ausnahmenfällen auch hochstehende Persönlichkeiten diesen abgeschiedenen Ort für ihr Begräbnis nutzen; einige dieser Grabinhaber sind uns namentlich bekannt.

Im Neuen Reich haben die Herrscher die Pyramide als Königsgrab aufgegeben. Vermutlich wurde noch Ahmose, der erste König des Neuen Reichs, der die Restaurierung des zerfallenen Staats nach der Eroberung von Auaris mit der Vertreibung der Hyksos einleitete, in einer Pyramide bestattet, entdeckt wurde diese jedoch bis heute nicht, und auch seine Mumie wurde bislang nicht gefunden. Weil für Ahmose auch eine Grabanlage in Abydos gefunden wurde, kann dieser Ort als Grabstätte nicht mehr ausgeschlossen werden. Der unmittelbare Nachfolger des Ahmose, sein Sohn Amenophis I., ließ seine Grabanlage offenbar im Tal der Könige anlegen, denn seine Mumie fand man in der Cachette von Deir el-Bahari zusammen mit vielen anderen Königsmumien aus dem Biban el-Muluk, so daß die Vermutung naheliegt, daß er dort auch bestattet war (vielleicht Grab Nr. 39).

Mit Thutmosis I. kam in Theben ein gänzlich neuer Grabtyp auf, der für Jahrhunderte verbindlich blieb. Anders als bei den im Norden des Lands gelegenen Königsgräbern des Alten und Mittleren Reichs, den viergliedrigen Pyramidenanlagen mit Taltempel, Aufweg, Totentempel und Grab in Pyramidenform, bildeten von nun an Grab und Totentempel keine Einheit mehr, sondern sie waren räumlich voneinander getrennt. Der Grund für diese Trennung mag gewesen sein, daß die Totentempel nun als Nebentempel des Amuntempels von Karnak betrachtet wurden und damit für den Verstorbenen nur noch eine untergeordnete Rolle spielten; vielleicht war es auch nur der Wunsch, das bislang so auffällig gelegene Königsgrab und die Opferstelle dem Anblick potentieller Plünderer zu entziehen.

Dieser neue Grabtyp begegnet am deutlichsten im Tal der Könige. Für die insgesamt 64 Gräber aus der Zeit der 18. bis 21. Dynastie wählte man die schwer zugängliche Wüstengegend in dem zerklüfteten Gebirgszug westlich der Residenz Theben. Hier trieben die Arbeiter tiefe Stollen in die Bergwände, teilweise über 200 m lang (beispielsweise beim Grab der Hatschepsut mit einer Ganglänge von 213 m), und erst am Ende des Gangs legte man die Grabkammer an. Bei diesen Felsgräbern gab es keine Opferstelle mehr, da die Priester ja gerade nicht hierher zur verräterischen Totenkultstätte am Königsgrab wandern sollten. Statt dessen dienten sie jetzt dem Verstorbenen im Totentempel, der an den Rand des Fruchtlands verlegt war; und hier opferte man nicht nur dem toten König, sondern v. a. dem Sonnen- und Reichsgott Amun-Re von Karnak.

Bei den Anlagen aus den Anfängen der 18. Dynastie treffen wir auf sehr bescheidene Ausmaße. Thutmosis I. ließ eine Grabkammer mit ovalem Grundriß anlegen, und diesem Schema folgten auch Thutmosis II. und Thutmosis III. Die ovale Anlage erinnert an die Form der Königskartusche; sie entspricht den älteren Unterweltsbüchern und veranschaulicht die Krümmung des Jenseitsraums.

Die Dekoration der Königsgräber der frühen 18. Dynastie ist recht spärlich. Während die Korridore in der gesamten 18. Dynastie gänzlich undekoriert blieben, zeigten Schacht, Vorkammer und Sargkammer Bemalungen.

»Die Motive der Dekoration sind in ihrer Verteilung streng festgelegt. Die Wände der Hauptkammer bleiben bis zu Echnaton ausschließlich dem Unterweltsbuch *Amduat* vorbehalten, das vollständig mit allen zwölf Nachtstunden und mit der Kurzfassung auf den Wänden abgerollt wird, in der Bemalung und in der strichhaften Wiedergabe von Zeichen und Figuren die auf Papyrus gemalte Vorlage sehr getreu nachahmend. Die übrigen verputzten Flächen zeigen den König vor Gottheiten, die für sein jenseitiges Fortleben besonders wichtig sind; dazu sind die Decken in Schacht, Vorkammer und Sargkammer meist blau mit gelben Sternen bemalt, geben also den Himmel wieder, der auf diese Weise in die Tiefe der Unterwelt hineingenommen wird.

In Grundriß, Dekoration und verwendeten Maßen läßt sich eine deutliche Entwicklung beobachten, die auf Vermehrung zielt; hier wird der Kanon von Maßen und Dekorationselementen, den das Neue Reich für königliche und nichtkönigliche Gräber neu festgelegt hat, fortlaufend ausgebaut. Jedes Königsgrab ist neu und in erweiterter Form entworfen, unabhängig von der Länge der Regierungszeit. Hier ist sorgfältige Planung am Werk, der es auf ›Erweiterung des Bestehenden‹ ankommt – ein Grundgesetz, das auch für die Planung der Tempel und im Prinzip für alle Akte des Pharaos gilt; er wiederholt nicht nur die Taten des Schöpfers und bringt die Welt in ihren vollendeten Anfangszustand zurück, sondern geht dabei über alles hinaus, was vorher geleistet wurde. So fügt man über mehrere Jahrhunderte hinweg am Anfang jeder Regierungszeit zum bisherigen Grundriß des Königsgrabes irgendein Element hinzu, zusätzliche Korridore, Seitenkammern oder Pfeiler, und ganz entsprechend wird auch die Dekoration um neue Motive bereichert, werden die verwendeten Ellenmaße stufenweise erhöht, so daß sich größere Kammern, breitere und höhere (doch nicht unbedingt längere) Korridore und parallel dazu auch größere Abmessungen der königlichen Sarkophage ergeben.« (Hornung, 1982)

Unter Amenophis II., dem Nachfolger Thutmosis’ III., erfuhr das Grabinnere eine deutliche Umgestaltung: Die Sargkammer war in ihrem rückwärtigen Teil tiefer gelegt und nahm den Sarkophag auf; ihr Grundriß war nicht mehr oval, sondern rechteckig; die Wände der Kammer wurden ringsum mit dem Text des *Amduat* geschmückt. Das Grab Amenophis’ II. zeigt in seinem Grundriß nun die ›klassische‹ Lösung der bei Königsgräbern üblichen Raumfolge.

Amenophis IV. (Echnaton) verlegte die Residenz nach Amarna, und die bis dahin geübte Praxis der ständigen Graberweiterung wurde kurzzeitig unterbrochen. Das Königsgrab in der neuen Residenz hatte überaus bescheidene Maße, und die wenigen Raumelemente erinnern an ein Polytaph (Mehrfachgrab).

»Eine bleibende und im ganzen bleibende Änderung, die Echnaton vornimmt, ist die Rückkehr zur geraden Achse des Königsgrabes, aber sie ist jetzt nicht mehr, wie in der Pyramidenzeit, auf die Region der Zirkumpolarsterne ausgerichtet, sondern macht das Grab für die Strahlen der Sonne, des Lichtgottes Aton, zugänglich. Diese neue Entwicklung setzt sich konsequent fort bis zu den lichtdurchfluteten, nicht mehr in dunkle Tiefen hinabführenden Gräbern der späten Ramessidenzeit.« (Hornung, 1982)

Tutanchamun, der zunächst Tutanchaton hieß, war mit einer Tochter Echnatons verheiratet, und vielleicht war er sogar dessen Sohn. Er wuchs in der besonderen Atmosphäre der Amarnazeit auf, erlebte das Scheitern des von Echnaton eingeführten Aton-Kults, schaffte diesen wieder ab und verlegte die Residenz von Amarna nach Memphis, während Theben nie wieder Hauptstadt des ägyptischen Reichs wurde. Allerdings blieb Theben das religiöse Zentrum und Amun der oberste Reichsgott. Und so wurden auch die Königsgräber nach wie vor im Gebiet von Theben angelegt. Als Tutanchamun nach nur neunjähriger Regierungszeit noch sehr jung eines wahrscheinlich gewaltsamen Todes starb, wurde er in einem eher provisorischen Grab beigesetzt.

Unter Haremhab, den die Könige der Ramessidenzeit als den ersten legitimen König nach Amenophis III. betrachteten, setzte sich ein neues Konzept in der Grabgestaltung durch. Erstmals wurden die Grabwände mit Auszügen aus einem neuen Unterweltsbuch geschmückt, dem *Buch von den Pforten des Jenseits*, kurz *Pfortenbuch*. Derweil verzichtete man vollständig auf das *Amduat*, es erschien nicht einmal auszugsweise. Auffallend ist im Grab des Haremhab ferner der Übergang von der Malerei zum Relief. Die Wandflächen in seinem Felsgrab im Tal der Könige »zeigen bemaltes Flachrelief von einer Feinheit und plastischen Durchbildung, wie sie nicht wieder erreicht wurde« (Hornung, 1982).

Mit Ramses I. begann die sogenannte Ramessidenzeit, zu der man die Könige der 19. und 20. Dynastie zählt. Während sein Grab sehr schlicht gehalten war und auf Reliefs verzichtete, ließ sein Sohn Sethos I., der den Thron nach der nur anderthalbjährigen Regierungszeit seines Vaters übernahm, ein Grab anlegen, das alles bisher Dagewesene in den Schatten stellte. In seiner Ausschmückung ist das Grab Sethos' I. eine einzige große Illustration der bekannten Totenbücher, des *Amduats* (das Buch von dem, »was in der Unterwelt ist«) und des *Buchs der Pforten und Höhlen*; darüber hinaus enthält das Grab die gesamte *Sonnenlitanei*, das *Buch von der Himmelskuh*, das Ritual der Mundöffnung und eine Fülle neuer Götterdarstellungen.

In der 20. Dynastie erfuhr das Königsgrab unter Ramses III. eine nochmalige Erweiterung durch dekorierte Nischen in den Korridoren, durch eine Vergrößerung der Anzahl der Türöffnungen und ein noch umfangreicheres Bildprogramm. Allerdings ließ jetzt die Qualität der Bauausführung sowie die der Malerei und der Reliefs deutlich nach. Mit dieser Anlage wird deutlich, daß eine weitere Steigerung im Grabbau nicht mehr möglich war.

Das Grab Ramses' VI. ist zwar noch einmal überaus luxuriös dekoriert, doch die Anlage selbst zeigt in ihrem Grundriß eine Reduktion durch den Verzicht auf Nebenräume.

Nach Ramses XI., dem letzten Pharao der 20. Dynastie, nahm man davon Abstand, die Pharaonen im Tal der Könige zu bestatten. Vielmehr besann man sich darauf, daß die Residenz seit der Amarna-Zeit im Norden des Lands lag, zunächst in Memphis, dann bei Tanis im Osten des Deltas, wo einige der Pharaonen der Ramessidenzeit bereits ein Zweitgrab anlegen ließen. So nimmt es nicht wunder, daß sich die Könige der 21. Dynastie Gräber in der Residenz Tanis erbauen ließen.

Wilkinson hat die Gräber im Tal der Könige im letzten Jahrhundert numerieren lassen. Die nachstehende Zusammenstellung erfolgt nach der *Topographical bibliography* ... von Bertha Porter and Rosalind L. B. Moss. In diesem Opus findet der interessierte Leser neben ausführlichen Literaturhinweisen eine komprimierte Beschreibung der Anlagen.

Die Gräber der 18.–20. Dynastie im Tal der Könige in zeitlicher Reihenfolge:		
Name des Grabbesitzers	Zeit v. Chr.	Grab Nr.
1. Könige, 18. Dynastie	1552–1306	
Ahmose	1552–1527	Grab unbekannt
Amenophis I.	1527–1506	Grab unbekannt, vielleicht 39?
Thutmosis I.	1506–1494	38
Thutmosis II.	1493–1490	42
Thutmosis III.	1490–1436	34
Hatschepsut	1490–1468	20
Amenophis II.	1438–1412	35
Thutmosis IV.	1412–1402	43
Amenophis III.	1402–1364	22
Amenophis IV. (?)	1364–1347	55
Semenchkare	1347	Grab unbekannt
Tutanchamun	1347–1338	58, 62
Eje	1337–1333	23
Haremhab	1333–1306	57
19. Dynastie	1306–1186	
Ramses I.	1306–1304	16
Sethos I.	1304–1290	17
Ramses II.	1290–1224	5, 7
Merenptah	1224–1204	8
Sethos II.	1204–1194	15
Amenmesse	1194	10
Siptah	1194–1188	47
Tausret	1188–1186	14
20. Dynastie	1186–1070	
Sethnacht	1186–1184	14
Ramses III.	1184–1153	3, 11
Ramses IV.	1153–1146	2
Ramses V.	1146–1142	9
Ramses VI.	1142–1135	9
Ramses VII.	1135–1129	1
Ramses VIII.	1129–1127	Grab unbekannt
Ramses IX.	1127–1109	6

Ramses X.	1109–1099	18
Ramses XI.	1099–1070	4
2. Persönlichkeiten am Königshof		
Maiherperi	Zeit Hatschepsuts	36
Amenemope	Zeit Amenophis' II.	48
Juja und Tjuja	um 1400	46
Monthuherchepeschef	Sohn Ramses' IX.	19
Bija	?	13
Userhat	?	45
3. Unbekannte Inhaber		
Unbekannt	?	12, 21, 24, 25, 26, 27, 28, 29, 30, 31, 32, 33, 37
Unbekannt	? vielleicht Amenophis I.	39
Unbekannt	?	40, 44, 56, 61

Von den im Tal der Könige archäologisch erschlossenen Gräbern sind derzeit etwa 17 öffentlich zugänglich. Im folgenden werden nur die wichtigsten näher besprochen.

Nr. 1; Ramses VII.: Das Grab war bereits zur Zeit der Ptolemäer zugänglich. Es ist mit zahlreichen Darstellungen geschmückt.

Nr. 2; Ramses IV.: Der Plan dieses Grabs ist auf der Vorderseite eines Papyrusblatts erhalten, das im Museum von Turin aufbewahrt wird. Das Grab weicht in einigen Punkten deutlich vom Plan seines Vorgängerbaus, dem Grab Ramses' III., ab: Die Zahl der Räume wurde reduziert, gleichzeitig aber die Breite und Höhe der Korridore jeweils um eine Elle erweitert. Auch in der Dekoration finden sich jetzt bemerkenswerte Neuerungen: Während bislang vor der Eingangsszene mit dem König vor dem Sonnengott Götterszenen dargestellt waren, fehlen diese hier. Bemerkenswerte Abweichungen erkennt man

Der Turiner Plan

auch in der Architektur mit der schrägen Rampe, die von der Mitte des 3. Korridors bis in die Sargkammer führt, ferner in der gewölbten und besonders erhöhten Decke über dem 3. Korridor, dem gänzlichen Fehlen von Pfeilern sowie in der Gestaltung der Räume hinter der Sargkammer. Auf die Rückseite desselben Turiner Papyrus hat der Schreiber den Plan für das Grab von Ramses V. gezeichnet, wie Hornung überzeugend nachweisen konnte. In der Grabkammer steht noch der verzierte Granitsarkophag.

Nr. 3; Ramses III.: Dieses Grab war ursprünglich für Ramses III. vorgesehen, ist aber wieder aufgegeben worden. Statt dessen wurde Grab Nr. 11 angelegt. Das Grab zeigt keine Dekorationen und ist heute halb verschüttet.

Nr. 4; Ramses XI.: Die Dekoration des Grabs ist unvollendet, lediglich im Eingangsbereich finden sich Darstellungen; ansonsten ist die Anlage vollständig.

Nr. 5; Ramses II.: unvollendet; für Ramses II. begonnen, jedoch aufgegeben und durch Nr. 7 ersetzt.

Nr. 8; Merenptah: Bei Flaubert lesen wir: »Meneptah. Großer Mumiensaal. Fliesen in Brusthöhe laufen rings im Kreise als Konsole herum, worauf die Mumien gestellt waren.« Es folgt eine ausführliche Beschreibung der Darstellungen und der Hinweis: »Inmitten dieses wundervollen Gemaches standen zwei Pfeiler; der eine wurde von Dr. Lipsius niedergelegt; die vier Pfeiler des zweiten Pfeilers zeigen wundervolle Malereien.«

Nr. 9; Ramses V./Ramses VI.: Das Grab liegt in unmittelbarer Nachbarschaft zum Grab Tutanchamuns. Es wurde für Ramses V. angelegt, konnte jedoch für diesen nicht fertiggestellt werden. So hat es später sein Nachfolger Ramses VI. verwendet und erweitert. Dieses Grab ist auch unter dem Namen »Grab des Memnon« oder als »Grab der Seelenwanderung« bekannt. Der ursprüngliche Plan für dieses Grab blieb durch einen glücklichen Umstand erhalten. Man fand ihn in Theben auf einem Papyrusblatt im Grab des Schreibers Amunnacht vom Ende des Neuen Reichs. Auch bei dieser Anlage liegen die Korridore und die Pfeilersäle hintereinander auf einer Achse, wie dies seit Sethos I. üblich geworden war. Die Wandbilder zeigen weiterhin Szenen aus den Totenbüchern, erreichen aber nicht mehr die Qualität wie in der 19. Dynastie.

In den ersten vier Korridorräumen (bis zum Vierpfeilersaal) ist nahezu das gesamte *Pfortenbuch* dargestellt. Vom dritten Raum an sieht man an der Decke das *Buch des Tages und der Nacht*. Im Vierpfeilersaal selbst zeigt die Decke astronomische Darstellungen. An der linken Wand ist eine Art Schöpfungsgeschichte bemerkenswert. Bis hierher reichte das Grab Ramses' V.

Die nächsten Räume gehören zu einer Erweiterung durch Ramses VI. In den beiden folgenden Korridorräumen liegt der Ausschmückung wieder das *Amduat* zugrunde. An der Decke ist zunächst die Abendbarke dargestellt, etwas weiter hinten die Morgen- und Abendbarke des Sonnengottes Re. Im letzten Korridorraum ist von den Szenen aus dem *Totenbuch* v. a. das »negative Schuldbekenntnis der Seele vor dem Totengericht« von Interesse.

Im abschließenden Pfeilersaal finden sich am Deckengewölbe Szenen aus dem *Buch des Tages und der Nacht*; zweimal ist die Himmelsgöttin Nut dargestellt. Insgesamt finden sich in diesem Grab fast alle bekannten Himmels- und Unterwelts-

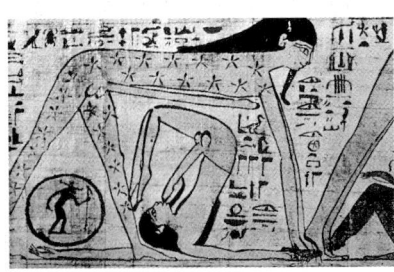

Wandbild im Grab Ramses' VI., Nachzeichnung

bücher, Sprüche aus dem *Totenbuch* und Darstellungen von Göttern; allerdings wurde auf die *Sonnenlitanei* wohl aus Platzgründen verzichtet.

Nr. 11; Ramses III.: Das sogenannte »Harfnergrab«

Nr. 14; Tausret/Sethnacht: Tausret war die Gemahlin von Sethos II. Sie ließ dieses Grab für sich anlegen; später wurde es von Sethnacht usurpiert.

Nr. 16; Ramses I.: Flaubert schrieb: »Schwieriger Eingang. Ein einziger Saal mit einem leeren Granit-Sarkophag. Eine Bleistift-Inschrift zeigt an, daß Belzoni, Stralton Peechy und Bennett bei seiner Öffnung am 11. Oktober 1817 zugegen gewesen sind.«

Nr. 17; Sethos I.: Auch »Belzonis Grab« genannt. Dieses Grab wurde 1817 von Belzoni entdeckt und in seinen *Narratives ...* ausführlich beschrieben. Oft wird das Grab als das schönste im Tal der Könige bezeichnet. Über 100 m weit ziehen sich Korridore, Pfeilersäle und Kammern in den Felsen hinein, alle Wände und Decken sind mit Wandreliefs und Malereien prächtig geschmückt, die sich zum großen Teil sehr gut erhalten haben. Im Grundriß zeigt das Grab von Sethos I. nicht mehr den bis dahin üblichen Knick und den Richtungswechsel der Achsen,

Malereien im Grab Sethos' I.

sondern die Räume folgen in einer Flucht hintereinander, wobei die Räume 7–10 eine leicht versetzte Parallele zur Achse der Räume 1–6 bilden. Die großräumige Anlage mit ihren vielen Nebenräumen und ausgedehnten Wandflächen ermöglichte es, ein Bildprogramm unterzubringen,

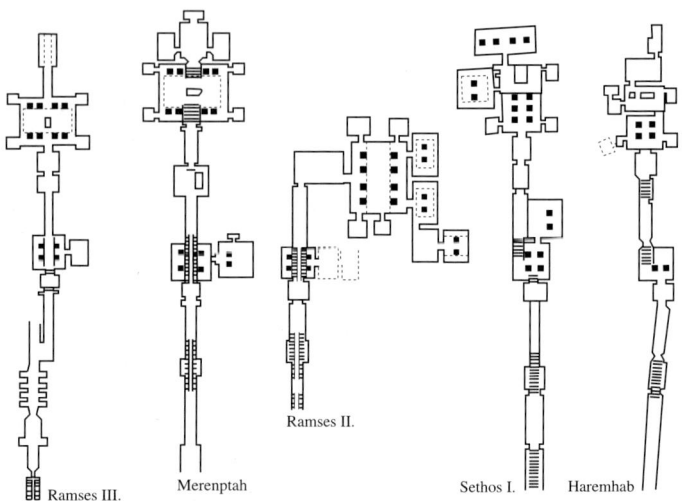

Ramses II.

Ramses III.   Merenptah   Sethos I.   Haremhab

Verschiedene Grabanlagen

»wie es in den bisherigen Königsgräbern nicht verwirklicht werden konnte. Bei Sethos I. können die Wände nebeneinander die beiden großen Unterweltsbücher *Amduat* und *Pfortenbuch* aufnehmen (wenn auch unvollständig), dazu die gesamte *Sonnenlitanei*, das *Buch von der Himmelskuh*, das Ritual der ›Mundöffnung‹ und eine Fülle von neuen Götterszenen, für welche die zusätzlichen Pfeiler in den Nebenräumen weitere Flächen bieten; neben den Wänden und den Decken mit ihren Himmeldarstellungen gibt der Sarkophag noch ein weiteres, diesmal vollständiges Exemplar des *Pfortenbuches*.« (Hornung, 1982)

Im Korridor (1) sehen wir fliegende Geier an der Decke. An der linken Wand steht der König vor dem falkenköpfigen Sonnengott Re-Harachte. Es folgt der Beginn der Sonnenlitanei, u.a. die Sonnenscheibe mit Skarabäus und der widderköpfige Sonnengott mit Menschenkörper.

Bei (2) erblicken wir an den oberen Wandteilen über 70 verschiedene Darstellungen des Sonnengottes.

Bei (3) ist im Korridor die nächtliche Fahrt der Sonne dargestellt: die 4. und 5. Stunde nach der Schilderung des *Amduat*.

Raum (4) war ursprünglich ein senkrechter Schacht zur Irreführung potentieller Grabräuber (oder zur Aufnahme des Regenwassers?). Erst im 19. Jh. hat man ihn zugeschüttet.

Die Wand zwischen Raum (4) und (5) war ursprünglich geschlossen, so daß man annehmen mußte, die Grabanlage sei hier zu Ende. Dargestellt ist Sethos I. vor verschiedenen Göttern und Göttinnen.

Bei (5) gelangen wir in den Vierpfeilersaal. Dargestellt ist wieder die Fahrt der Sonne durch die Unterwelt entsprechend der 4. und 5. Stunde des *Pfortenbuchs*.

Im Zweipfeilersaal (6) sind Szenen aus dem *Pfortenbuch* zu erkennen. Die Wandreliefs sind hier nicht ausgearbeitet. Statt dessen sieht man die technisch interessanten, in der Qualität hervorragenden Vorzeichnungen.

An den Wänden der beiden folgenden Korridore (7 und 8) erkennt man jeweils Darstellungen des Rituals der Mundöffnung.

Im Raum (9) sieht man Sethos I. vor Göttern und Göttinnen. Die Wandreliefs von Raum (4) werden hier weitgehend wiederholt, und sie erfahren dabei gleichzeitig eine qualitative Steigerung.

Raum (10) ist der Sechspfeilersaal. Der rückwärtige, überwölbte Teil barg den Alabastersarkophag, der heute im Soane-Museum in London aufbewahrt wird. Die Mumie fand der Grabräuber Abd er-Rassul in der Cachette von Deir el-Bahari; sie wurde 1881 von der Altertümerverwaltung ins Ägyptische Museum von Kairo überführt. An der Decke des Sechspfeilersaals sehen wir astronomische Darstellungen (Sternbilder), an den Wänden Szenen aus dem Totenreich, wiederum nach dem *Pfortenbuch* und nach dem *Amduat*.

Totenbuchtexte
im Grab
Sethos' I.

(11) ist eine Nebenkammer mit prachtvollen Illustrationen zum *Pfortenbuch*. In der Nebenkammer (12) schließlich finden wir eine großartige Darstellung der Himmelsgöttin Nut in der Gestalt einer Kuh, die vom Luftgott Schu gestützt wird. Die Inschriften erzählen eine mythische Sintflutgeschichte, die derjenigen des Alten Testaments ähnelt.

Es folgt ein Vierpfeilersaal, der nicht fertiggestellt wurde. Die Grabanlage setzt sich ohne Dekorationen noch weitere 46 m in den Felsen fort.

Nr. 18; Ramses X.: Bei Flaubert heißt es: »Beim Eintritt sieht man das Porträt Mustapha-Beis (ähnelt einem Geistlichen) und das Lallemants von Dantan dem Jüngeren, Januar 1849.«

Nr. 22; Amenophis III.: Grab liegt im Westtal. Es zeigt zahlreiche Darstellungen. In der Anlage gleicht es dem Grab Nr. 35.

Nr. 23; Eje: Das Grab liegt versteckt am Ende des Westtals. Es wird wegen der 12 Paviane, die dort an die Grabwände gemalt sind, auch das »Affengrab« genannt. Die Ausstattung ähnelt der im Grab des Tutanchamun. Der Sarkophag steht heute im Ägyptischen Museum von Kairo.

Nr. 35; Amenophis II.: Der Grundriß zeigt die klassische Lösung der im Tal der Könige üblichen Raumfolge.

Am Anfang des Grabs führen Treppen und lange Korridore in die Tiefe des Felsens, wobei ein senkrechter Schacht, über den heute eine Brücke führt, wohl als Falle für mögliche Grabräuber gedacht war. Auch der anschließende Zweipfeilerraum soll in die Irre führen, da er die erwartete Grabkammer nur vortäuscht und überdies durch undekoriert belassene Wände den Eindruck erwecken will, die Grabanlage sei nicht vollendet worden. Die eigentliche Sargkammer erreicht man erst über eine weitere, ursprünglich vermauerte Treppe. Hier öffnet sich dann ein erstaunlich großer, von sechs Pfeilern gestützter Raum, an den sich zu beiden Seiten je zwei Nebenräume anschließen, in denen u. a. die Mumien der Könige Thutmosis IV., Amenophis III., Siptah und Sethos II. gefunden wurden.

Die Sargkammer zeigt eine außerordentlich strenge Dekoration, die wie gemalte Literatur wirkt. Tatsächlich ist hier der gesamte Inhalt des *Amduat* mit schwarzer Tinte aufgezeichnet, wobei die bräunlich-gelb getünchten Wände die Wirkung von Papyrus haben sollen. Der Schreiber bediente sich einer kursiven Hieroglyphenschrift. Besondere Beachtung verdient der Quarzitsarkophag des Königs Amenophis II. In einer Bodenvertiefung aufgestellt, barg er in einem Holzschrein die mit Blumen und einer Girlande geschmückte Mumie.

Sarkophag im Grab Amenophis' II.

Die Frontseite des Sarkophags zeigt die Götter Kebech-Se-nuf, Anubis und Hapi (von links nach rechts), die dem Toten die Unversehrtheit im Jenseits sichern sollen. Die beiden ornamental gestalteten Udjat-Augen sollen ihm die Beobachtung der aufgehenden Sonne ermöglichen. Die linke Schmalseite schließlich zeigt die Göttin Isis auf dem Schriftzeichen »Gold« kniend. Ihre Hände liegen auf dem Schen-Ring, dem Symbol der Unendlichkeit. Sie spricht für den toten König ein Gebet an den Erdgott Geb.

Nr. 36; Maiherperi (nichtköniglich): Grab des »Wedelträgers des Königs« aus der Zeit der Königin Hatschepsut ohne Dekorationen. Der Grabschatz befindet sich im Ägyptischen Museum in Kairo.

Nr. 39; unbekannt: Das Grab zeigt keine Inschriften, vielleicht gehörte es Amenophis I. Gegen diese Vermutung spricht eine Angabe im Papyrus Abbott. Möglicherweise ist das Grab Amenophis' I. bereits im Jahre 1899 am Eingang des Talkessels von Deir el-Bahari gefunden worden.

Nr. 43; Thutmosis IV.: Die Anlage gleicht jener von Amenophis II. (Nr. 35). Sie blieb unvollendet; lediglich zwei Räume zeigen Darstellungen.

Nr. 45; Userhat (nichtköniglich): Das Grab wurde in der 18. Dynastie angelegt.

Nr. 46; Juja und Tjuja (nichtköniglich): Juja und Tjuja waren die Eltern der Königin Teje, der Mutter Amenophis' IV./ Echnatons. Der umfangreiche Grabschatz befindet sich heute im Ägyptischen Museum von Kairo.

Nr. 47; Siptah: Das Grab ist zwar unvollendet, es sind jedoch Darstellungen sowie der rote Granitsarkophag erhalten.

Nr. 48; Amenemope (nichtköniglich): Grab eines Wesirs aus der Zeit Amenophis' II.

Nr. 55; Amenophis IV. (?), bisher vermeintlich Teje/Semenchkare.

Nr. 56: Aufgrund des Goldfunds »Gold-Grab« genannt; der Besitzer ist unbekannt, das Grab zeigt keine Inschriften.

Nr. 57; Haremhab: Besonders sehenswert sind in diesem Grab die großfigurigen Wandbilder in steinernen Reliefs, die, teilweise vor tiefblauem Hintergrund, alle wichtigen Götter Ägyptens zeigen. Im Bildprogramm der Sargkammer, in der noch immer der Granitsarkophag des Pharaos steht, erscheint zum ersten Mal das *Pfortenbuch*.

Ein älteres Grab des Haremhab wurde 1975 südlich des Aufwegs zur Unas-Pyramide bei Saqqara entdeckt. Es war mit äußerst qualitätvollen Reliefs ausgestattet und ist auch, nachdem Haremhab sich als Pharao im Tal der Könige hatte anlegen lassen, nicht zerstört oder anderweitig belegt worden.

Nr. 58: Hierbei handelt es sich lediglich um eine Kammer, die zur Anlage des Tutanchamun (**Nr. 62**) gehört.

Nr. 62; Tutanchamun: Tutanchamun, der drittletzte Herrscher der 18. Dynastie, hieß zunächst Tutanchaton. Er war mit einer Tochter des Königs Amenophis IV. (Echnaton) verheiratet; möglicherweise war er sogar dessen Sohn aus einer Verbindung Echnatons mit der Tochter des babylonischen Königs Burraburiasch. Tutanchamun wuchs während der Amarna-Zeit auf, war jedoch zugleich auch der erste Herrscher nach Echnaton. Das Ekstatische und Propagandistische der Armana-Zeit ist bei ihm umgesetzt »in eine maßvolle, beseelte Schönheit« (Wolf). Nach nur neunjähriger Regierungszeit starb Tutanchamun noch sehr jung. So blieb er

Der Sarkophag im Grab Tutanchamuns

als Herrscher unbedeutend, doch wurde er berühmt, als Howard Carter 1922 seinen Grabschatz entdeckte, den einzigen eines ägyptischen Pharaos, der nahezu vollständig auf uns gekommen ist.

Das Grab selbst ist seiner Anlage nach von geringer Bedeutung. Nur die Sargkammer ist ausgemalt, alle anderen Räume blieben undekoriert.

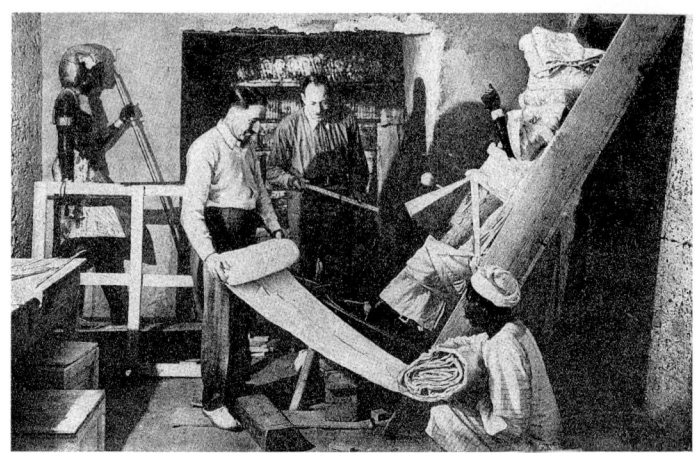
Howard Carter begutachtet Funde aus dem Grab Tutanchamuns

Bei der Entdeckung des Grabs durch Carter fand man jeden der fünf Räume durch große, versiegelte Steintüren verschlossen (s. S. 66ff.). In der Vorkammer stieß man auf tiergestaltige Totenbetten, Alabastervasen, Lampen, Salbgefäße und kostbare Schreiben, auf Thronsessel, Holztruhen und Wagen.

Vor der Sargkammer standen als ›Wächter‹ zwei schwarze, teilweise vergoldete Königsstatuen, in der Kammer selbst fand man vier große, ineinandergestellte Schreine aus vergoldetem Holz. Der innerste barg den monolithen Sarkophag aus Quarzit (2,75 m lang), den an den Ecken vier Totengöttinnen bewachten. Mit ausgebreiteten Flügeln schützten sie den toten König. Dieser Sarkophag enthielt wiederum drei ineinandergesetzte menschengestaltige Särge, von denen der innerste (1,85 m lang), aus massivem Gold gearbeitet, die Königsmumie barg, die noch heute im Quarzit-Sarkophag im mittleren der drei Särge ruht. Die Wände der Sargkammer zeigen Bestattungsszenen.

An der Ostwand (rechts) ist der Transport des Sargs auf einem Schlitten dargestellt. Die Nordwand zeigt rechts die von König Eje vorgenommene Mundöffnung. Das Ritual der Mundöffnung, das aus über 100 Einzelhandlungen besteht, sollte den Verstorbenen lebensfähig erhalten, damit er essen, trinken und sprechen konnte. Man nahm diese Zeremonie auch an Statuen im Atelier vor. In der Mitte der Nordwand steht Tutanchamun vor der Himmelsgöttin Nut; links sieht man die Dreiergruppe aus Tutanchamun (rechte Figur) mit seinem Ka (Mitte) vor Osiris (links).

Auf der Westwand erkennen wir die Chepre-Barke; darunter drei Reihen mit je vier Pavianen, eine Illustration nach dem Anfang des *Amduat*. Das Buch *Amduat* zählt zu den Totenbüchern. Es sind dies Sammlungen magischer Sprüche zur Wiedererweckung und Vergöttlichung. Sie enthalten das erforderliche Wissen, das den Toten dazu anleiten soll, sich in der Unterwelt richtig zu verhalten.

Die Südseite zeigt Tutanchamun, der von der Göttin des Westens neues Leben empfängt.

Der innerste Sarg

Fast alle Gräber im Tal der Könige lassen das Bestreben erkennen, durch Anlage von Irrwegen, Fallgruben und Fallblöcken einer möglichen Plünderung entgegenzuwirken. Ob es sich bei den sogenannten Fallgruben allerdings wirklich um solche gehandelt hat, mag dahingestellt bleiben. Inzwischen wurde die Vermutung geäußert, daß es sich hier um Auffangbecken für das gelegentlich einsickernde Regenwasser gehandelt haben könnte. Andererseits wissen wir, daß Grabräuberei zu jener Zeit an der Tagesordnung war. Selbst Priester waren in solche Machenschaften verwickelt. Wer als Grabräuber ertappt wurde, dem drohte der Tod durch Steinigung. Angesichts dieser Zustände hat ein Grabherr wohl alles darangesetzt, seine Anlage vor Dieben so weit wie möglich zu schützen, und deshalb alle nur denkbaren Sicherheitsmaßnahmen einbauen lassen.

Auch die Länge der Grabanlagen, von denen einige bis 200 m in den Fels hineingetrieben sind, oder auch Stollensysteme, die bis in eine Tiefe von 100 m hinabreichen, müssen unter dem Sicherheitsaspekt betrachtet werden. Trotz aller Vorsichtsmaßnahmen konnte aber dem Grabraub nicht Einhalt geboten werden. Noch in der 18. Dynastie bildete man Kommissionen, um die Gräber zu kontrollieren, ja, man sah sich genötigt, Könige sogar mehrfach umzubetten. Zahlreiche der von den Archäologen freigelegten Gräber erwiesen sich als aufgebrochen und ausgeraubt. Eine Ausnahme macht das Grab des Tutanchamun, das 1922 weitgehend unversehrt vorgefunden wurde. Seine Schätze füllen heute eine eigene Abteilung im Ägyptischen Museum in Kairo.

Die Gräber im Tal der Königinnen

Das Tal der Königinnen, auch Biban el-Harim genannt, liegt in einem Kessel etwa 1,5 km westlich von Deir el-Medine entfernt und ist auf asphaltierter Straße gut zu erreichen. Etwa 80 Gräber von Königinnen, Prinzessinnen und Prinzen wurden inzwischen archäologisch erschlossen, von denen einzelne der 17. Dynastie, die meisten jedoch der 19. und 20. Dynastie angehören. In ihrer Anlage ähneln sie den Gräbern im Tal der Könige, doch sind sie weitaus bescheidener konzipiert. Sie bestehen aus Vorraum, Korridor, Kultraum und Nebenkammer mit dem Sarkophag. Nur selten findet man hier Reliefs. Die meisten Darstellungen sind auf Stuck gemalt. Der überwiegende Teil der Gräber ist allerdings unbemalt, einige sind unvollendet geblieben.

Als Brugsch im Dezember des Jahrs 1853 das Tal der Königinnen besuchte, konnte er dort noch das schönste Grab besuchen, die Anlage der Königin Nefertari, der Gemahlin von Ramses II. (**Grab Nr. 66**).

Zustand eines Grabs im Tal der Königinnen bei seiner Entdekkung durch Giovanni Belzoni

Inzwischen ist es wegen Einsturzgefahr für Touristen geschlossen; zwar ist es mittlerweile mit erheblichem Aufwand renoviert worden, darf aber nur für Fachleute geöffnet werden.

Lohnend ist heute im Tal der Königinnen der Besuch folgender Gräber:

Nr. 43; Grab des Prinzen Sethherchopschef, Sohn Ramses' III.: Die Farben der Malereien in diesem Grab haben sehr gelitten. Man erkennt aber noch deutlich den Prinzen zusammen mit seinem Vater vor verschiedenen Gottheiten.

Nr. 44; Grab des Prinzen Chaemwaset, Sohn Ramses' III.: Das Grab ist gut erhalten, besonders, was die Malereien betrifft. Es zeigt u. a. Illustrationen zum Text des *Totenbuchs*.

Nr. 52; Grab der Königin Titi: Sie war mit einem der Ramessiden verheiratet. Die Farben haben sich teilweise sehr gut erhalten. An den Wänden sieht man zahlreiche Gottheiten.

Nr. 55; Grab des Prinzen Amunherchopschef, Sohn Ramses' III.: Die Farben in diesem Grab haben sich hervorragend erhalten, und es lohnt in jedem Fall einen Besuch. Die Darstellungen zeigen den Prinzen zusammen mit seinem Vater bei der Verehrung verschiedener Götter.

Wandmalerei im Grab der Nefertari

Nr. 66; Grab der Nefertari, Gemahlin Ramses' II.: Die
Malereien zählen zu den großartigsten der ägyptischen Kunst.
Leider ist dieses Grab wegen Einsturzgefahr nicht mehr zu-
gänglich.

Die Gräber der Bürgermeister, Priester und Beamten

Von Medinet Habu aus biegt man in Höhe des Ramesseums
nach links ab, geht an den wenigen Häusern (sie gehören zur
Siedlung Scheich Abd el-Qurna) vorbei den Hang hinauf und
kommt zu einer Reihe höchst sehenswerter Privatgräber, darunter das berühmte Grab des Nacht (**Nr. 52**) und die Gräber von
Menena (**Nr. 69**), Ramose (**Nr. 55**), Rechmire (**Nr. 100**) und
Sennefer (**Nr. 96**). Es handelt sich um Gräber von Priestern,
hohen Beamten und Offizieren mit meist vorzüglich erhaltenen
Wandmalereien, die in diesem Teil des Hügels angelegt wurden.

Zunächst etwas Grundsätzliches zu den Privatgräbern: Innerhalb der traditionsverhafteten ägyptischen Kunst nehmen die
Wandmalereien in den Privatgräbern der 18. Dynastie eine un-
gewöhnlichen Sonderstellung ein. Diese Kunst ist gerade nicht

›zeitlos‹ und ›ewig‹, sie läßt sich vielmehr von der flüchtigen Inspiration des Augenblicks bestimmen. Wandmalerei hatte es in Ägypten nur sporadisch gegeben. Im Umkreis des Hatschepsut-Tempels wurde sie jedoch durch ein Gestein, dessen weiche Struktur sich für Reliefs nicht eignete, praktisch erzwungen.

Der größte Teil der Gräber stammt aus dem Neuen Reich (aus der Zeit der 18. bis 20. Dynastie). Sie repräsentieren somit einen Zeitraum von etwa 500 Jahren (1552–1070 v. Chr.), und anhand der Malereien läßt sich eine zunehmende Verfeinerung der Lebensformen der damals führenden Schichten verfolgen.

Die Grabarchitektur blieb indessen relativ konstant: Vor dem eigentlichen Grab lag ein Hof, in dem sich bei den Totenfeiern die Angehörigen versammelten. Dann folgte eine Querhalle, deren Decke bei größeren Gräbern von Säulen oder Pfeilern gestützt wurde, zuletzt die Längshalle, die mit einer Nische für die Grabstatue des Toten abschloß.

Im Nachfolgenden sind die Gräber in Scheich Abd el-Qurna aufgeführt sowie solche, die in den Nachbarsiedlungen zu finden sind, in Asasif (nördlich) und im Chocha-Hügel (nordwestlich).

Die Gräber der thebanischen Nekropole:
Nr. 31; Ḫnsw, Zeit Ramses' II.: Das Grab ist zugänglich.
Nr. 36; Ibi, Spätzeit.
Nr. 48; Amenemhet, genannt Surara, Chocha.
Nr. 52; Nacht (18. Dynastie, um 1410 v. Chr.): Nacht lebte zur Zeit des Pharaos Thutmosis IV. und war Astronom am Königshof von Theben. Die Malereien in seinem Grab zählen zu den

schönsten dieser Zeit. An Themen (links beginnend) sei die Überwachung der bäuerlichen Arbeiten durch den Grabherrn genannt.

Wandmalerei im Grab des Nacht

Auf der Scheintür sieht man den Verstorbenen mit seiner Gattin beim Mahl, auf der folgenden Wand die Bewirtung von Gästen: Eine nackte Dienerin bedient drei vornehme Damen, daneben ein blinder Harfner. Dann wiederum der Grabherr und seine Frau, denen man Blumen, Fisch und Früchte bringt. Darunter Weinkelter und Weinernte. Weiter rechts noch zweimal der Grabherr mit seiner Frau (Verwandte bringen Opfergaben; Diener). Die Decke zeigt ein farbenfrohes Muster.

Nr. 55; Ramose (18. Dynastie, um 1365 v. Chr.): Ramose war zunächst Wesir unter Amenophis III., danach unter Amenophis IV. (Echnaton), als aus dem vielfältigen Götterpantheon Ägyptens nur noch die Sonnenscheibe Aton verehrt werden sollte und zugleich der individuellen Empfindung ein bis dahin unbekannter Spielraum zugebilligt wurde. Die Darstellungen an der Eingangsseite und auf der Südwestwand repräsentieren noch den Spätstil Amenophis' III.: Man sieht den Leichenzug des Ramose; an der Eingangsseite Ramose selbst in herrlichen Reliefs im Dienst an den Göttern; Ramose beim Opfer in Gegenwart seiner Gemahlin und seiner Diener, Ramose mit zwölf Jünglingen. Die drei ›Gabenträger‹ zeigen, daß man die künstlerischen Möglichkeiten entdeckte, die in der Darstellung von Gewandfalten steckten, »die später ein reiches graphisches Linienspiel entfalteten, hier aber noch etwas schematisch angedeutet werden« (Assmann).

Klageweiber im Leichenzug des Ramose

Das Nebeneinander von Relief und Malerei im Grab des Ramose erklärt sich aus dessen frühem Tod, der die geplante Ausführung aller Themen in der kostbaren Relieftechnik (die den besonderen Status des Grabherrn zum Ausdruck gebracht hätte) verhinderte.

Die Ausarbeitung der Frisuren dieser Damen macht die handwerkliche Qualität der Steinmetzarbeit deutlich.

Das Grab des Ramose geht in seiner baulichen Anlage weit über das übliche Maß eines Privatgrabs hinaus. Der große Quersaal mit seinen 32 Säulen erinnert ebenso wie der achtsäulige Längssaal an die Säulensäle von Tempeln und Palästen und suggeriert königliche Dimensionen. Tatsächlich war Ramose der oberste mit Vollzugsgewalt ausgestattete königliche Beamte. Als Wesir handelte er im Auftrag des Königs, repräsentierte den Willen seines Herrn, war oberster Siegelbewahrer, Vorsteher des Steuerwesens, Mitglied des Kriegsrats und letzte Berufungsinstanz.

Die Abbildung (Eingangsseite) zeigt Amenophis, den Bruder des Ramose, bei einer Festgesellschaft. Die Rückkehr zum Relief verbindet sich hier, im Spätstil Amenophis' III. (vor 1364 v. Chr.), mit einer extremen Verfeinerung der Oberflächengestaltung: Die Perücke ist überreich ziseliert, der Lippenrand, die Mundwinkel und das Auge sind sorgfältig durchgezeichnet, und unter dem Gewand zeichnen sich die Oberarme ab. Alle diese Merkmale sind in gewissem Sinn schon ›Vorboten‹ der Amarna-Zeit, die, solcher Perfektion überdrüssig geworden, gegen die Tradition rebellierte und den Sprung zur ›freien‹ künstlerischen Form vollzog (was zwar eine Episode blieb, die Kunst jedoch für immer veränderte). Den Übergang zur neuen Gestaltungsweise zeigt ein Vergleich der beiden Echnaton-Darstellungen. Links vom Durchgang sieht man das ältere, der Tradition folgende Herrscherbild (um 1364 v. Chr.): Unter einem Baldachin sitzend, verharrt der König in der konventionellen Sitzhaltung, ohne daß ein Bezug zu dem vor ihm stehenden Grabherrn angedeutet würde. Rechts vom Durchgang zeigt die jüngere Darstellung (um 1357 v. Chr.) das königliche Paar sehr viel lebendiger in einer Bewegung, bei der sich der König nun unmittelbar dem Grabherrn zuwendet.

Nr. 69; Grab des Menena (18. Dynastie, um 1410 v. Chr.): Menena lebte zur Zeit Thutmosis' IV. (etwa 50 Jahre vor Echnaton). Er war Katasterschreiber und Feldvermesser. Sein Grab ist eines der schönsten und noch sehr gut erhalten. An den Innenwänden des Eingangs sehen wir ihn mit Frau und Töchtern beim Opfergebet vor Amun-Re.

Ernte, Malerei im Grab des Menena

Im linken Teil des Quersaals sieht man Menena (sitzend) mit seinen Töchtern, in vier Bildstreifen werden landwirtschaftliche Arbeiten geschildert, so die Feldvermessung, die Getreideernte sowie der Transport und das Abmessen von Getreide, Schreiber notieren die Mengen. Zwei Mädchen geraten sich in die Haare, ein Bauer spielt Flöte, ein anderer ist eingeschlafen. Ein Mädchen zieht einem anderen einen Dorn aus dem Fuß. Menena beaufsichtigt die Arbeiten.

Die linke Schmalwand zeigt Opferszenen. Menena und seine Frau vor Osiris. Ein Brandopfer wird entzündet. Auf der folgenden Längswand Reste einer Gastmahlsszene.

Rechter Teil des Quersaals: Oben die Fortsetzung des Gastmahls, darunter weitere Opferszenen. Schmalwand (von oben nach unten): Anubis vor Osiris, dann Re und Hathor, abschließend Betende. Längswand: Opferszenen. Sänger klatschen im Rhythmus des Texts in die Hände.

Durchgang zum Längssaal: Menena und seine Frau verlassen ihr Grab und begeben sich zu einem kultischen Fest.

Linke Wand: Das Begräbnis. Man bringt Opfergaben und Teile der Grabausstattung herbei. Der Sarkophag steht auf einem Schiff, dahinter Klageweiber. Das Schiff wird nach Westen ins Totenreich gezogen. Priester, Opfertiere und Schlächter formieren sich zur Prozession. Rechts davon das Totengericht vor Osiris: Das Herz des Toten wird gewogen.

Rechte Wand: In der Mitte eine großartige Jagd- und Fischszene, die sich in Gegenwart von Menena und seiner Frau im Papyrusdickicht der Deltasümpfe abspielt. Links davon bringen Verwandte des Menena ihm und seiner Frau Opfer dar. Auf der rechten Wandhälfte eine Totenfahrt nach Abydos. Zeremonien vor der Mumie. Prozession der Opferträger.

Rückwand mit Statuennische: Hier waren Menena und seine Frau als Kultbilder dargestellt. Erhalten hat sich nur der untere Teil der Statuen.

Nr. 74; Tjanuni, 18. Dynastie

Nr. 78; Haremhab, 18. Dynastie

Nr. 79; Mencheperraseneb, 18. Dynastie

Nr. 81; Ineni: Das Grab »ist eine unfertige Anlage der frühen 11. Dynastie, die zu Beginn der 18. Dynastie von Ineni in charakteristischer Weise umgebaut und wiederbenutzt wurde.« (Dziobek). Bereits um das Jahr 1827 hatte Champollion Grundriß, Längsraum und Statuenkammer des Grabs skizziert; Hippolyte Boussac legte um 1890 im Auftrag des Französischen Instituts die verschütteten Innenräume frei.

Sennefer mit Frau

Nr. 96; Sennefer, Bürgermeister von Theben: Nur wenige Meter oberhalb des Grabs des Rechmire (**Nr. 100**) liegt das Grab des Sennefer mit kultischen Darstellungen von einmaliger Farbenpracht. Sennefer war Vorsteher von Theben zur Zeit von Amenophis II.

Nr. 100; Rechmire (18. Dynastie, um 1436 v. Chr.): Dieses Grab führt stilistisch noch einmal zurück in die Zeit von Thutmosis III. und Amenophis II., unter denen Rechmire als Wesir diente. Bestimmend für sein Grab, das er um 1436 v. Chr. anlegen ließ, sind »schlanke, in archaisierendem Stil wunderbar gezeichnete Gestalten« (Nagel). Die Bilder geben guten Aufschluß über das ägyptische Beamtentum.

Linke Eingangswand: Rechmire sitzt als Wesir in seiner Audienzhalle und empfängt Boten und Bittsteller.

Rückwand: Rechmire empfängt Tributleistungen durch Untergebene aus Punt, Kreta, Nubien und Syrien. Hier sieht man den amtlichen Text der Einsetzung des Rechmire als Wesir.

Rechter Raumteil: Jagd und Vogelfang, u. a. Strauße, Wildtiere, Hyänen, ferner Fischfang und Weinanbau.

Längshalle, deren Decke schräg nach oben ansteigt: Rechmire beaufsichtigt Handwerker, Begräbnisszenen, Opfergaben, Gastmahl, Barkenprozession. Vom Grab des Rechmire aus sollte man unbedingt noch die wenigen Meter hinaufsteigen zum Grab des Sennefer (**Nr. 96**).

Nr. 185; Sny-iqr: Das Grab liegt oberhalb von Grab **Nr. 48** (Surara) und wurde lange von einer einheimischen Familie bewohnt.

Die Punthalle im Grab des Rechmire

Nr. 186; Ihi, Vater des Khenty (Nr. 405), 6. Dynastie: Newberry hat dieses Grab in Chocha 1895 entdeckt und 1903 beschrieben. Danach geriet es in Vergessenheit. Fellachen ließen sich dort nieder und nutzten die Räume als Küche und Stall. Die Wände wurden im Laufe der Zeit stark beschädigt.

Nr. 295; D-xutmose, genannt Paroy: lebte in der 18. Dynastie unter Thutmosis IV. und Amenophis III. Er war u. a. Sem-Priester und Einbalsamierer. 1915 wurde das Grab in Chocha von dem englischen Ägyptologen Robert Mond entdeckt. Der Zugang erfolgt über das benachbarte Grab **Nr. 296**. Die Publikation erfolgte 1983 durch Hegazy und Tosi.

Nr. 343; Benja, genannt Paheqamen, 18. Dynastie: Offenbar ein Ausländer, vielleicht aus Mitanni. Er fand eine Anstellung am Königshof als Beamter in mittlerer Position. Das Grab, des-

Handwerkerszene im Grab des Rechmire

183

sen Querraum mit Flachreliefs ausgeschmückt wurde, ist zugänglich. Es »liegt in der Ebene vor den südöstlichen Hängen des Hügels von Scheich Abd el-Qurna inmitten einer Ansammlung weiterer Gräber aus der 18. und 19. Dynastie. In nächster geographischer und wohl auch zeitlicher Nähe befindet sich direkt südlich daneben und in gleicher Ausrichtung die Anlage des Imn-xtp (**Nr. 345**) aus der Zeit der Hatschepsut oder Thutmosis III. ... Das Grab ist in späterer Zeit offenbar nie als Wohnraum benutzt worden, denn als Emery 1925 den Eingang freilegte, waren die Innenräume bis zu 1 m Höhe mit Sand und Schutt gefüllt, auf dem die Reste von fünf geplünderten Mumien lagerten. Damit ist sicher auch der gute Erhaltungszustand des Grabes zu erklären.« (Guksch).

Nr. 345; Imn-xtp: Zeit von Hatschepsut oder Thutmosis III. Das Grab ist unzugänglich; es liegt unter dem von Häusern überbauten Hügel.

Nr. 405; Chenti, 6. Dynastie: Dieses Grab hat H. G. Fischer 1957 gefunden. 1969 erfolgte die Säuberung und Restauration durch Saleh.

Nr. 413; Unas-anch, 6. Dynastie: Ausgegraben in der Saison 1967/68 auf dem südlichen Abhang des Chocha-Hügels. Es liegt zwischen den Gräbern Nr. 184 und Nr. 179. Durch den Haupteingang ist es nicht zugänglich, da oberhalb des dort liegenden Schutts ein Haus steht. Die Ausgräber stiegen durch die eingebrochene Decke.

Deir el-Medine: Die Stadt der Nekropolenarbeiter
Hier lebten Arbeiter, Steinmetze, Bildhauer, Maler und Künstler, die alle mit den geheimen Arbeiten im Tal der Könige und

Die Siedlung von Deir el-Medine

mit der Ausstattung der Privatgräber beschäftigt waren, wie in einem Ghetto mit ihren Familien in einer eigenen Siedlung zusammen, eingeschlossen von einer hohen Mauer. Trinkwasser lieferte eine Zisterne. Die Verpflegung wurde täglich von außerhalb herangeschafft und am Stadttor übergeben.

Die in Deir el-Medine gemachten Funde haben wesentlich zu unserer Kenntnis des ägyptischen Lebens zur damaligen Zeit beigetragen. Hier haben französische Ausgräber eine Fülle von Steinsplittern und Tonscherben, sogenannte Ostraka, gefunden, die Berichte und Aufzeichnungen, private Notizen, Briefe und Abrechnungen, Gerichtsurteile, Beschwerden und Krankmeldungen enthalten – reichhaltiges Material zur ägyptischen Kulturgeschichte.

Auch Deir el-Medine hatte eigene Gräber. Sie folgen in Anlage und Thematik ihren größeren Vorbildern. Selbst kleine begehbare Pyramiden hat man hier gefunden, die wohl als Forderung nach Anerkennung über den Tod hinaus zu betrachten sind. Die Innenwände der Gräber, deren Gelbton Papyrus imitiert, zeigen meist Texte und Szenen aus den bekannten Totenbüchern. Hier ist die private Sphäre des einzelnen stark vom Religiösen beeinflußt und entsprechend in Malerei umgesetzt. Gerade unter der Herrschaft der Ramessiden spielte die ›persönliche Frömmigkeit‹ beim einfachen Volk eine entscheidende Rolle.

»Die Spannungen und die menschlichen Gegensätze dieser Zeit waren viel zu gewichtig, ja bedrückend geworden, als daß nicht das Einzelindividuum seinen Weg von sich aus zu dem Jenseitigen intensiver denn je gesucht hätte. So sind auch, wie das gerade die Grabmalereien gerade von Deir el-Medine sehr klar zeigen, die Bilder der Freude an des Daseins Buntheit und an allen Dingen dieser Welt, so wie sie die Gräber der 18. Dynastie zum Ausdruck brachten, einem Themenkreis gewichen, der die Trauer um den Toten, seine Bestattung, seine Existenz im Jenseits, die Speisung seiner Seele und das Totengericht in den Mittelpunkt stellte.« (Lange-Hirmer)

Die Wahl der Themen an den Grabwänden erinnert bisweilen an die Unterweltsdarstellungen in den Königsgräbern, wichtigste Inspirationsquelle waren stets die dem Totenbuch entnommenen Bilder und Texte. Zwar sind die Szenen handwerklich gekonnt ausgeführt, aber die Komposition bleibt oft steif und einfallsarm. Und es fällt auf, daß in keinem der Arbeitergräber die Darstellung der Versorgung des Grabherrn durch die Baumgöttin fehlt.

Besonders sehenswert sind folgende Gräber:
Nr. 1; Grab des Sennedjem: Das Grab entstand in der 19. Dynastie und ist mit wunderbaren Darstellungen der Baumgöttin, der Mumifizierung und der vom Verstorbenen und seiner Frau verrichteten Feldarbeit ausgestattet.

Sennedjem und seine Frau bei der Feldarbeit

Nr. 217; Grab des Ipui: Ipui war zur Zeit Ramses' II. Bildhauer.
Nr. 340; Grab des Amenemhet: Das Grab entstand in der 18. Dynastie und zeigt gut erhaltene Malereien auf gelbem Grund. Die Sargkammer ist mit blauen Weintrauben und grünen Blättern bemalt.
Nr. 359; Grab des Anhurchau: Aus der Zeit von Ramses III. und IV. mit herrlichen Jenseitsdarstellungen.
Am Nordrand der Siedlung steht ein kleiner Tempel mit drei

Am Nordrand der Siedlung steht ein kleiner Tempel mit drei Kapellen hinter einem Vorraum (*Pronaos*), der erst im 3. Jh. v. Chr. von Ptolemaios IV. Philopator für Hathor, die Göttin der Liebe, und für Maat, die Göttin der Gerechtigkeit, erbaut wurde. Die Christen hatten den Tempel in ein Kloster (arab. = Deir) umgebaut, und die Bezeichnung Deir hat sich bis heute erhalten, wenngleich von dem Kloster selbst nichts mehr zu finden ist.

Tempel von Deir el-Medine

Die christlichen Kirchen und Klöster

In der Umgebung von Luxor treffen wir auf zahlreiche sehr alte Kirchen und Klöster. Die Anfänge des klösterlichen Lebens gehen zurück in die Mitte des 3. Jh., als selbst die einfachen Leute nach einer Umgebung suchten, die besser zu Askese und Kontemplation paßte als die Alltagswelt. Diese Bestrebungen fielen zusammen mit dem Bedürfnis, vor den Christenverfolgungen des Decius (249–251) und Valerianus (253–260) in der Wüste eine Zuflucht zu finden. Vielleicht zog man auch dorthin, um sich angesichts der Stabilisierung der kirchlichen Hierarchien zu verselbständigen. In diesem Zusammenhang entstanden zahlreiche hagiographische Schriften, die einige der ersten Eremiten populär machten. Zu den populärsten gehört die *Vita Antonii* aus der Feder des berühmten alexandrinischen Patriarchen Athanasios (ca. 295–373) und die des Hieronymus (ca. 348–420) über den legendären Paulos aus Theben (gestorben um 341). Letztere stellen einen Versuch dar, gegenüber der sehr verbreiteten Hagiographie des Antonius (ca. 251–356) ein Gegengewicht herzustellen und Paulos zum Begründer des Anachoretentums zu stilisieren, was der wissenschaftlichen Kritik allerdings nicht standhält. Ihr Aufenthalt in der östlichen Wüste zwischen Niltal und Rotem Meer läßt sich bis heute durch die beiden berühmten Klöster mit ihrem Namen nachvollziehen.

Das Antoniuskloster am
Roten Meer

Die Eremiten – »Wüstenväter« – begaben sich aus ihren
dörflichen Gemeinschaften in die Wüste, um fernab von den
Menschen in den unzugänglichen Schluchten der Nilgebirge
oder in den von heidnischen Dämonen erfüllten Tempeln und
ehemaligen Gräbern zu hausen. Dort kämpften sie mit den Dämonen, beteten, aßen fast nichts und schliefen kaum. Schon
bald gerieten sie in den Ruf besonderer Heiligkeit. Gegen ihren
Willen besuchte man sie und ging sie um Rat an. Ihre Lehren
und Weisheiten wurden gesammelt. So entstand die bis heute
noch lesenswerte Sprüchesammlung (=*Apophtegmata*), am besten in der Form der *Historia Lausiaca* von Palladius (um 420)
bekannt. Schließlich wurden sie zu heiligen Wundertätern bis
über ihren Tod hinaus. Schüler richteten sich ihre Eremitenbe-
hausung möglichst in der Nähe solcher ›heiliger Männer‹ ein.
Die von Gallienus (260–268) gewährte Toleranz ermöglichte
es, diese Lebensform zu organisieren und die Zellen der Einsiedler um die Wohnstätte eines namhaften Anachoreten – v. a.
um die des Antonius – zu gruppieren. Damit wurde um 270 die
mönchische Lebensform in groben Zügen festgelegt. Die Faszi-
nation, die von diesen Männern und Frauen ausging, wirkte in
Literatur und Malerei (man denke nur an das immer wieder-
kehrende Motiv der »Versuchung des hl. Antonius«).
Die rasche Ausbreitung dieser Bewegung wurde noch durch
die sozialen Verhältnisse in Ägypten gefördert. Steuerdruck,
Willkür der Beamten und Ausbeutung nahmen immer mehr zu.
Hinzu kam, daß Ägypten inzwischen unter Diokletian (284–
305) die schlimmste Christenverfolgung durchmachte, die das

Land je erlebt hatte. Nach dem Edikt vom 24. Februar 303 wurden alle Kirchen und Bethäuser zerstört, Versammlungen verboten, die heiligen Schriften verbrannt, freie Christen und Freigelassene in den Sklavenstand versetzt. Im gleichen Jahr noch forderte ein zweites Edikt Fessel und Gefängnis für alle Kleriker. Ein drittes Edikt schließlich sah für sie die Freilassung vor, wenn die Christen öffentlich heidnische Opfer darbrachten. Die eigentliche Verfolgung aber begann erst mit dem vierten Edikt (Anfang 304). Jetzt wurde den Christen das allgemeine Opfer befohlen, und Kerker, Folter und Hinrichtung standen dem bevor, der sie verweigerte. Erst mit der Abdankung Diokletians am 1. Mai 305 beruhigte sich die Lage, und die Christen konnten wieder aufatmen. Doch die schreckliche Erinnerung an die Herrschaft Diokletians wirkte so nachhaltig, daß man die Zeit bald nach einer Diokletianischen Märtyrerära berechnete, die mit dem Regierungsantritt Diokletians begann. Dies war der 29. August 284, und mit diesem Tag beginnt der erste Monat des koptischen Kalenders (mit dem 1. Thout). Noch heute ist diese Zeitrechnung bei den Kopten gebräuchlich.

Als letzter Ausweg, dem Chaos zu entgehen, blieb den Christen oft nur die Flucht. Durch solche Verhältnisse, die keine irdische Zukunft mehr zeigten, wurde die Entstehung des Mönchtums gefördert. Als erster gründete Pachomius in Tabennese auf dem östlichen Nilufer nördlich von Theben um das Jahr 323 eine Klostergemeinschaft. Hier schwor er die Eremiten nach den Regeln seines Lehrers Palamon auf eine mi-

Eremitenhöhle in der Wüste

Typische Bauform eines koptischen Klosters, Mittelägypten

litärisch organisierte Lebensgemeinschaft ein, die man auch als Koinobitismus (griechisch: *koinos bios* = gemeinschaftliches Leben) bezeichnet. Die Mitglieder dieser Gemeinschaft mußten sich durch Arbeit selbst unterhalten. Pachomius, geboren um 292, dessen ägyptischer Name »der Adler« bedeutet, diente als einfacher Soldat im ägyptischen Heer. In Chenoboskion, dem heutigen Nag Hammadi, wurde er Christ und schloß sich dem Asketen Palamon an. Dem ersten Kloster in Tabennese folgte kurz darauf ein zweites in Pbou. Mit diesen Anlagen entwickelte Pachomius die Eremitenkolonien des Antonius weiter und schuf mit dem Koinobion die klassische Form des Klostermönchtums. Als er 346/348 starb, gab es bereits sieben von ihm gegründete Klöster mit rund 5000 Mönchen, unter anderem zwei Nonnenklöster, denen seine Schwester Maria vorstand. Seine in koptischer Sprache abgefaßten Mönchsregeln wurden für Orient wie Okzident ausschlaggebend.

Seit der Mitte des 4. Jh. entstanden in einer fast ununterbrochenen Kette zu beiden Seiten des Nils am Rand des Fruchtlands immer neue Klöster. Auftsieg und Entwicklung der pachomianischen Klostergründungen erfolgte jedoch erst unter Schenute dem Großen von Atripe (gestorben 466). Er war durch seinen Onkel mütterlicherseits, den Abt des Weißen Klosters zu Sohag, entscheidend geprägt: Er trat in dessen Kloster ein und übernahm nach dessen Tod (485) sein Amt. Seine aktive Kirchenpolitik führte ihn als Begleiter des alexandrinischen Patriarchen Kyrillos I. (ca. 380–444) zum Konzil 431 nach Ephesos. Mit rigoroser Disziplin organisierte er schlagkräftige Mönchstruppen, in denen jeder unabhängig von Herkunft und mitgebrachtem Gut gleich gekleidet und behandelt wurde und die die vielen heidnischen Heiligtümer oder Tempel stürmten und zerstörten. In einigen wurden dann auch Kirchen errichtet, wie z. B. in Luxor und Dendera. Eine tiefe Frömmigkeit wurde angestrebt. Seine zahlreichen Predigten und Briefe lassen ihn als den ersten großen koptischen Schriftsteller hervortreten. Den Mönchen brachte Schenute nach Möglichkeit Lesen und Schreiben bei, und als großartiger Prediger machte er das Koptische erst zu einer Literatursprache. Seine Schriften wurden ins Griechische, ins Arabische und ins Lateinische übertragen, und noch heute gehören sie zur Liturgie der koptischen Kirche. Schenute gehörte den Pneumatikern an und hatte einen enthusiatischen Zugang zum Christentum, was bis heute das Gesicht der nationalägyptischen Kirche prägt. Die inzwischen notwendig gewordenen Übersetzungen der griechischen Bibel in die Umgangssprache der Ägypter wurde in den koptischen Klöstern besorgt. Der Tätigkeit dieser Mönche ist es zu verdanken, daß sich Ägypten gegen Ende des 4. Jh. weitestgehend zum Christentum bekehrt hatte. Die Christen wurden so zahlreich, daß sie, durch das Wohlwollen der Kaiserin Theodora ermutigt, die Heiden verfolgten und 391 das Serapeion von Alexandria zerstörten. Zahlreiche andere Tempel wurden in Kirchen umgebaut. Als Schenute starb, war Ägypten ein christliches Land, aber es handelt sich um ein koptisches, monophysitisches Christentum, das sich in seiner Lehre und Doktrin von der westlichen Kirche unterscheidet und das sehr zäh an seinen Überlieferungen und Bräuchen hängt.

Viele der alten Kirchen und Klöster haben die Jahrhunderte überdauert und bestehen bis in die Gegenwart weiter, andere sind während der Christenverfolgungen unter den Muslimen (so 852 unter dem Statthalter el-Ghair Abd el-Massih Ibn Is-hak, im Jahre 1008 unter el-Hakim und einer weiteren im Jahre 1419) zerstört worden.

Von Luxor aus kann man noch einige der frühen Gründungen erreichen, auch wenn deren ursprüngliche Form zum Teil nicht mehr eindeutig zu erkennen ist.

Bemerkenswert ist, daß das Christentum in Ägypten in den letzten Jahren eine starke Wiederbelebung erfuhr. So verwundert es nicht, daß fast alle Kirchen und Klöster in erheblichem Maß renoviert oder restauriert wurden – übrigens unter großer Hilfe der Exilgemeinden in den USA und in Europa. Viele der Anlagen erhielten eine neue Umfassungsmauer. Und während man vor gar nicht so langer Zeit nur über eine holprige Wüstenpiste zu den Klöstern gelangen konnte, führen heute moderne Asphaltstraßen meist direkt bis vor das Eingangstor.

Er-Razeiqat

Eine der frühen Anlagen finden wir in er-Razeiqat südlich von Luxor auf dem Westufer des Nils. Den Halbtagsausflug beginnt man am besten an der Schiffsanlegestelle unterhalb des Luxor-Tempels. Von hier setzt man mit der Fähre auf das andere Ufer über und mietet dort ein Taxi. An das wirre Durcheinander auf dem gegenüberliegenden Ufer hat man sich schnell gewöhnt. Mit dem Taxi fährt man auf gut asphaltierter Straße in Richtung Qurnet Murai. Nach 1,5 km biegt man an der Kreuzung bei dem kleinen Marktflecken el-Kubri unmittelbar hinter dem Bewässerungskanal links ab (rechts geht es nach Naqada). Die Straße verläuft nun rechts parallel zum Kanal. Nach 2,1 km überquert man auf einer Backsteinbrücke den Kanal und fährt auf der anderen Kanalseite weiter. Etwas später zweigt der Weg nach links ab und führt durch das malerische Dorf el-Agalta. Hinter dem Ortsausgang geht es geradeaus weiter vorbei an Dattelpalmen, Zuckerrohrfeldern, Bananenstauden, Orangenbäumen und Sykomoren. Etwa 11 km hinter el-Agalta erreicht man den Ortsrand von Armant (koptisch Ermont, das alte Hermonthis), wo einst der Kriegs- und Gaugott Month verehrt wurde. Ihm zu Ehren errichteten Nektanebos II. und die Ptolemäer den großen Month-Tempel über einer verfallenen Tempelanlage, die hier möglicherweise schon im Mittleren Reich bestanden hatte und von den Römern noch ausgebaut

Month-Tempel

wurde. Sie liegt mitten im Ort und ist von einfachen Häusern, Tamarisken und Dattelpalmen umgeben.

Von dem großen Month-Tempel ist heute leider nicht mehr viel erhalten. Im Osten der Anlage ist der Pylonstumpf noch gut zu erkennen; ein paar Säulenreste zeugen von der Lage des offenen Hofs, dem sich die Mittelhalle mit angrenzendem Allerheiligstem anschloß. Einige Baureste lassen auch auf das einstige Vorhandensein einer recht großen koptischen Kirche schließen, die hier von frühen Christen wohl im 5. Jh. in der verlassenen Tempelanlage errichtet worden ist.

Unweit dieser Anlage, einige hundert Meter weiter südlich, liegt im Ortsteil Maganin der Rest eines Tempels aus ptolemäischer Zeit. Leider wurde 1860 das Mammisi (Geburtshaus) mit der Darstellung der heiligen Geburt des Caesarion, des Sohns Kleopatras VII. und Caesars, in der nahegelegenen Zuckerfabrik verbaut. Ein Besuch lohnt sich daher kaum, nur wenig ist hier zu sehen. Wenige von den Ausgräbern numerierte Blöcke und einen Teil einer Tempelwand findet man am Ende einer schmalen Gasse, von Hauswänden umgeben. Amüsant ist bestenfalls das Dorfleben und die bunte Schar von Kindern; sie alle wollen unbedingt fotografiert werden, ohne daß eines von ihnen das Wort »Bakschisch« sagt.

Vorbei an der Zuckerfabrik von Armant führt die Straße weiter und verläuft dann gen Süden parallel zum Nil. An dieser Stelle macht Armant einen schmucken Eindruck. Rechts begleitet die Straße eine lange, säuberlich geschnittene Hecke vor einem kurz geschorenen Rasen, hinter dem sich ein gepflegter, braun gestrichener Palast von König Faruk erhebt. Etwa 16 km hinter dem südlichen Ortsausgang von Armant gelangen wir nach er-Razeiqat. Hinter der Brücke am Ortsausgang gabelt sich der Weg: Nach links (Süden) zweigt die Asphaltstraße in Richtung Esna ab, während wir rechts in die Straße einbiegen, die parallel zum Wassergraben verläuft. Nach 400 m fahren wir an der nächsten Abzweigung nach Osten ab und sehen in einiger Entfernung das Kloster des hl. Georg genau vor uns liegen. Vom Ortsausgang von er-Razeiqat bis zum Klostertor sind es genau 2 km.

Wer den Umweg über Armant scheut und von Luxor aus direkt das Kloster aufsuchen möchte, gelangt auf dem kürzesten Weg dorthin, wenn er bei dem Marktflecken el-Kubri nach links in die Straße Richtung Esna einbiegt, dieser 24 km weit folgt und dann nach rechts zum Kloster abbiegt, das man von hier bereits am Wüstenrand liegen sieht.

Das koptisch-orthodoxe Kloster des hl. Georg – genannt Deir Mari Girgis – ist von einer gewaltigen, etwa 4 m hohen Mauer aus Nilschlammziegeln umgeben. Durch das große Eingangstor in der Nordmauer betritt man die Klosteranlage und gelangt in einen riesigen Hof, in dem die mit Autos und Bussen ankommenden Gäste zunächst auf den Bänken unter dem großen Sonnendach Rast machen können. An der Südseite des Hofs blickt man auf

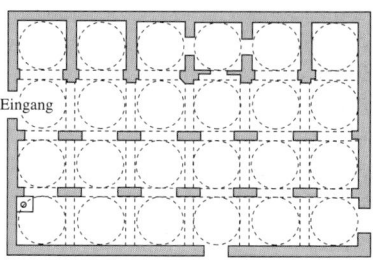

Plan der Kirche des hl. Georg

eine Schutzmauer, die den gesamten Klosterkomplex halbiert. Ein breiter, tiefer Durchgang führt in die zweite Klosterhälfte. Zu beiden Seiten des Durchgangs befinden sich Arbeitsräume für die Priester, auf der rechten Seite zudem eine überdachte Terrasse mit einem großen Bild des hl. Georg.

Direkt zur Linken und Rechten hinter der Schutzmauer liegt der Wohntrakt der Mönche. Hier hat jeder von ihnen eine eigene Zelle. Wir gehen geradeaus auf die Kirchenanlage zu.

Bereits im 4. Jh. ist an diesem Ort eine Kirche gegründet worden. Inzwischen wurde sie mehrfach umgebaut und erweitert. Sie besteht heute aus einem von West nach Ost orientierten Mittelschiff und zwei Seitenschiffen, ein Grundriß, der an das Kloster von Medamud erinnert. Während man bei sehr alten Kirchenanlagen jeweils am östlichen Abschluß eines jeden Schiffs einen Heikal vorfindet, liegen die Heikals hier alle im linken Seitenschiff; und dort finden sich nicht die üblichen drei, sondern sechs Heikals. Dies ist darauf zurückzuführen, daß etwa im 10./11. Jh. der Wunsch aufkam, in einer Kirche nicht nur – wie bis dahin üblich – drei Heilige bzw. Märtyrer in ihren Heikals zu verehren, sondern mehrere. So wurden weitere Heikals angebaut. Da hierfür aber am östlichen Ende der drei Schiffe kein Platz mehr zur Verfügung stand, verlegte man die Heikals auf die Nordseite der Kirche, d. h., man durchbrach die Außenwand des linken Seitenschiffs und baute dort die gewünschten Heikals an.

Der erste Heikal gleich links vom Eingang war noch bis vor kurzem mit einer Bretterwand vernagelt; sie sollte erst am Jüngsten Tag geöffnet werden. Das Innere des Raums war völlig leer. Heute gelangt man durch eine einfache Holztür in diesen fast quadratischen schmucklosen Raum, der jetzt in einen normalen Altarraum umgewandelt ist, in dessen Mitte ein Altar steht.

Der zweite Altarraum ist dem hl. Antonius geweiht, dessen Bild unter dem Rundbogen des Eingangs aufgehängt ist. Der Eingang ist mit einem roten Vorhang verhängt. Im schmucklosen Altarraum steht ein einfacher Altar. Zu beiden Seiten der Tür findet sich jeweils ein quadratisches Fenster.

Der dritte Raum ist der Jungfrau Maria zugeeignet. Er gleicht völlig dem zweiten: Auch hier steht wiederum ein einfacher Altar in der Mitte des ungeschmückten Raums. Über dem Eingang grüßt das Bild der Maria mit dem Jesuskind, eine Darstellung, die auch auf dem dunkelroten Vorhang zu sehen ist.

Der vierte Altarraum ist dem hl. Georg geweiht, dem zu Ehren dieses Kloster errichtet wurde. Dieser Raum ist der prächtigste. Vor ihm hält der Priester seinen täglichen Gottesdienst ab. Nur an den Feiertagen öffnet er den dunkelroten Vorhang mit dem aufgestickten Bild des hl. Georg, durchschreitet die

Ikonostasis (links) mit feinen Elfenbeinintarsien (rechts) einer koptischen Kirche in Alt-Kairo

fein gearbeitete Ikonostasis (arab. Hidschab) aus Ebenholz mit eingelegten Elfenbeinkreuzen und gelangt dann zu dem einfachen, mit roten Tüchern geschmückten Altar in der Mitte des undekorierten Kuppelraums. Über dem Eingang befindet sich ein großes Gemälde mit der Darstellung Jesu und seiner Jünger beim Abendmahl.

Der zur Rechten anschließende fünfte Altarraum des Erzengels Michael entspricht völlig dem zweiten bzw. dritten Raum. Dasselbe gilt für den letzten Altarraum für den hl. Matthäus, über dessen Eingang allerdings kein Gemälde hängt.

Das rechte Seitenschiff der Kirche ist erst vor etwa 30 Jahren erbaut worden. In seiner Konstruktion mit den einfachen Rundkuppeln entspricht es dem linken Seitenschiff, verfügt jedoch über keine Altarräume.

Westlich des Kirchengebäudes findet sich innerhalb der Klostermauern ein gepflegter Gästetrakt mit einer großen Küche. Gäste können hier jederzeit übernachten, müssen sich jedoch grundsätzlich selbst versorgen. Wenn der Gästetrakt überbelegt sein sollte, besteht Unterkunftsmöglichkeit in Zelten, die

Koptischer Mönch

rings um den Klosterbau – nicht jedoch vor der Eingangsfassade – aufgestellt sind.

Gottesdienst wird in der Kirche jeden Freitagmorgen um 7.00 Uhr abgehalten sowie zweimal sonntags, und zwar um 6.00 Uhr und um 10.00 Uhr.

Derzeit leben 22 Mönche in dem Kloster sowie ein Abt. Sieben Priester mit Wohnsitz in Armant betreuen die Gemeinschaft. Ein jeder der Mönche ist für bestimmte Tätigkeiten zuständig: Der eine sorgt für das Brot, ein anderer für den Tee usw. Frauen leben nicht in diesem Kloster (mit Ausnahme von Besucherinnen, die aus der Umgebung angereist sind).

In er-Razeiqat leben etwa 20 000 Menschen, unter ihnen nach Aussagen der Mönche des Klosters 400–500 Christen. Bischofssitz ist das nahegelegene Armant, wo zwei christliche Kirchen errichtet wurden.

Deir es-Sahid Taudrus el-Muharib

Bei der Rückkehr aus er-Razeiqat kann man noch einen Abstecher zum Kloster des hl. Theodoros des Kriegers in Theben-West machen, etwa 2 km südwestlich von Medinet Habu. Direkt an der Nordostecke der Tempelanlage von Medinet Habu, wo die Asphaltstraße in einem Bogen in das Tal der Königinnen führt, biegen wir in südlicher Richtung in die Schotterpiste ein, fahren entlang der Nordseite des Medinet-Habu-Komplexes, biegen nach etwa 1 km rechts ab und fahren direkt auf das Kloster zu. Dort wohnt zur Zeit eine Schwester, die den Komplex beaufsichtigt und sich um Besucher kümmert. Der Pfarrer wohnt außerhalb der Anlage und kommt nur freitags um 13.00 Uhr und sonntags um 7.00 Uhr zum Gottesdienst. Eine Besichtigung ist ausschließlich an diesen Tagen möglich.

Innerhalb der Klostermauern liegt im Westen eine Kirche mit der Unterkunft für das Personal; im Süden sehen wir Mönchszellen. Da es hier aber derzeit keine Mönche gibt, werden die

Räume als Besucherzimmer zur Verfügung gestellt. Im Osten liegt eine Verkaufsbude; daneben das Grabmal des Ägyptologen und Koptologen Labib Habachi (1906–84), der diesen Ort zur letzten Ruhestatt erwählt hatte.

Von der ursprünglichen Kirche hat sich nichts erhalten. Der heutige Bau ist west-ost-orientiert und dreischiffig. Auffallend ist, daß die Heikals am Ende eines jeden Schiffs fehlen; statt dessen finden sich diese in der Außenwand

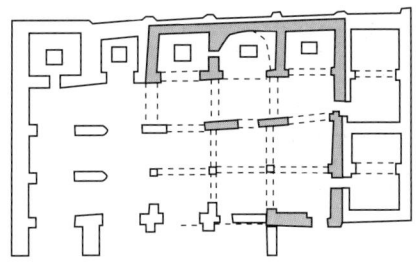

Plan der Kirche

des linken Seitenschiffs. Und dort gibt es nicht nur die üblichen drei Heikals, sondern gleich fünf. Der mittlere Heikal ist dem hl. Taudrus geweiht, der daneben (rechts) dem hl. Claudius, der Heikal ganz rechts dem hl. Michael; links von Taudrus findet sich der Heikal für Maria und ganz links der des hl. Georg.

Auf der gegenüberliegenden Seite wurde das Seitenschiff in ungewöhnlicher Weise erweitert, indem man einen dreiteiligen Raum anbaute. In der linken Ecke dieses Raums steht ein Taufbecken, das in einen Ofen umgebaut wurde.

Bänke oder andere Sitzgelegenheiten gibt es in dieser Kirche nicht; man sitzt auf dem mit Teppichen ausgelegten Boden. Die Frauen nehmen im vorderen Eingangsbereich Platz, die Männer im weitläufigeren hinteren Teil. Je nach Thema der Liturgie kann als Sichtschutz ein roter Vorhang zwischen die beiden Abteilungen gezogen werden.

Die Naqqada-Gruppe

Bei Djeme auf dem westlichen Nilufer, am Fuß des Hügels von Scheich Abd el-Qurna, stand einst das Epiphanius-Kloster. Es lag nördlich des Phoibammon-Klosters, das wir bereits im Zusammenhang mit der Tempelanlage der Hatschepsut kennenlernten (s. S. 140). Das Epiphanius-Kloster, von dem heute an

Ort und Stelle fast nichts mehr erhalten ist, wurde in der 2. Hälfte des 6. Jh. errichtet. Etwa 12 km nördlich von Djeme lag das Kloster des Apa Paulus »vom Kruge«.

Noch etwas weiter im Norden befindet sich die Klostergruppe vor Naqqada. Dabei handelt es sich um fünf koptische Klostergründungen, die etwa 15–20 km nördlich von Theben am Rand der westlichen Wüste liegen. Von Nord nach Süd sind dies: Deir el-Malak, Deir es-Salib, Deir Mari Girgis, Deir Mari Buqtur (auch Deir el-K'ula) sowie Deir el-Malak Micha'il.

Den Ausflug zu den Klöstern bei Naqqada starten wir wieder an der Bootsanlegestelle unterhalb des Luxor-Tempels. Man setzt auf das andere Nilufer über und fährt von dort aus mit dem Taxi in Richtung Qurnet Murai. Man kann auch schon in Luxor ein Taxi mieten, das dann mit der Fähre (Zufahrt am Novotel) hinübergebracht wird. Auf dem westlichen Nilufer führt der Weg zunächst auf der oben bereits beschriebenen Route in Richtung Medinet Habu, bis wir nach etwa 1,5 km zu einer großen Kreuzung gelangen. Hier biegen wir rechts nach Norden ab. Wir fahren auf der gut asphaltierten Straße am Kanal entlang und sehen zur Rechten schon bald den Nil, mal ganz nah, mal, je nach Straßenverlauf, in weiter Ferne verschwindend.

Nach links blickt man über die üppigen Getreidefelder hinweg auf das Gebirge. Große Pflanzungen von Zuckerrohr und Mais wechseln mit Bananenstauden, Tamarisken und Dattelpalmen, von deren Wipfeln die braunen Datteln in dicken Trauben herabhängen. Zwischen den Bäumen sieht man hier und da Wasserbüffel, Esel, Kühe, Rinder, Schafe, Ziegen und Dromedare. Vorbei geht es am Dorf el-Qibli Qamula. Überall am Straßenrand findet man Schadufs inmitten kleiner Felder mit Zwiebeln, Knoblauch, Möhren, Bohnen und Tomaten, unterbrochen von saftiggrünen Kleefeldern, die Nahrung für das Vieh liefern, nicht zu vergessen die schneeweißen Kuhreiher auf den Feldern. Hin und wieder taucht ein kleiner Weingarten auf.

Nach etwa 20 Minuten Fahrtzeit ab Anlegestelle erreichen wir schließlich den Abzweig nach Danfiq. Direkt hinter dem arabischen Hinweisschild liegt die Kreuzung, an der es rechts über eine schmale Kanalbrücke zu dem genannten Ort geht, während 10 m hinter diesem Abzweig eine enge Straße nach links abbiegt. Letzteren Abzweig benutzen wir, fahren dort über eine enge Kanalbrücke (links der Straße verläuft ebenfalls ein kleiner Wassergraben) und folgen der Asphaltstraße, die sogleich einen serpentinenartigen Verlauf nimmt. Sie führt jetzt in Richtung westliches Gebirge. Links der Straße sehen wir eine Telefonleitung, ein wenig dahinter an kaum höheren Masten Stromkabel. Rechts der Straße liegen Mais- und Zwiebelfelder. Nach etwa zwei Minuten kommen wir zu einem kleinen Dorf, und hinter den Ziegelhäusern öffnet sich die Wüste mit einem kleinen muslimischen Friedhof. Dann mündet der Weg in eine Querstraße, die rechts in Richtung Naqqada zum Deir el-Malak führt und links zum Deir es-Salib. Parallel zu dieser Querstraße verlaufen zwei gewaltige Hochspannungsleitungen. In Naqqada, dem traditionsreichen Bischofssitz und Zentrum der mit Rom unierten Kirche, sind etwa 80% der Einwohner Kopten, vier der dortigen Kirchen sind besonders bekannt: Die Kirche des hl. Georg, die Marienkirche, die des hl. Damian und die des hl. Antonius.

Zum Deir el-Malak Micha'il, biegen wir rechts ab, sehen von hier aus schon die Klosteranlage vor der beeindruckenden Gebirgskulisse des westlichen Ausläufers der libyschen Wüste, und etwa 2 km weiter stehen wir vor dem Kloster.

Deir el-Malak Micha'il

Das größte der Klöster bei Naqqada ist das Deir el-Malak Micha'il. Es liegt am Südrand des koptischen Friedhofs. Ein schweres eisernes Tor in der Ostfassade verbindet eine Kirche zur Linken mit einem mit Kuppeln überdachten Baukomplex rechts. Die Außenwände dieser beiden Gebäude bilden mit dem Tor die östliche Klostereinfassung.

Hinter dem Eingangstor öffnet sich ein Hof, in dem Bänke zur Rast einladen. Ein Mönch empfängt uns dort mit Tee – er ist augenblicklich der einzige hier – und führt uns durch die Anlage. Er berichtet, daß die drei Pfarrer gerade nicht anwesend sind; sie sind verheiratet und wohnen mit ihren Familien

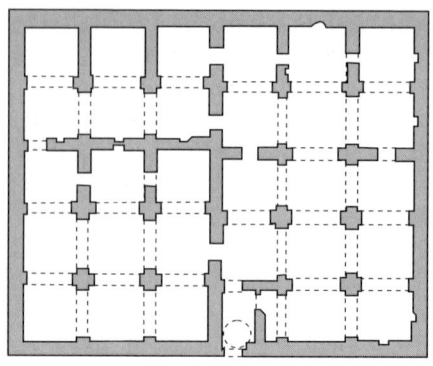
Plan der Klosterkirche

in Naqqada; nur zum Gottesdienst kommen sie hierher. Übrigens muß sich jeder koptische Pfarrer vor seiner Weihe verheiratet haben.

An die beiden bereits genannten Klostergebäude schließt sich nach Westen jeweils eine recht hohe Mauer aus Nilschlammziegeln an, die schließlich auf die von Nord nach Süd verlaufende Klostermauer stoßen und damit den hinteren Abschluß des Gesamtkomplexes bilden. Die Anlage wird in der Mitte durch eine von Norden nach Süden verlaufende Mauer geteilt; in dem vorderen (östlichen) Teil befinden sich der Hof und verschiedene Gebäude; im hinteren (westlichen) Teil liegt ein Garten.

In der Südostecke des Hofs steht die Kirche zu Ehren des Erzengels Michael (arab. = el-Malak Micha'il). Gegründet wurde sie wahrscheinlich im 4. Jh., doch ist von der ursprünglichen Anlage nichts mehr erhalten. Die heutige Kirche, die derzeit renoviert wird, ist ungefähr 250 Jahre alt. Man betritt die Kirche durch einen Eingang im Westen. Sie ist dreischiffig, von West nach Ost ausgerichtet, und jedes Schiff mündet in einen Heikal. Der mittlere ist dem Erzengel Michael geweiht, der linke Samuel. Der rechte war wahrscheinlich dem hl. Pisenthius geweiht, der hier auch begraben sein soll, vielleicht aber auch einem der Lokalheiligen, zum Beispiel Moses, Timotheus odere Elia. Am Ende des linken Seitenschiffs führen unmittelbar vor dem Heikal des Samuel einige Treppenstufen hinab zu einem tiefergelegenen Nebengebäude, einer neu errichteten Kirche zu Ehren der Jungfrau Maria.

An der Südseite des Hofs unmittelbar neben der Kirche hat der Mönch seine Unterkunft; nach Westen schließt sich ein kleiner Aufenthaltsraum an, dem der Speisesaal folgt.

Das Gebäude rechts des Eingangs ist derzeit ohne Funktion. Betreten kann man es nur von der Außenseite des Klosters; wenige Meter vor der Eingangstür sind inzwischen Gräber angelegt worden.

Inzwischen ist das Klosterleben hier sehr rege. Während sich noch vor wenigen Jahren kein Mensch an dieser Stätte aufgehalten hat, kommen jetzt täglich zahlreiche Besucher hierher. Einen wesentlichen Beitrag zum Wiederaufblühen dieses Klosters leistet dabei ein Mönch, der mit Hilfe einiger Kopten aus dem nahegelegenen Dorf Pflanzen züchtet und einen breiten Wüstenstreifen hinter dem Kloster bewässert und begrünt.

Deir es-Salib (Kloster des Kreuzes)

Vom Deir el-Malak aus fahren wir auf der Asphaltstraße wieder nach Osten zurück, biegen dann rechts (nach Süden) in die Querstraße ein und fahren nun immer geradeaus, vorbei an dem Abzweig, an dem wir auf der Hinfahrt auf diese Straße eingebogen waren, und gelangen nach etwa 1 km zum Deir es-Salib.

Eine hohe Mauer aus sonnengetrockneten Nilschlammziegeln, wie man sie schon bei vielen altägyptischen Tempelkomplexen vorfindet, umgibt das Kloster Deir es-Salib, übersetzt das »Kloster des Kreuzes«. In der Nordmauer gewährt eine Eisentor Zugang zu einem Hof, in dessen Mitte ein Brunnen steht. Die Südostseite des Hofs wird von der koptisch-orthodoxen Kirche eingenommen. Die Überlieferung will es, daß sie angeblich von Kaiserin Helena, der Mutter Kaiser Konstantins d. Gr. (325–337 n. Chr.) gegründet worden sein soll. Nach gravierenden Zerstörungen wurde die Kirche im 18. Jh. restauriert.

Bei dem dreigeteilten Kirchenschiff liegt in der Mitte der Ostwand das namengebende Heikal des hl. Kreuzes mit zwei hintereinanderstehenden Altären. Von letzterem lief früher angeblich ununterbrochen Öl herab, dessen Spuren man an der Frontseite des Altars noch sehen kann. Das Heikal rechts davon ist Johannes dem Täufer geweiht, das zur Linken dem Erzengel Michael. An den Pfeilern vor dem mittleren Heikal hängen zwei Ikonen: Die linke stammt aus dem Jahr 1857 und zeigt die Kreuzigung Christi; die rechte wurde 1855 angefertigt.

Am Ende des linken Seitenschiffs führen einige Stufen hinab in einen Nebenraum, in dessen Südwand zwei Heikals mit je einem Altar eingelassen sind: das linke ist dem hl. Theodor geweiht, das rechte der Jungfrau Maria.

In der Südwestecke des Hofs steht die Kirche des Anba Shinouda (oder Apa Schenute). Betrachtet man sie nur flüchtig von außen, wirkt sie intakt, doch ein Blick in das Innere offenbart einige tiefgreifende Schäden: Ein Teil des Dachs ist eingestürzt, und die Trümmer bedecken den gesamten Kirchenboden. Der Klosterkomplex wird derzeit von einem koptischen Pfarrer mit seiner Familie bewohnt; man lebt in dem Anbau südlich der Kirche des hl. Kreuzes innerhalb der Klostermauern.

Etwas östlich des Klosterkomplexes liegt die Kenisa (arab. für Kirche) des hl. Andreas aus dem 8. Jh. Gegründet wurde sie von dem Ortsheiligen Abu el-Lif.

Deir Mari Girgis

Nur etwa 3 km südlich vom Deir es-Salib liegt das Kloster des hl. Georg (auch Deir el-Magma, zu deutsch »Kloster der Versammlung«) auf der Anhöhe eines Wüstenstreifens, von dem aus man einen wirklich herrlichen Blick über das grüne Fruchtland genießt. Im Tal ist dem Klosterkomplex ein islamischer Friedhof vorgelagert. Eine neue hohe Klostermauer umschließt die Gebäude und schirmt sie nach außen ab. Durch das in der Nordwand gelegene Tor gelangt man zunächst – im Westteil dere Anlage – in einen großen Hof, der von den Mönchen auch als kleiner Garten genutzt wird. Eine

Mauer zur Linken trennt den Garten von den Kirchen und den Mönchsunterkünften im Osten. Gäste können dort übernachten, Waschgelegenheiten und Toiletten stehen zur Verfügung.

In der Nordostecke der Anlage steht die Kirche des hl. Georg, die als ›neue Kirche‹ gilt. Wir betreten sie von Westen, man kann jedoch auch den Seiteneingang in der Südwand benutzen. Am Ende des dreiteiligen Kirchenschiffs finden wir in der Mitte das Heikal des hl. Georg, links das der Jungfrau Maria und rechts das des Erzengels Michael.

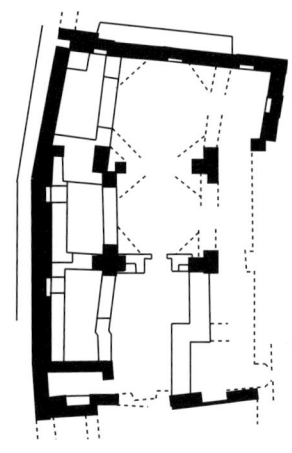

Plan der Klosterkirche

Südlich der neuen Kirche sieht man die Reste der inzwischen eingestürzten Kirche Johannes des Täufers; vor wenigen Jahren war sie noch halbwegs intakt. Die Ursprünge dieser Kirche gehen wahrscheinlich bis ins 4. Jh. zurück.

Deir Mari Buqtur (Deir el-K'ula)

Das Kloster des hl. Viktor, auch Deir el-K'ula, liegt etwa 4 km südlich in Sichtweite des Deir Mari Girgis. Eine moderne Asphaltstraße verbindet beide Klöster miteinander. Es ist dieselbe Straße, die genau von Nord nach Süd die Wüste durchquert und unmittelbar neben den beiden großen Hochspannungsleitungen verläuft (eine dritte Leitung im Westen wird zur Zeit errichtet). An dieser Straße liegen alle hier genannten Klöster wie Perlen an einer Kette.

Plan der alten Klosterkirche

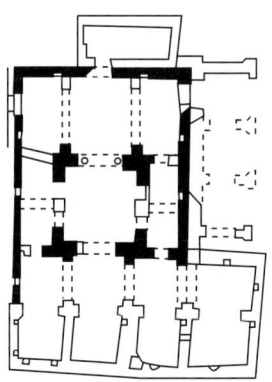

Das Kloster des hl. Viktor liegt auf einer Anhöhe inmitten eines koptischen Friefhofs. Umgeben wird es von einer neuen Mauer, die den Hof und zwei Kirchen, eine alte aus dem 4. Jh. und eine moderne, umschließt. Schon Athanasios kannte das berühmte Kloster, wo auch Bischöfe inthronisiert wurden wie z. B. der Bischof Timotheus aus Pachoras (1371). Die alte Kirche, die mit ihren großen Löchern in den Kuppeln noch vor wenigen Jahren bald einzustürzen schien, ist inzwischen restauriert worden, wenngleich noch einige Holzbalken die nördliche Fassade und den Eingang abstützen. Betritt man heute dieses Gotteshaus, so öffnet sich zur Linken das Kirchenschiff, während man geradeaus in die angebaute neue Kirche gelangt. Beide Gebäude sind, wie üblich, von West nach Ost ausgerichtet. Das Schiff der alten Kirche ist – wie auch das der neuen – dreigeteilt; am Ende der Ostseiten eines jeden Schiffs finden sich wieder die bekannten drei Heikals, und zwar für den hl. Viktor (Mitte), den Erzengel Michael (rechts) und den hl. Mena (links). Bemerkenswert gut erhalten sind die Fresken aus dem 10./11. Jh., die man in den Kuppeln noch deutlich erkennen kann.

Die alte Kirche wird heute wieder regelmäßig benutzt. Da sie aber recht klein ist und den oft zahlreichen Besuchern nicht genügend Platz bietet, hält man den Gottesdienst in der Regel im anschließenden Neubau ab. Letzterer ist ohnehin bequemer, bietet er doch Sitzbänke, während diese im alten Kirchenbau wie so oft fehlen.

Innerhalb der Klostermauern lebt derzeit ein Pfarrer mit seiner Familie und züchtet Kleinvieh. Auf Besucher ist man eingerichtet, wie auch die vielen Sitzgelegenheiten im engen Klosterhof zeigen.

Deir el-Malak Micha'il

Auf der Heimfahrt nach Luxor machen wir noch einen kleinen Abstecher zum Deir el-Malak Micha'il bei der Siedlung Qamula, indem wir der Asphaltstraße weiter nach Süden folgen. Sehen kann man dieses Kloster in der Wüste bereits vom Deir Mari Buqtur aus. Schon nach wenigen Minuten kommen wir

dort an, durch die eiserne Pforte in der Nordostecke der Ziegel-
mauer betreten wir die Anlage. Der gesamte Klosterkomplex
ist zweigeteilt. Im vorderen (östlichen) liegen Wohngebäude
und Kirchen, im hinteren (westlichen) Hof und Garten. Eine
elektrisch betriebene Pumpanlage vor dem Kloster versorgt die
dort lebenden Menschen mit Wasser. Gleich hinter der östlichen Klostermauer liegen links des Eingangs hintereinander
zwei Kirchen: Die ältere im Süden wurde zu Ehren des Erzengels Michael errichtet und
hat zwölf Kuppeln. Die Kirche ist dreischiffig, wobei
am Ende eines jeden Schiffs
ein Heikal liegt. Das Heikal
des Mittelschiffs ist dem
Erzengel Michael geweiht,
das linke der hl. Refka mit
ihren Kindern, das rechte
dem hl. Markus. Laut dem
großen Reisenden und For-
scher Somers Clarke (1841–

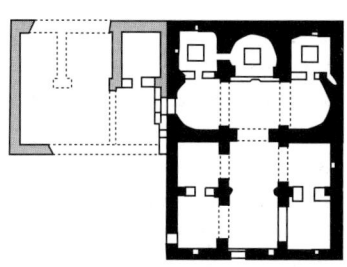

Plan der Kirche des Erzengels
Michael und des Adra Omenot

1926) handelte es sich um Altäre des Erzengels Michael, der
Jungfrau Maria und des Pachomius. Der Fußboden der Kirche
liegt unter dem heutigen Laufniveau, deshalb führen Treppenstufen in die Kirche hinab. Ein Durchgang in der linken Seiten-
wand führt in die Kirche von Adra Omenot.

Auch die Kirche des Adra Omenot ist mit zwölf Kuppeln ge-
deckt und dreischiffig. Die Heikals sind den Heiligen Esra
(Mitte), Mari Mina (links) und Taudrus (rechts) geweiht. Ein
Taufbecken steht links hinter dem Eingang. Es wird von den
Besuchern der Michaelskirche mitbenutzt, denn jene verfügt
nicht über ein eigenes Taufbecken. Die Heiligenbilder an den
Wänden zeigen Mari Mina, el-Adra und Taudrus Muharib.
Dieses Kloster ist nur freitags und sonntags zu besichtigen.

Die Zahl der Kirchen und Klöster in der Thebais (das Gebiet
am Westufer des Nils zwischen Luxor und Qena) war sehr
groß. Viele von ihnen gehören zu den bedeutendsten Kathedra-
len Ägyptens und den ältesten pachomianischen Klostergrün-

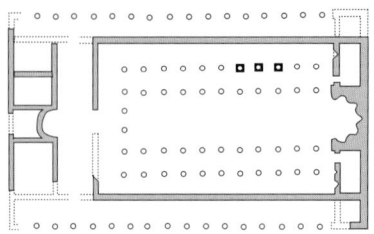

Plan der Kirche

dungen. In Armant gab es eine Kathedrale aus dem 4. Jh., die heute kaum mehr als Ruine zu erkennen ist, von den Franzosen während des napoleonischen Feldzugs 1798 aber noch in die *Description de l'Egypte* aufgenommen wurde. Sie stellte einen basilikalen Bau von 46x26,5 m dar. Ihre Namen verbanden sich häufig mit denen der populären Heiligen und Engel, weshalb oft unterschiedliche Gründungen in verschiedenen Orten die gleichen Bezeichnungen trugen. Deshalb kam es im Lauf der Geschichte mehrfach zu Verwechslungen, zumal viele der Klöster verfallen oder zerstört worden waren und andere ihre Namen übernahmen. Es kam aber auch vor, daß Klöster oder Kirchen aufgrund der wachsenden Popularität mancher Heiliger ihre Namen änderten. Das scheinen die sich erweiternden Heikals mit ihren Altären zu bestätigen, die immer neuen Heiligen geweiht wurden.

Im Gegensatz zur intensiven Erforschung des vorchristlichen Ägypten sind die Koptologie sowie die archäologische Erforschung der Kirchen und Klöster vernachlässigt worden. So liegen heute dem deutschen Leser seit fast 40 Jahren lediglich vier Titel vor, die der koptischen Kunst gewidmet sind. Unter anderem hängt dies sicher mit der gegenwärtigen Lage im islamischen Ägypten zusammen wie auch mit den Schwierigkeiten, in noch benutzten religiösen Bezirken archäologisch zu forschen.

Die relativ geringe Fachliteratur zur koptischen Archäologie ist sehr widersprüchlich: Nur dort, wo das vorchristliche Ägypten erforscht wurde (etwa beim Epiphanius-Kloster bei Qurna) werden meist auch koptische Reste systematisch miterfaßt (Phoibammon-Kloster in Deir el-Bahari, Kirchen und Klöster im Luxor-Tempel etc.). Es ist zu hoffen, daß im Zusammenhang mit vielen Restaurierungsarbeiten auch die Erforschung der christlichen Vergangenheit Ägyptens Fortschritte machen wird.

Anhang

Erläuterungen der Fachbegriffe

Äthiopen: Nubier aus Napata südlich des 4. Nilkatarakts, die während der 25. Dynastie von Theben aus Ägypten beherrschten

Amduat: Illustriertes altägyptisches Unterweltsbuch mit Schilderungen dessen, »was in der Unterwelt ist«. Zum Thema hat dieser Jenseitsführer die nächtliche Fahrt des Sonnengotts von Westen nach Osten durch die Unterwelt. Dort verjüngt er sich und wird allmorgendlich wiedergeboren. Darstellungen aus dem A. finden sich ausschließlich im Neuen Reich, wenngleich es an die Sargtexte des Mittleren Reichs anknüpft und bis zur Ptolemäerzeit tradiert wird. Dem jüngeren *Höhlenbuch* und dem *Pfortenbuch* dürfte es als Vorlage gedient haben.

Amulett: Gegenstand, der seinem Träger auf magische Weise Schutz verleihen soll

Amun: Zunächst Lokalgott von Theben, seit dem Neuen Reich oberster Reichsgott und ›König der Götter‹. Er wurde im Neuen Reich als Amun-Re auch mit dem Sonnengott Re identifiziert. Zusammen mit seiner Gemahlin, der Geiergöttin Mut, und seinem Sohn, dem Mondgott Chons, bildet er die Triade von Theben.

Annalen: Listen mit Daten, in denen die Ägypter seit Beginn der geschichtlichen Zeit wichtige Ereignisse festhielten

Anubis: Friedhofs- und Totengott. Er erscheint in der Gestalt eines Schakals oder als Mensch mit Schakalskopf.

Aton: Bezeichnung der Sonne in ihrer natürlichen Erscheinung. Die Aton-Verehrung beginnt erst im Neuen Reich. Zur Zeit Echnatons ist Aton der einzige Gott, der keine anderen Götter neben sich duldet. Dargestellt wird er zunächst falkenköpfig, dann als Sonnenscheibe mit zur Erde weisenden Strahlen, die in geöffneten Händen enden. Nach dem Tod Echnatons trat die Aton-Verehrung wieder in den Hintergrund.

Aufweg: Verbindungsweg zwischen dem Taltempel am Rand des Fruchtlands und dem in der Regel an der Ostseite der Pyramide gelegenen Totentempel

Bronze: Kupferlegierung aus etwa 90% Kupfer und 10% Zinn. Neben Zinn sind auch andere Zusätze bekannt.

Cachette: Versteck (Höhle oder Grube) zur Aufbewahrung von Königsmumien (in Deir el-Bahari) oder Statuen (im Karnak- und Luxor-Tempel)

Chepri: Erscheinungsform des Gotts Re. Der Mistkäfer Chepri stellt die aufgehende Sonne dar und ist ein Symbol der Urzeugung, bezogen auf die Fähigkeit der Sonne, sich am Ende der Nacht selbst zu erneuern.

Deutzeichen: Zeichen im hieroglyphischen Schriftsystem, das am Ende eines Wortes die Kategorie andeutet, zu der der betreffende Begriff gehört. Man nennt dieses Zeichen auch Determinativ.

Dynastie: Herrschergeschlecht

Elle: Längenmaß. 1 Königselle = 0,523 m. Sie ist 7 Hände bzw. 28 Finger breit. Darüber hinaus gibt es noch die ›kleine Elle‹ von 6 Handbreiten.

Eremit: Einsiedler, der aus religiösen Gründen in der Einsamkeit lebt

Fayence: Gebrannte Ware aus einem Gemisch von Quarz, Pottasche und Wasser mit einem Zusatz von Kupfersalzen, die eine bläulich-grüne Färbung bewirken

Firman: Empfehlungsschreiben

Flachbild: Flachrelief, s. Relief

Gau: Verwaltungseinheit. Ägypten hatte 42 Gaue: 22 oberägyptische und 20 unterägyptische.

Geißel: Bezeichnung für einen Fliegenwedel. Hirtenstab und Wedel trug der Pharao als Zeichen von Macht und Würde.

Hathor: Göttin mit ausgeprägt mütterlichen Zügen, meist in Gestalt einer Frau mit Kuhgehörn und Sonnenscheibe, oft auch als Kuh dargestellt

Heikal: Altarraum in der koptischen Kirche, vom Schiff durch eine Wand mit Durchgang abgetrennt

Hohlkehle: Konkav ausgebildete Mauerbekrönung

Horus: Himmelsgott in Falkengestalt. Der Legende nach war er der Sohn von Isis und Osiris. Als einer der ältesten und wichtigsten Götter stand er in besonders enger Beziehung zum Sonnengott.

Hyksos: Herrscher der 15. und 16. Dynastie, die von Asien ins Delta vorgedrungen waren und von Auaris aus über Ägypten herrschten.

Ikonostasis: Wand (z. B. aus Holz mit Einlegearbeiten), die den Altarraum vom Schiff abtrennt

Intarsie: Einlegearbeit

Isis: Göttin, in der ägyptischen Mythologie Gattin des Osiris, Sinnbild für Treue und Mutterliebe. Sie wird entweder mit der Thron-Hieroglyphe auf dem Kopf oder mit Sonnenscheibe und Kuhhörnern dargestellt. Oft hält sie den Horus-Knaben auf dem Schoß und stillt ihn.

Ka: Seelenbegriff. Er bezeichnet die Lebenskraft, die dem Menschen von Geburt an innewohnt.

Kapitell: Oberer Abschluß einer Säule oder eines Pfeilers, oft mit figürlichen oder pflanzlichen Darstellungen

Kartusche: Oval, das den Vornamen und Geburtsnamen des Königs umschließt. Der Vorname folgt dem Titel nśwt-bjtj = König von Ober- und Unterägypten, der Geburtsname dem Titel s³-Rᶜ = Sohn des Re.

Katarakt: Stromschnelle des Nils

Königsliste: Liste mit Namen, Regierungsdauer und Dynastieangabe von Herrschern; manchmal nur auszugsweise die Namen, so in Abydos, Karnak und Saqqara

Kolonnade: Säulenreihe, Folge von Säulen und Säulenpaaren, die mit einem Gebälk verbunden sind

Kompositkapitell: Kapitell, an dem verschiedene figürliche und pflanzliche Elemente miteinander kombiniert sind

Kopten: Vom griechischen ›Aigyptos‹ abgeleitete Bezeichnung für die christlichen Ägypter

Koptisch: Sprache der Kopten, die mit den Buchstaben des griechischen Alphabets geschrieben wird

Krone: Der König trägt bei verschiedenen Anlässen unterschiedliche Kronen, insbesondere die Rote Krone Unterägyptens, die Weiße Krone Oberägyptens, die Doppelkrone von Ober- und Unterägypten sowie die Blaue Krone als Kriegshelm

Lapislazuli: Blauer Schmuckstein

Lautzeichen: Zeichen im hieroglyphischen Schriftsystem, das einen bestimmten Laut oder eine Lautfolge bezeichnet. Man nennt es auch Phonogramm (s. auch Deutzeichen).

Mastaba: Arab. = Bank; Grab mit rechteckigem Grundriß und geböschten Wänden

Monolith: Architektonisches Element oder Statue, die aus einem einzigen Steinblock angefertigt wurde

Mumie: Leichnam, der durch spezielle Behandlung konserviert wurde

Mundöffnung: Ritual zur Beseelung der Mumie und der Statue des Verstorbenen

Nekropole: Friedhof

Obelisk: Griech. = Bratspießchen; Monolith mit quadratischem Querschnitt. Er besteht aus einem sich verjüngenden Schaft mit abschließendem Pyramidion. Meist aus Rosengranit

Oberägypten: Niltal südlich des Deltas. Die Grenze zwischen Ober- und Unterägypten verlief bereits in der Antike bei Memphis, der Hauptstadt des Alten Reichs, der »Waage der beiden Länder«.

Opetfest: Fest des Amun, an dem er vom Karnak-Tempel zu seinem ›südlichen Harem‹ (dem Luxor-Tempel) zog. Zunächst feierte man dieses Fest 11 Tage lang, ab der 27. Dynastie sogar bis zu 27 Tage.

Osiris: Totengott, Herrscher der Toten und Herr des Totengerichts. Er erscheint mumienförmig und trägt Zepter und Wedel. Zusammen mit Isis und Horus bildet er eine göttliche Familie.

Pantheon: Bezeichnung für die Gesamtheit der Götter einer polytheistischen Religion

Pfeiler: Senkrechte Stütze mit rechteckigem oder quadratischem Querschnitt

Pharao: Wort ägyptischer Herkunft mit der ursprünglichen Bedeutung Großes Haus, d. h. Palast. Seit Echnaton Bezeichnung für den König als weltlichen und sakralen Herrscher

Plastik: Skulptur aus Holz, Stein, Kupfer, Bronze, Elfenbein, Ton

Polytaph: Grab für mehrere Personen

Ptah: Schöpfergott und Beschützer der Künstler und Handwerker. Er erscheint in Mumiengestalt und trägt eine Kappe auf dem Kopf. Hauptgott von Memphis, der Residenz des Alten Reichs

Ptolemäer: Griechische Dynastie in Ägypten. Ptolemaios, Feldherr Alexanders d. Gr., begründete diese Dynastie nach dessen Tod. Sie regierte von 323-30 v. Chr.

Pylon: Griech. = Eingangstor. Trapezförmige Tortürme am Eingang ägyptischer Tempel

Pyramidion: Pyramidenförmige Spitze eines Obelisken, pyramidenförmiger Abschlußstein einer Pyramide

Quarz: Feinkörniges Gestein hoher Härte mit kieseligem Bindemittel, aus Sandstein entstanden

Quarzit: Gesteinbildendes Mineral. Viele Varietäten werden als Schmuckstein verwendet, z. B. Bergkristall, Amethyst oder Rosenquarz.

Re: Sonnengott, den man schon früh v. a. in Heliopolis als Schöpfergott verehrte. Er wurde gewöhnlich menschengestaltig dargestellt.

Relief: Darstellungen, die aus Holz- oder Steinflächen herausgearbeitet sind. Wir kennen je nach Bearbeitung des Grunds das Tiefrelief (auch versenktes Relief), das Flachrelief und das Hochrelief (auch erhabenes Relief).

Rosengranit: Helles, magmatisches Gesteinsmaterial mit Hornblende (Hornblendensyenit). Sehr hart und noch schwerer zu bearbeiten als Granit; läßt sich sehr gut polieren. Findet sich in Ägypten nur bei Aswan.

Säule: Senkrechte Stütze aus Stein oder Holz mit kreisförmigem Querschnitt. Sie besteht in der Regel aus der Basis, dem Schaft und dem Kapitell. Aus der Dreiviertelsäule der 3. Dynastie (Djoser) entwickelte sich in der 5. Dynastie (Sahure) die Vollsäule.

Saiten: Könige der 26. Dynastie. Sie herrschten in der ehemaligen Hauptstadt Sais im Delta.

Sanktuar: Das Allerheiligste im Tempel

Schrein: Kastenartiger Behälter mit meist verzierten Außenflächen

Sedfest/Heb-Sed: Jubiläumsfest. Pharao feierte das Fest regelmäßig im Diesseits zur Regenerierung seiner Kraft, im Jenseits zur Renovation seiner göttlichen Stärke.

Sistrum: Rasselinstrument mit Griff und Voluten, das u. a. bei Festen zu Ehren der Göttin Hathor eingesetzt wurde.

Skarabäus: Mistkäfer, als Amulett und Grabbeigabe Symbol der Sonnengottes und Zeichen der Wiederauferstehung

Sphinx: Mischwesen, in der Regel mit Menschenkopf und Löwenleib

Stadion: Griech. Längeneinheit, 1 Stadion = 177 m

Stele: Senkrecht stehende Grabplatte die den Namen und die Titel des Verstorbenen trägt, später auch umfangreichere Texte

Syenit: Bezeichnung für Rosengranit nach der Stadt Syene, dem griechischen Namen Aswans

Thiniten: Herrscher der 1. und 2. Dynastie aus dem oberägyptischen Ort Thinis

Triade: Dreiheit einer Götterfamilie, bestehend aus einem Gott, seiner Gemahlin und einem Sohn

Udjat-Auge: Auge des Horus, von Seth verletzt und von Thot wiederhergestellt (auch ›Heilauge‹); zählt als Amulett zu den verbreitetsten Macht- und Schutzzeichen

Urhügel: Nach der Schöpfungslehre tauchte aus dem Urgewässer ein Hügel auf, auf dem sich das erste Leben aus einem Ei, als Vogel, Gott oder Sonne, entwickelte.

Voluten: Spiralförmig aufgerolltes Dekorationselement

Wesir: (Arab.) Titel des obersten Beamten im Staat, der das höchste Richteramt bekleidete und die Oberaufsicht über alle Verwaltungsangelegenheiten innehatte.

Zirkumpolarsterne: Sterne, die nicht unter dem Horizont verschwinden und deren Winkelabstand vom Himmelspol kleiner als die Höhe des Pols über dem Beobachtungshorizont ist.

Literaturhinweise

Abitz, Friedrich: Baugeschichte und Dekoration des Grabes Ramses' VI. Freiburg/Göttingen 1989

ders.: Die religiöse Bedeutung der sogenannten Grabräuberschächte in den ägyptischen Königsgräbern der 18. bis 20. Dynastie. Wiesbaden 1974

Altenmüller, Hartwig: Flachbildkunst der Frühzeit und des Alten Reiches. In: Vandersleyen

ders.: Bemerkungen zu den Königsgräbern des Neuen Reiches. Studien zur altägyptischen Kultur (SAK) 10, 1983, 25–62

ders.: Das Grab der Königin Tausret im Tal der Könige von Theben. 1. Vorbericht über die Arbeiten des Archäologischen Instituts der Universität Hamburg im Winter 1982/83. In: SAK 10, 1983, 1–24

Annales du Service des Antiquités de l'Egypte (ASAE), No. IV, 1903

Arnold, Dieter: Die Tempel Ägyptens. Götterwohnungen, Kultstätten, Baudenkmäler. Zürich 1992

Assfalg, Julius/Krüger, Paul (Hrsg.): Kleines Wörterbuch des christlichen Orient. Wiesbaden 1975

Baines, John/Malek, Jaromir: Weltatlas der alten Kulturen. Ägypten. München 1980

Beiträge zur ägyptischen Bauforschung und Altertumskunde. Heft 11, Wiesbaden 1981, hrsg. v. G. Haeny: Untersuchungen im Totentempel Amenophis' III.
I. *Ricke, Herbert*: Der Totentempel Amenophis' III. Baureste und Ergänzung.
II. *Habachi, L./Haeny, G.*: Zur Ausstattung des Tempels. Statuen, Reliefreste, Inschriften.

Belons du Mans, Pierre: Voyage en Egypte 1547 (Présentation et notes de S. Sauneron). Kairo 1970

Belzoni, Giovanni Battista: Entdeckungsreisen in Ägypten 1815–1819. In den Pyramiden, Tempeln und Gräbern am Nil. Mit einer Geschichte der Ägyptenreisen seit dem 16. Jh. v. I. Nowel. Köln 1982

ders. (Original): Narrative of the Operations and Recent Discoveries within the Pyramids, Temples, Tombs, and Excavations, in Egypt and Nubia; and of a Journey to the Coast of the Red Sea, in Search of the Ancient Berenice; and another to the Oasis of Jupiter Ammon. London 1820. Repr. Westmead 1971

Bernand, André et Etienne: Les insriptions grecques et latines du Colosse de Memnon. Kairo, 1960

Brehm, Alfred Edmund: Reisen in den Sudan: 1847–1852. Hrsg., bearb. und eingel. v. H. Arndt. Tübingen und Basel 1975

Brugsch, Heinrich Karl: Reiseberichte aus Ägypten. Hildesheim-New York 1977 (Nachdr. d. Ausg. Leipzig 1855)

Brunner, Hellmut: Die südlichen Räume des Tempels von Luxor. Unter Mitarbeit von J. Dittmar, L. Lamy, F. Teichmann und mit einem Abschnitt von E. Brunner-Traut. Mainz 1977

ders.: Die Unterweltsbücher in den ägyptischen Königsgräbern. In: Stephenson, Gunther: Leben und Tod in den Religionen. Symbol und Wirklichkeit. Darmstadt 1980

Burckhardt, Johann Ludwig: Entdeckungen in Nubien: 1813–1814. Hrsg., bearb. und eingel. v. H. Arndt. Tübingen 1981

Butler, Alfred J.: The Ancient Coptic Churches of Egypt. Vol. I: Oxford 1884 (Repr. with new app. Norwich 1970). Vol. II:

Oxford 1884 (Repr. with new app. Norwich 1970)

Carter, Howard/Gardiner, A. H.: The Tomb of Ramses IV and the Turin Plan of a Royal Tomb. In: JEA 4, 1917, S. 130–158. E. Scamuzzi bringt eine farbige Abbildung dieses Plans in: Egyptian Art in the Egyptian Museum of Turin. Turin 1964

Ceram, C. W.: Götter, Gräber und Gelehrte. Roman der Archäologie. Hamburg 1949

Clarke, Somers: Christian Antiquities in the Nile Valley. A Contribution towards the Study of the Ancient Churches. Oxford 1912

Clayton, Peter A.: Das wiederentdeckte alte Ägypten in Reiseberichten und Gemälden des 19. Jh. Bergisch Gladbach 1983

Davies, N. de Garis: Five Theban Tombs (being those of Mentuherkhepeshef, User, Daga, Nehemawäy and Tati). London 1913

Dawson, Warren R./Uphill, Eric P.: Who Was Who in Egyptology. 2. rev. Aufl. London 1972

Denon, Dominique Vivant: Mit Napoleon in Ägypten: 1798–1799. Hrsg. v. H. Arndt. Tübingen 1978

Dziobek, Eberhard: Das Grab des Ineni. Theben Nr. 81. Mainz 1992

Edwards, Amelia B.: A Thousand Miles Up the Nile. Facsimile of the 1888 edition, London 1993

Eggebrecht, Arne (Hrsg.): Das Grab des Nacht. Kunst und Geschichte eines Beamtengrabes der 18. Dynastie in Theben-West. Mainz 1991

ders. (Hrsg.): Sennefer. Die Grabkammer des Bürgermeisters von Theben. Mit Beitr. v. R. Gundlach und Mitarb., M. Nelson, F. Hassanein, W. Helck, M. Kurz und C. Desroches-Noblecourt. ²Mainz 1991

Eigner, Diethelm: Die monumentalen Grabbauten der Spätzeit in der Thebanischen Nekropole. Mit einem Beitrag v. J. Dorner. Mit 163 Textabbildungen, 51 Tafeln und einer separaten Kassette mit 30 Plänen. Wien 1984

Fagan, Brian M.: Die Schätze des Nil. Räuber, Händler, Archäologen. Aus dem Engl. v. U. v. Puttkamer. Hamburg 1980

Flaubert, Gustave: Reisetagebuch aus Ägypten. Hrsg. v. G. A. Narciss. Bearb. n. d. Ausg. v. 1920 in der Übers. von E. W. Fischer. Frankfurt 1980

Freier, Elke/Grunert, Stefan: Eine Reise durch Ägypten. Nach den Zeichnungen der Lepsius-Expedition in den Jahren 1842–1845. Mit einem Beitrag v. M. Freitag. Berlin 1984

al-Gabarti, Abdarrahman: Bonaparte in Ägypten. Aus der Chronik des Abdarrahman al-Gabarti (1754–1829). Übers. v. A. Hottinger. Zürich und München 1983

George, Beate/Peterson, Bengt: Die Karnak-Zeichnungen von Baltzar Cronstrand 1836–1837. Stockholm 1979

Germer, Renate: Die Pflanzen-
materialien aus dem Grab des
Tutanchamun. Hildesheim 1989
(Hildesheimer Ägyptologische
Beiträge 28)

dies.: Mumien. Zeugen des Pharaonenreiches. Zürich und München 1991

Geßler-Löhr: Die heiligen Seen
ägyptischer Tempel. Ein Beitrag
zur Deutung sakraler Baukunst
im alten Ägypten. Hildesheim
1983

**Gillipsie, Charles C./Dewachter,
Michel**: Monuments de l'Egypte. L'édition impériale de 1809.
Trad. de l'angl. p. D. Le Bourg.
Princeton 1988 (Desription de
l'Egypte, ou recueil des obser-
vations et des recherches qui ont
été faites en Egypte pendant
l'expédition de l'armée française,
publié par les ordres de sa maje-
sté l'empereur Napoléon le Gr.
Antiquités, pl. T. 1er. Paris 1809)

Godlewski, Wlodzimierz: Deir
el-Bahari V. Le monastère de St
Phoibammon. Varsovie 1986

Grapow, Hermann: Studien zu
den Annalen Thutmosis III. und
zu ihnen verwandten historischen Berichten des Neuen Reiches. Berlin 1949

Grimm, Alfred: Ägypten. Die
photographische Entdeckung im
19. Jh. München 1980

Grimm, Günter: Kunst der Pto-
lemäer- und Römerzeit im
Ägyptischen Museum Kairo.
Unter Mitarbeit v. M. Ibrahim
und M. Mohsen. Aufnahmen v.
D. Johannes. Mainz 1975

Gryse, Bob de: Karnak. 3000 Jahre ägyptischer Glanz. Aus dem
Franz. v. N. Hiltl und H. Weber.
Mit einem Vorwort von H. J. A.
de Meulenaere. Lüttich 1985

Guksch, Heike: Das Grab des
Benja, gen. Paheqamen. Theben
Nr. 343. Fotos v. D. Johannes.
Mainz 1978

Habachi, Labib: The Obelisks of
Egypt. Skyscrapers of the Past.
^{4}Kairo 1988

Haeny, Gerhard: Architektur des
Neuen Reichs. In: Vandersleyen

Hari, Robert: La tombe thébaine
du père divin Neferhotep (TT
50). Genf 1985

**Hegazy, es-Sayed Aly/Tosi, Ma-
rio**: A Theban Private Tomb.
Tomb No. 295. Fotografien v.
D. Johannes. Mainz 1983

Herodot: Historien. Griechisch-
deutsch. Hrsg. v. J. Feix. Bd. 1:
Bücher I-V. 2., durchges. Aufl.
München 1977

Hölscher, Uvo: Die Wiedergewin-
nung von Medinet Habu im
westlichen Theben. Tübingen
1958

Homer: Ilias. Übertragen v. H.
Rupé. Mit Urtext, Anhang und
Registern. München und Zü-
rich ^{9}1989

Hornung, Erik: Ägyptische Unterweltsbücher. Eingel., übers.
und erl. v. ... ^{3}Zürich und München 1989

ders.: Das Tal der Könige. In:
Bild der Wissenschaften 1968

ders.: Das Totenbuch der Ägypter.
Eingel., übers. und erl. v. ... .
Zürich und München 1990

ders.: Grundzüge der ägyptischen Geschichte. 2., überarb. u. erw. Aufl. Darmstadt 1978

ders.: Struktur und Entwicklung der Gräber im Tal der Könige. Zeitschrift für Ägyptische Sprache und Altertumskunde (ZÄS) 105, 1978

ders.: Tal der Könige. Die Ruhestätte der Pharaonen. Zürich und München 1982

ders.: The Tomb of Pharaoh Seti I/ Das Grab Sethos' I., fotografiert v- H. Burton (Metropolitan Museum of Art), mit e. Beitr. v. M. Hill. Zürich und München 1991

ders.: Zum Grab Ramses' VII. SAK 11, 1984, 419–424

ders.: Zum Turiner Grabplan. In: Baines, J./James, T. G. H./Leahy, A./Shore, A. F.: Pyramid Studies and other Essays presented to I. E. S. Edwards. Ed. by ... . London 1988

Hölscher, Uvo/Nelson, Harold H.: Medinet Habu 1924-28. I. *The Epigraphic Survey of the Great Temple of Medinet Habu* (seasons 1924–25 to 1927–28) by H. H. Nelson II. *The Architectural Survey of the Great Temple and Palace of Medinet Habu* (season 1927–28) by U. Hölscher. Chicago 1929

Krause, Martin: Die Aussagen der Urkunden über die Verfassung koptischer Klöster. In: Bridel, P. (Hrsg.): Le site monastique copte des Kellia: Sources historiques et explorations archéologiques. Actes du colloque de Genève, 13–15 août 1984. Mission suisse d'archéologie copte de l'Université de Genève (MSAC). Genf 1986

Lange, Kurt/Hirmer, Max: Ägypten. Architektur, Plastik, Malerei in drei Jahrtausenden. Mit Beitr. v. E. Otto und C. Desroches-Noblecourt. Aufn. v. M. Hirmer. ⁵München 1975

Leblanc, Christian: Ta set neferou. Une nécropole de Thèbes-Ouest et son histoire. Bd. 1. Kairo 1989

Leca, Ange-Pierre: Die Mumien. Zeugen ägyptischer Vergangenheit. Übers. v. E. Remberg. Frankfurt-Berlin-Wien 1984

Leclant, Jean (Hrsg.): Ägypten. Bd. 1–3. München 1980/81

Lepsius, Karl Richard: Denkmäler aus Aegypten und Aethiopien. Hrsg. v. E. Naville unter Mitw. v. L. Borchardt, bearb. v. K. Sethe. Bd. 3. Theben. Leipzig 1900. Genève 1975

ders.: Grundplan des Grabes König Ramses IV. in einem Turiner Papyrus. Aus den Abhandlungen der Königlichen Akademie der Wissenschaften zu Berlin 1867. Repr. Bad Honnef 1982

Lexikon der Ägyptologie. Hrsg. v. W. Helck, E. Otto und W. Westendorff. 6 Bde. und 1 Ergänzungsband (1994). Wiesbaden 1975–86

Manniche, Lise: City of the Dead. Thebes in Egypt. London 1987

dies.: The Tombs of the Nobles at Luxor. ²Kairo 1989

217

dies.: The Wall Decoration of Three Theban Tombs (TT 77, 175, and 249). Kopenhagen 1988

Meinardus, Otto F. A.: Die Heilige Familie in Ägypten. Kairo ²1990

Meyer, Christine: Zur Verfolgung Hatschepsuts durch Thutmosis III. In: Altenmüller, H./Germer, R.: Miscellanea Aegyptologica. W. Helck zum 75. Geburtstag. Hamburg 1989

The Monastery of Epiphanius at Thebes. Part I: *The Archaeological Material* by H. E. Winlock. The Literary Material by W. E. Crum. Part II: *Coptic Ostraca and Papyri*. Ed. with transl. and comm. by W. E. Crum. Greek Ostraca and Papyri ed. with transl. and comm. by H. G. Evelyn White. New York 1926, Reprint 1973

Murphy, Edwin: The Antiquities of Egypt. A Translation, with Notes, of Book I of the Library of History of Diodorus Siculus. Rev. a. Exp., with Bibl. and Ill. New Brunswick-London 1990

Museum für altägyptische Kunst in Luxor. Führer durch die Ausstellung. Kairo 1978

Neubert, Otto: Tut-Ench-Amun. Gott in goldenen Särgen. ²Bergisch Gladbach 1980

Nightingale, Florence: Letters from Egypt. A Journey on the Nile 1849–1850. Sel. and intr. by A. Sattin. London 1987

Osing, Jürgen: Der Tempel Sethos' I. in Gurna. Die Reliefs und Inschriften. Band I. Foto-grafien v. P. Grunwald und D. Johannes. Mainz 1977

Porter, Bertha/Moss, Rosalind L. B.: Topographical Bibliography of Ancient Egyptian Hieroglyphic Texts, Reliefs, and Paintings. Ass. by E. W. Burney. 2nd edition rev. and augm. I. The Theban Necropolis. Part 1. Private Tombs. Part 2. Royal Tombs and Smaller Cemeteries. Repr. Oxford 1985/89

Pückler-Muskau, Hermann Fürst von: Aus Mehemed Alis Reich. Ägypten und der Sudan um 1840. Mit einem Nachwort v. G. Jantzen und einem biographischen Essay v. O. Flake. Mit 2 Karten und 34 Abb. nach zeitgenöss. Darstellungen. Zürich 1985

Roberts, David: Denkmäler in Oberägypten. Nach den Lithographien von Louis Haghe. An Ort und Stelle gezeichnet von David Roberts, R. A., hist. erl. v. W. Brockedon F. R. S., dem Roberts' Journal u. a. Werken entnommen und zusammengefaßt. Kairo o.J.

Romer, John: Sie schufen die Königsgräber. Die Geschichte einer altägyptischen Arbeitersiedlung. A. d. Engl. v. J. Rehork. München 1986

Saghir, Mohammed el-: Das Statuenversteck im Luxortempel. Mit Aufnahmen der Objekte v. D. Johannes. Übers. v. B. Schlessinger. Mainz 1992

Saleh, Mohamed: Three Old-Kingdom Tombs at Thebes.

I. *The Tomb of Unas-Ankh no. 413.*
II. *The Tomb of Khenty no. 405.*
III. *The Tomb of Ihy no. 186.*
Mainz 1977

Schenkel, Wolfgang: Amun-Re – Eine Sondierung zu Struktur und Genese altägyptischer synkretistischer Götter. In: SAK. Hrsg. v. H. Altenmüller u. D. Wildung. Bd. 1, Hamburg 1974

Schott, Siegfried: Das schöne Fest vom Wüstentale. Festbräuche einer Totenstadt. AWuL (Mainz) Abh. G.-SozWissKl. 1952, 11, 767–902 XII Tf.

Schüssler, Karlheinz: Ägypten. Altertümer, Koptische Kunst, Islamische Denkmäler. 2., durchges., erw. Aufl. Zürich-München 1987

ders.: Ägypten. Land am Nil. (Neubearb.; Text: G. Bonn). TOUROPA Urlaubsberater. München 1990

ders.: Die ägyptischen Pyramiden. Erforschung, Baugeschichte und Bedeutung. ⁵Köln 1992

ders.: Kleine Geschichte der ägyptischen Kunst. Köln 1988

ders.: Märchen und Erzählungen der Alten Ägypter. ⁴Bergisch Gladbach 1989

Sen-nefer. Die Grabkammer des Bürgermeisters von Theben. Mit Beitr. v. C. Desroches-Noblecourt, M. Duc, E. Eggebrecht, F. Hassanein, M. Kurz und M. Nelson. Hrsg. Römisch-Germanisches Museum Köln. Mainz 1986 (Ausstellungskat.)

Stadelmann, Rainer. In: Osing, J.: Der Tempel Sethos' I. in Gurna. Die Reliefs und Inschriften. Band I. Photographien v. P. Grunwald und D. Johannes. Mainz 1977

Steindorff, Georg/Wolf, Walther: Die Thebanische Gräberwelt. Glückstadt-Hamburg 1936

Syriani al. Samuel/Habib, Badii: Guide to Ancient Coptic Churches and Monasteries. Cairo 1990

Timm, Stefan: Das christlich-koptische Ägypten in arabischer Zeit (Bhft. TAVO B41) in 6 Teilen. Wiesbaden 1986–92

Twain, Mark: Die Arglosen im Ausland. München 1966

Vandersleyen, S./Vandersleyen, Claude (Hrsg.): Das Alte Ägypten. Mit Beitr. v. H. Altenmüller, D. Arnold, J. Assmann, E. Brunner-Traut, F. Daumas, A. Eggebrecht, E. Feucht, H. G. Fischer, G. Haeny, B. J. Kemp, J.-P. Lauer, M. Seidel, W. Seipel, S. Wenig und D. Wildung. Berlin 1975

Vittmann, Günther: Eine genealogische Inschrift der Spätzeit im Tempel von Luxor. SAK 10, 1983, 325–332

Wolf, Walther: Die Kunst Ägyptens. Gestalt und Geschichte. Stuttgart 1957

ders.: Funde in Ägypten. Geschichte ihrer Entdeckung. Göttingen-Berlin-Frankfurt-Zürich 1966

ders.: Kulturgeschichte des Alten Ägypten. Stuttgart 1962

Abbildungsnachweis

Archiv des Autors: Umschlag Vorder- und Rückseite,
Archiv für Kunst und Geschichte, Berlin: 25, 37, 38, 48, 69, 172
Archiv Piotr O. Scholz, Wiesbaden: Frontispiz, 14, 15, 17, 18, 22, 27,
   28, 31, 36, 40, 41, 43, 44, 54, 55, 59, 61, 62, 65, 70, 85, 86, 108, 109,
   110, 111, 114, 121, 123, 124, 125, 126, 128, 129, 130, 131, 134, 135,
   136, 138, 139, 142, 143, 145, 147, 148, 150, 151, 153, 154, 163, 164,
   165, 166, 168, 169, 171, 173, 175, 176, 177, 179, 180, 182, 183, 184,
   187, 189, 190, 191, 194, 195, 198, 199, 202, 205, 207, 208
Sulzer-Reichel, Martin: 113, 117, 140, 144, 178, 186, 197

Register

224

225

DUMONT

TASCHENBÜCHER
AUSSEREUROPÄISCHE KULTUR

◄ »...eine glänzende Einführung in eine der bedeutendsten Hochkulturen dieser Erde.« *Bayerisches Fernsehen*

➤ »Dieser Band skizziert nicht nur umfassend beide Tempel von Abu Simbel, sondern er zeichnet auch die Zeitumstände nach, unter denen sie erbaut wurden.« *Hellweger Anzeiger*

◄ Eine Geschichte der Stadt von ihren Anfängen bis heute mit einer Beschreibung der bedeutenden Bauwerke.

➤ »Der Autor wandelte auf den Spuren dieser Mystiker. Dabei gelang ihm ein völkerkundliches Kaleidoskop, das auch wissenschaftlichen Ansprüchen standhält.« *Stuttgarter Zeitung*

◄ Frank Fiedeler erläutert die mythologischen Vorstellungen und das chinesische Weltbild, die der Polarität von Yin und Yang zugrunde liegen.

➤ Der Autor erklärt Geschichte, Philosophie, Mythen und die grundlegenden Regeln des asiatischen Brettspiels Go, das noch komplexer ist als Schach.

Weitere Informationen über die DUMONT Taschenbücher erhalten Sie bei Ihrem Buchhändler oder beim DUMONT Buchverlag • Postfach 10 10 45 • 50450 Köln